토종문화와 모듬살이

나에게 조금이라도 지혜가 있다면 큰 길을 가되 다만 옆길로 들어설까
그것을 두려워하겠다.
큰 길은 매우 펌탄한데 사람들은 지름길을 좋아한다.

지은이 홍석화

1949년 서울생
1968년 고등학교를 졸업한 이후 마당굿 활동에 종사.
　　　애오개소극장 대표, 영화조감독, 새뜻 공부방 총무, 민예총 편집실장 등을 거쳐
　　　현재 토종연구가로 활약.
지은책:『한국의 토종 101가지』,『한국의 토종 기행』
연락처:ⓟ449-870 경기도 용인시 원삼면 목신리 313번지 정병윤씨 농장
　　　0335) 332-8862, 011-730-8371

토종문화와 모듬살이

지은이 | 홍석화 • 펴낸이 | 김학민 • 펴낸곳 | 학민사
주소 | ⓟ121-080 서울시 마포구 대흥동 303번지 • 전화 | 716-2759, 702-3317 • 팩스 | 703-1494
등록일자 | 1978. 3. 22 • 등록번호 | 제 10-142호
천리안 ID hakminsa

1판 1쇄 | 1997년 6월 10일
1판 3쇄 | 1999년 4월 10일

잘못 만들어진 책은 구입하신 서점에서 바꿔드립니다.
ISBN-89-7193-088-8(03380)
값 10,000원

사랑방 문화에서 안방 문화로

　한 사람의 인격을 들여다 볼 때 그 사람이 지니는 제복 바람의 빛나는 표면상이 있고, 잠옷 바람이나 알몸 바람의 겸손한 내면상이 있다는 점을 발견하게 된다. 표면상으로 나타나는 인격은 권위가 있어 보이기는 하지만 어디까지나 가식적이고 인위적인 모습을 면할 수 없다. 이에 비하여 내면상의 인격은 솔직하고 자연스럽게 느껴지며, 그 사람의 알몸적인 인격을 보다 노골적으로 나타내 준다.

　이와 마찬가지로 한 민족의 문화도 권위문화로서 나타나는 표면상이 있고, 겸손한 문화의 내면상이 있다. 우리 민족문화에 있어서 피상적인 권위문화로 볼 때는 불교문화나 유교문화로 몰아붙이기가 일쑤이지만은, 내면적인 겸손한 문화면을 들여다 볼 때는 민족 고유의 민간신앙을 주축으로 한 민문화(民文化)가 발견된다. 그리고 이 민문화를 통해서야 한문화(韓文化)의 개성을 보다 적절하게 파악할 수 있다.

　그리고 한 사람의 개성이 별명으로서 보다 확실하게 불리우는 것과 같이, 한 문화의 개성 역시 별명문화로서 더욱 알맞게 표현될 수 있다. 이제 궁극적인 문화를 먹고, 자고, 싸는 생리문화에서부터 따져보면서 이것을 별명 문화로서 이름지어 보자. 한문화의 경우 첫째로 먹는 문화는 김치 문화나 된장 문화, 장독 · 김치독 문화로 부를 수 있겠고, 자

는 문화는 온돌 문화나 흙집 문화로, 싸는 문화는 요강 문화로 불러볼
수 있다고 생각된다.

다음 단계에 있어서 종교적인 정신문화를 생각해 보면 한문화는 불
교문화나 유교문화보다는 삼신문화로 볼 수 있겠고, 기도의 목적에 따
라서 기자(祈子), 수(壽), 복(福), 벽사(辟邪)의 문화로 볼 수 있을 것
이다.

셋째로는 놀이를 통한 예술문화로서 굿문화나 풍물문화의 별명으로
불러볼 수 있겠다.

이제 이 세가지 문화면을 정리해 보면 삶, 얼, 멋의 세 요소가 삼위
일치된 가운데서 형성된 것이 민문화라고 결론지을 수 있으리라고 믿
는다.

불교문화나 유교문화를 사랑방 문화 또는 양부모 문화라고 한다면,
삼신문화는 안방 문화요 생부모 문화라고 하겠다.

이 책의 저자 홍석화 선생은 이 알몸의 안방 문화를 토종문화라는
새로운 개념을 가지고 여러 해 동안 추구해 왔다. 이러한 일은 탁상공
론을 가지고서는 이루어 질 수 없는 일이고, 전국 방방곡곡을 하나하
나 찾아다니면서 다년간에 걸친 꾸준한 노력으로서만이 이루어 질 수
있는 일이다. 뿐만 아니라 이러한 일은 미친 경지에서만 이루어지는
것이며, 여기서 우리는 토종문화에 완전히 미쳐버린 한 사람의 토종인
간을 발견하게 된다.

홍선생은 이 책에서 된장, 옹기, 굴, 맷돌, 흙집, 뒷간 등을 통해서
삶의 궁극문화를 파 헤치고, 기자신앙과 마을굿의 현장을 찾아서 '얼'
의 궁극문화를 찾았다.

삶의 문화의 구체적인 현장으로서 울릉도의 오징어, 양양의 연어,
포항의 과매기, 땅끝 마을의 매생이 등을 발견해 냈다.

다음에 얼의 문화로서는 가장 궁극적인 기자신앙을 중심으로 포항
형산의 왕룡사 삼신당, 임실, 창녕, 온양, 남해, 홍성 등지의 남근석 신

앙 현지를 찾아냈고, 멋의 문화로서 진도 민요노래방, 영산 줄다리기, 남원 삼동의 지네밟기, 진도의 마을굿, 제주도의 영등굿, 넙도의 마을굿, 강릉의 산메기 등의 마을굿을 탐방했다.

제주도, 진도, 울릉도 같은 떨어진 도서지방에서부터 내륙의 산간오지에 이르기까지 빈틈없는 현지답사를 통해서 이 책은 이루어졌다. 홍선생의 이러한 노력의 시발점인 마을굿이란 종합적인 민문화의 결정체였다. 마을이라는 하나의 공동체의 삶을 위하여 풍농, 풍어를 빌고, 마을의 안녕을 비는 얼이 융합하여 태어난 멋의 민예(民藝)로서, 가장 노골적으로 드러난 민간의 뿌리깊은 전통이다.

이러한 알맹이 문화전통이 하나씩 하나씩 현대화 물결에 휩쓸여 소멸되어 가는 것이 안타깝다. 이 방면에 관심을 가진 사람이라면 누구나가 느끼고 있는 뼈저린 고민거리다. 이러한 고민을 그저 고민으로만 내버려두지 않고 이 책의 저자 홍석화 선생은 과학적인 근거까지 들어가면서 토종문화 보호에 관한 구체적 방안까지 제시하고, 이 땅을 살리려는 인간 토종까지 발굴해 내고 있으니 얼빠진 현대사회의 기적이라고 하겠다.

1997년 5월
삼신학회 회장 조자용

토종문화와 모듬살이/차례

제1부 잃어버린 굿을 찾아서

제2부 토종문화와 민중의 삶

제3부 우리 땅, 우리 문화

제4부 이 땅의 지킴이들

제1부
잃어버린 굿을 찾아서

남원 삼동(三童) 굿놀이

유난히도 뒤숭숭했던 이번 여름 — 이상
해진 날씨. 때늦게 몰아닥친 태풍은 남도
를 강타했고, 하늘이 노하신 것일까, 아님
인간이 스스로 제 무덤을 판 격일까, 세상
은 온통 아수라 도가니. 그 와중에서도 굿
은 날씨야 우리와 무슨 상관이랴, 영동 고
속도로를 주차장으로 만들어버린 피서객
들의 거대한 일탈(逸脫)과 방류(放流)의
물결.

삼복이 지났어도 끈질겼던 잔서(殘暑)와 마주하며, 처서
(處暑)이자 백중(百中)날 — 음력 7월 15일, 전라도 남원의
외진 골짜기 보절면 귀양리에선 늦여름 굿판 하나가 흐드
러지게 벌어졌겄다.

청천 하늘에 쌓인 가슴속 수심일랑 휘몰이 풍물가락에
묻어버리고, 송아지를 탈꺼나 흑염소를 탈꺼나, 우리 동네
가 장사 먹었다네!

양촌(陽村)마을, 음촌(陰村)마을, 그리고 새로 생긴 개신
(開新) 마을. 세 마을 깃대를 앞세워 당산(堂山)나무에 먼저
절드리고, 사시장철 마르지 않는 생명샘 우물굿도 쳐드리고,

각 마을 세 동자를 무동태워 마을회관 앞 공터 굿판으로
향한다.

명당을 침범한
지네를 밟아 쫓는
세 동자

벌써부터 들이킨 막걸리 사발에 거나해진 할아버지 한 분은, 젊은이들 씨름판에 덩달아 신바람이 나서 박수치며 흥겨워하다 고요히 의자에 앉은 채로 낮잠을 즐기시고, '지네밟기'를 준비하던 아낙들은 점심참에 모여앉아 손주새끼 재롱받기에 바쁘고. 무동 태워온 3동자는 굿판의 절정 — 출산(出産), 성정(性情), 입신출세(立身出世) 과장이 끝나면, 손에 쥔 물건을 힘차게 던져버림으로써 '액맥이'를 마감한다. 아낙들은 앞사람의 허리를 쥐어 길게 S자로 엎드리고(그 모습이 꼭 지네같다). 그 위를 우리들의 희망 — 3동자가 명당을 침범하는 것을 상징하는 지네를 밟아나가 이겨내며 '삼동 굿놀이'는 난장, 뒷풀이로 이어진다.

살아 꿈틀거리는 민초들의 숨결, 민예의 현장엔 볼 것, 먹을 것, 만날 사람들이 지천으로 널려 있어 신명나고, 우리들은 모두 지겨운 농삿일의 잠깐 쉴짬에 맴속 깊이 쌓이고 쌓인 호미질을 씻어내는 '호미씻이'의 장원 상머슴으로 돌아가게 되는

것이다.

진도의 마을굿

　진도(珍島). 이름이 가리키듯 진도는 언제 가보아도 '보배로운 섬'
이다. 해남의 우수영과 진도 녹진을 잇는 연육교(진도대교)가 생기기
전까지만 해도 진도는 남도 유배문화와 어우러진 전통·민속문화가
살아 넘실대는 '소리와 굿'의 섬이었다.
　높이 200~500m의 산이 7개, 42개 유인도(인구 1만 여명)를 포함한
226개의 섬들이 에워싸고 있는 진도는, 따라서 아늑한 산세와 하염없
이 펼쳐지는 바다와 섬들로 인해 사람이 '먹고 살기에 부족함이 없는'
천혜의 자연 조건을 갖추고선 육지와는 '적당히 떨어진' 특유의 '섬문
화'를 지켜 내려 왔다.
　연육교의 개통으로 관광객의 발길이 끊이지 않고, 얼핏얼핏 스쳐 지
나가는 그들의 손길엔 몇몇 특산물 꾸러미만 쥐고 가면서 "그거 경치
한번 괜찮군" 하는 터에 진도 사람들은 이제 꽤나 익숙해져 있다.
　하지만 뭐니뭐니 해도 진도의 진면목은 여러 '문화유적'들이 지니
고 있는 속깊은 역사적 의미망의 흔적들과, 지금도 끊길듯 끊이지 않
고 이어지고 있는 민속문화의 뿌리가 아닌가 싶다. 용장산성, 남도석
성을 비롯한 삼별초 대몽항쟁의 근거지들. 그것들에 얽힌 갖가지 전설
들과 우수영 울돌목의 이순신 신화. 울돌목은 지금도 그 빠른 유속을
자랑하며 언젠가는 '조류 발전'이 가능할 것으로 기대되고 있다.

'소리와 굿'의 섬
　그런가 하면 진도 어디를 가나 벽에는 동양화나 글씨 몇 점씩은 걸

진도의 관문
진도대교

려 있게 마련이고, 장례식이 벌어지는 곳엔 '씻김'은 아니더라도 으레 굿판이 벌어지게 마련이며, 웬만큼 나이든 사람에게 소리 한 자락은 쉽게 귀동냥할 수 있는 '민예(民藝)가 그대로 생활인' 진도 문화를 조금이라도 호흡해 보려면, 조금은 넉넉한 일정과 끈끈한 '사람살이'에의 접근이 필요하리라.

각설하고, 진도엔 그 동안 꾸준히 진행되어 온 간척공사 덕택에 꽤나 농토가 많아진 편이고, 간척지의 쌀은 밥맛 좋기로도 널리 알려져 있다. 논농사가 끝난 뒤 늦가을엔 유자·구기자 작업으로 한 동안 정신없이 바쁘다.

이와 함께 바닷가 사람들은 12월부터 3월까지 이어지는 본격적인 김 채취 기간으로 들어간다. 또 진도는 제주와 더불어 한겨울 대파가 노지 재배되는 유일한 지역이라, 진도 어디를 가나 푸르른 대파밭을 볼 수 있어 '따뜻한 남도'의 특이한 계절감을 느끼게 마련이다.

연육교에서 진도 읍내로 들어가는 길목(약 10분 거리)에 있는 군내면 세등리. 현풍 곽씨의 집성촌이었던 이 마을은 지리적 위치나 꽤 너른 들판 덕택에 옛부터 알아주는 부촌이었으나, 똑똑한 사람이 많아 오히려 역사적으로 시달림을 자주 겪어온 '한많은' 마을이기도 하다.

지금은 66호 150여 명의 노인들만이 선산 지키며 견뎌내는 스러져가는 마을로 변했지만, 이들은 정월 대보름이면 어김없이 '거리제'라 이름한 마을굿을 지내고, 음력 3월 6일엔 옛 마을 서당에서 마을의 귀감이 되었던 '삼선생'과 자식없이 살다갔어도 유답을 마을에 헌납했던 '오머슴'의 넋을 기리는 제도 모신다.

보름 사흘 전, 마을 앞 50m 떨어진 밭두렁에 있는 당산나무(목고실나무)엔 일종의 솟대인 짐대(行舟形 地勢에 돛대를 세우는 신앙 대상물)가 세워지고, 꼭대기엔 소의 턱뼈와 북어를 매달아 놓는다.

원래 몇 백 년된 목고실 당산나무가 있었으나 10여 년 전 수명이 다 되었는지 죽어가면서 저절로 그 옆에서 새로 '태어난' 나무가 바로 이 당산나무다. 그러니까 2세인 셈이다.

제관들은 이틀 전부터 당산나무 옆에 움막을 짓고 생활하며, 절대로 동네 출입을 하지 않는다. 마치 원시시대 혈거부족들이 살던 모습을 연상시키는 움막. 아마 지금 나라 안에서 이런 형태로 따로 움막을 치고 마을굿을 하는 곳은 여기밖에 없을 것이다.

제관들이 사용하는 움집

세등리 사람들

당산나무와 움막에 이르는 길목 여기저기엔 왼새끼(왼쪽 방향으로 꼰 새끼줄)에 하얀 창호지를 꽂아 금줄을 둘러놓고, 혹시 뭔가 전할 말이 있을 땐 금줄을 사이에 두고 멀리 서서 신호하며 전한다.

짐대 끝에는 북어와 소 턱뼈를 매달아 놓는데, 북어야 흔히 쓰이는 제물이지만 '소 턱뼈'는 특이하다. 이를테면 예전에 가장 귀한 제물이었던 소를 잡아서 그 상징으로 턱뼈를 달아 놓는 풍습에서 유래된 것이라 보아도 무방하겠다.

언젠가 한 번은 마을의 재정 사정이 여의치 않아 돼지머리로 제물을 대신한 적이 있었는데, 그 해 마을에서 살인사건이 일어나 그 뒤부턴 꼭 쇠머리

짐대 끝에 매달아논 소의 턱뼈

를 올리게 되었다는 촌로들의 얘기다.

제관들은 움막에서 10m 가량 떨어진 논두렁 샘에서 몇 번씩 목욕
재계한다. 대소변을 보았거나 궂은 것을 만졌을 때마다. 요즘 세상에
엄동설한에 찬 샘물로 몸을 닦는 제관은 그리 흔치 않다. 대개 집에서
따뜻한 물로 하거나, 아예 읍내 목욕탕에서 하고 오거나 하지. 그만큼
세등리 사람들의 정성이 솔곳하게 살아 있다고나 할까.

당나무·짐대·움막이 있는 곳에서 약 2km 떨어져
마을 입구 산 중턱에 있는 미륵당. 이 미륵돌에 얽힌
이야기는 무수히 많다. 예전엔 초가를 얹혀 놓았는
데, 지붕이 들떠 있곤 해서 '돌이 점점 자라난다' 는
얘기도 있었다고.

애기 못낳는 부인네들이 치성을 들이면 효험을 보
기도 했었고, 그렇게 태어난 사람이 생존해 있다. 곽
재만(44세)씨 본인이 이를 확인해 주었다. 친구들이
'미륵바' 라며 우스개로 가끔 놀리기도 한다면서.

음력 14일 밤 자시(밤 11~1시 사이). 제관들은 맨
먼저 이곳 미륵당에 와서 미륵님께 풍농과 마을 사

입춘이 되기 전
차거운 냇물에
목욕재계하는
제관의 모습

람들의 안녕을 기원하는 제를 모신다. 먼저 미륵당
주위의 잡신을 '멕이는' 헌식을 미륵당 입구에 두 세개 차려 놓는다
(짚가지 위에 메). 미륵당에 제상을 차리고, 먼저 산신에게 제관들이
왔음을 알리고 축원한다. 그리곤 두 제관이 미륵님 앞에 다소곳이 앉
아 "그저 마을에 아무 탈이 없게 미륵님이 굽어 살피소서" 두 손 비벼
빌고 또 빈다.

미륵당 제를 마친 제관들은 움막으로 돌아와 움막 안에 제상을 차린
다. 이번엔 토지신에게 올리는 제사다. 먼저 술을 올리고 '메'를 올리
고 과일과 쇠머리 고기를 차린 뒤에 축문을 읽는다. 맨날 해봐야 그 모
양인 농사지만, 그래도 "올농사엔 큰 병충해나 재해가 없이 두루두루

풍년들게 해주십사" 간구한다. 제
문을 읽는 제관이나 그 옆에 무릎
꿇고 다소곳이 앉은 제관이나 경건
한 마음은 어디선지 모르게 진지하
기 이를 데 없이 우러나오고.

구색은 제대로 못갖췄지만 가락
만은 그런대로 살아 있는 걸궁(풍
물)패들이 마을회관을 출발하여 동
네 뒷산 중턱에 있는 옹샘(옛부터
귀히 여기던 마을에서 제일 좋은
샘)에 올라 '샘굿'을 치며, 한밤중에 풍물 가락으로 온 동네에 마을굿
이 그 절정에 이르렀음을 고한다.

움막 안에서
제문을 읽는
제관들

'움막제'를 마친 제관들은 샘굿을 끝내고 오는 걸궁패에게 두 가지
제가 모두 끝났음을 알리고, 금줄을 치워 모두들 함께 어울린다. 움막
앞엔 화톳불이 피워지고 이젠 큰 제사는 끝났으니 '쐬주'도 한잔씩 걸
친다. 쇠머리국으로 언 몸도 녹이면서.

마을 굿판은 지신밟기로 이어지고

한 동안 몸들을 추스른 일동은 마지막으로 당산나무 밑에 12군데 차
려진 잡귀·잡신께 올리는 헌식을 드리고, 짐대 밑에서 마을의 발전과
무사 주행(舟行)을 기원하며 풍물굿판을 벌인다. 이 풍물굿은 이제는
살얼음같던 마을굿의 전 과정이 무사히 끝났음을 알리는 신호탄이기
도 하다. 이 굿판이 그대로 이어져서 마을 '지신밟기'로 옮겨가는 게
특이하다. 말하자면 한밤중의 지신밟기인 셈인데, 이런 모습을 필자로
선 처음 보는 이 마을만의 독특한 절차가 아닌가 싶다.

처음 들른 집 주인 아낙은 오밤중임에도 한 상 푸짐하게 차려 걸궁
패들을 맞이한다.

"잡귀 잡신은 물알로, 만복은 이 집으로, 재재잰 잰째 잰째 잰째, 잰째잰째 잰째 잰째—"

가락은 깜깜한 밤하늘에 무수한 별빛으로 흐드러지고, 주인과 걸궁패는 모두들 한 해의 매듭을 올곧게 짓고 다시 새로운 '맴', 새로운 마을로 거듭 태어나게 되었음을 서로 기뻐한다.

걸궁을 돌 때 필자는 한 군데 특이한 풍경에 발을 멈추지 않을 수 없었다. 걸궁패가 지나친 집인데(대개 미리 약속이 되어 있는 집만 들리므로), 할머니와 며느리 딱 두 분이 집 대문 앞에 제상과 헌식을 차려 놓고(그 옆엔 소쿠리에 쌀을 그득 담아 놓았고) 이 방향 저 방향 사방으로 두 손 모아 비나리를 드리는 게 아닌가.

다음날 아침, 마을 노인네들께 여쭈어 본즉 사연은 이러했다. 이 마을은 예전엔 진도에서 둘째가라면 서러워 할 내노라 하던 옹골찬 마을이었다. 그러나 마을이 진도로 들어오는 초입에 있어 외지 사람들과의 교류도 많았었고, 그래 그런지 일찍 '깬' 사람이 꽤나 많았다고 한다. 이들은 일제시대엔 튼실한 재력의 밑받침도 있고 해서 만주 등지

미륵제를 마치고 모닥불에 몸을 녹이는 풍물패와 제관들

를 넘나들며 독립운동에 많이 관계했고, 해방이 되자 여운형 계열의 운동에도 많이들 나서게 되나, 바로 그런 연유로 해서 6 · 25 때는 대거 113명의 마을 사람이 희생되는 아픔을 겪었다고 한다.

그래 이 마을엔 '홀엄씨 천지'라는 거였다. 그러니까 할머니와 며느리의 '이색적인 정성'은 돌아가신 가족뿐 아니라 구천을 떠돌 뭇 영혼들께 드리는 소리없는 진혼굿이었던 것이다.

박정희 정권 시절, 하도 '새마을'을 만든다고 마을굿을 못하게 해서 한 3년 쉬었더니, 그만 마을에 죽음의 마가 끼어들어 12명이나 목숨을 잃었단다. 그후 다시 마을굿을 복원해서 하게 되었으니, 이젠 그 누가 못하게 해도 목숨이 붙어있는 한 미륵님을 모시지 않을 수 없다고.

마을 어른들이 가장 아쉬워 하는 것은, 그렇게 간난의 세월을 겪어 오면서도 이렇다할 '증빙 자료'가 전혀 정리되어 있지 않다는 점. 마을회관에 보관되어 있는 몇 가지 고서라도 누가 좀 훤히 독파하여 그 실마리라도 찾아내었으면 하는 것이다. 필자가 대충 훑어보아도, 뜻있는 학자들이 살펴보면 소중한 가치가 있을 자료들이 꽤 있을 듯 싶기도 하고.

세등리의 마을굿을 지켜보면서 이제는 전국 어디에서도 이만한 마을굿조차 보기가 어려워진 이 세상의 메마른 흐름에 안타까운 마음뿐이었다.

마지막 무형의 문화 보고(寶庫)

미륵당과 짐대와 움막, 아마 이런 형태나마 유지하고 있는 경우는 전국에서 다섯 손가락 안에 들지 않을까 싶다. 한시바삐 '민속의 보존' 차원에서라도 자료조사와 행정지원이 있어야 하리라.

제주도의 경우, 이번 정월엔 대대적인 포제(마을굿) 복원이 행정적 지원으로 이루어진다고 한다. 이는 두 가지 이유에서다.

하나는 '주민 화합' 차원에서다. 어느 시골이나 마찬가지지만 지금 시골 사람들 '맴'은 조금 지나치게 표현하자면 이미 '사람의 마음'을 잃어버려 가고 있다고 해도 과언이 아니다. 농촌을 떠나버리고 싶은 '맴'들 뿐이다. 그나마 남아 있는 장·노년층들이라도 서로들 도와주고 보듬는 살뜻한 정들이 메말라 간다. 그리고 이를 추스릴 방법 중의 하나가 마을굿의 복원이라는 데에는 모두들 이의가 없다.

두번째는 이제는 전통 민속의 모습이야말로 가장 훌륭한 관광상품인 시대가 되어 버린 엄연한 현실이다. 다만 여기에는 원래의 모습이 손상받지 않는다는 전제 아래서 말이다.

남도의 예맥이 그나마 잔명하고 있는 '보배 섬' 진도. 이 진도의 전통·민속문화를 정녕 생동하는 활력으로 되살아나게 할 길은 없을 것인가.

각 마을에 조금이나마 남아 있는 신앙 대상물들의 복원, 명절 때의 민속놀이의 지속적인 재현, 초상집이나 굿판의 절차에 대한 현장기록

국보 제52호
금골산 5층석탑

과 교육자료로의 활용. 이런 일들은 관이나 학계·언론계, 마을 주민들 모두 소중한 애착심을 가지고 추진해 나가야 하지 않을까.

신비의 바닷길, 유자와 구기자, 홍주, 돌김의 주산지, 한 겨울 대파의 공급원. 눈에 보이는 돈벌이로서의 재산에 못지 않은 '무형의 문화보고'들은 울돌목의 거센 물살에 그냥 저렇게 하염없이 흘러가버리고 말 것인가.

세등리의 대보름 마을굿은 전통 민속문화의 깊은 뿌리를 간직한 진도 사람의 끈질긴 정신을 그나마 새삼 확인케 해준 귀중한 현장이었다.

넙도의 설날 마을굿

넙도란 섬이 우리나라 어느 귀퉁이에 붙어 있는지를 아는 사람은 그리 많지 않을 게다. 완도나 보길도는 귀에 조금 익은 이름이나 '넙도'란 이름은 생전 듣도 보도 못했거니와, '넙도'라니 이름 참 요상타 생각하는 분들도 계시리라.

아주 쬐끄만 무인도는 그만 두고라도 한 두 사람이라도 살고 있는 그 뭍섬들에는 '사람이 살아온' 삶의 자취가 어떤 형태로든 남아있게 마련이며, 나아가 웬만한 섬에서는 오랜 상고시대의 고인돌이나 패총들까지도 발견되는 게 상례이다.

아직도 남아있는
희귀한 장례—초분

옛날이 아니라 지금, 현재의 실생활로 얘기하더라도 마찬가지다. '사람이 살고 있다' 함은, 그 무슨 군더더기가 필요하리요마는 거기엔 우리들 세상살이의 갖가지 모습과 사람살이의 고뇌와 환희가 꿈틀거리게 마련 아니겠는가.

넙도는 전남 해남의 '땅끝(토말)' 밑에 있는 조그마한 섬이다. 땅끝과 노화도, 보길도, 소안도를 사각지대로 하는 그 왼편에 조금 떨어져 '넙치처럼' 삐죽 웅크리고 있는, 너무도 안 알려진 게 조금 안스럽기도 하고, 반대로 그게 오히려 더 잘됐다 싶기도 한 그냥 평범한 섬이다.

행정구역으로는 전남 완도군 노화읍에 속해 있고, 뱃길로는 완도보다 해남 땅끝이 더 가까워, 무슨 서류를 뗀다거나 공무를 볼 일이 아닌 한 실생활권은 완도 보다는 노화읍이나 해남과 한 덩어리로 이루어지는 게 보통이다.

가슴 설레는 '설날 마을굿'

이 땅의 땅끝 그 밑의 자그마한 섬에서 설을 맞이하고자 부랴부랴 달려간 건 설날 나흘 전. 추석과 설날이면 으레 치르게 되는 지겹고도 긴 그 '귀성전쟁'에서도 벗어날 뿐아니라, 가슴 설레는 '솔찬한 마을굿'의 진정한 분위기를 단 며칠이라도 체감해 보려는 찐득한 욕심에서였다.

마당밟기 풍경

제물로 바쳐질 소는 이미 마을에 풀어 놓여진 채 어슬렁거리고 있었다. 열흘 전, 이미 지나버린 일이지만, 소를 구입할 때부터 엄격한 '금기사항'이 지켜져야만 한다. 마을 이장은 적당한 크기의(마을 각 가구가 한 근 정도 나누어 먹을 수 있는) 튼실한 소를 고른 후에 '값을 절대 깎지 않고' 달라는 가격을 '아무 소리 없이' 내준 뒤 제물로 바쳐질 소를 '모셔온다'.

마을은 섬이기에, 고삐를 매지 않고 그냥 내버려 두어도 어디로 가겠는가. 뿐만 아니라 이 소가 무슨 짓을 하든 일체 간섭이나 상관을 하지 않는게 불문율이다. 신비스런 일은 그 소가 마을 안의 아늑한 곳을 찾아 잠을 자고나선 어떤 영문인지 제당을 가끔씩 기웃거린다는 사실이다.

마을굿은 그 마을의 뿌리, 그 마을을 관장하는 멀고 먼 옛 조상에 대한 '신앙'이자 마을 전체의 대소사를 논의하는 '회의'의 장이기도 하며, 마을사람들 모두가 하나되어 즐기는 '놀이'이기도 하다.

설날 사흘 전, 마을 이장은 마을에서 유일하게 생기복덕(生氣福德)을 보는 분인 김장성(59세) 어른과 상의하여 마을굿을 주관할 유사(제관) 2명을 선정한다. 그 집안에 궂은 일이 없고, 생년월일이 올해의 운세와 맞는 사람을 고르는 일이 그리 쉬운 일도 아니거니와, 요즈음은 '생기는 것 없이 귀찮은' 이 일을 될수록 하지 않으려는 풍조 때문에 몇번씩 바뀌는 경우도 있다고 한다.

유사로 선정되면 설날의 마을굿을 모두 맡아 치르어야 할 뿐 아니라, 그 해에는 본인 집에서 치르는 혼·상사를 빼고는 일체 출입을 못하도록 되어 있어, 매우 난처한 처지가 되는 경우가 많기 때문에(심지어 부모, 장인·장모가 돌아가도 절대 가선 안된다) 유사는 점점 그 인기를 잃어가고 있는 실정이다.(요새는 어촌계 공동수익금 중 쌀 한가마니씩이 수고비조로 지급된다)

예전 마을 앞의 솔섬(소나무가 우거진 아주 쬐끄만 무인도) 주위에서 나오는 해산물의 채취권이 유사에게 배당되던 시절에는, 너도 나도 유사 한번 해보려고 선정자에게 '와이로'를 쓴 적도 있었다 한다. 헌데 그 해에 그 선정자가 "등멱을 하다 급사했다"는 엄연한 사실이 대대로 전해 내려와, 그런 불경스런 일은 이제 없어지게 되었다고 한다. 제관을 매해 새로 뽑는 것, 제관에게는 충분한 양식을 제공하는 것은 바로 우리 선조들의 깊고도 넓은 헤아림이 아니었겠는가 반문하면서 촌로들은 깊은 걱정들을 토하였다.

유사로 선정되면 유사의 집 대문에는 금줄이 처지고, 그때부터 그 집은 성역에 버금가는 '금기의 집'이 된다. 외부인의 출입이 통제됨은 물론 집안 식구들 모두의 일거수 일투족은 매사에 경건함이 깃들어야지, 어쩌다가 조금이라도 상서롭지 못한 일이 발생하면 이를 즉시 알리고 유사를 반납해야 한다. 그렇지 않으면 그 집안은 물론 마을 전체가 화를 입게 된다.

마을의 평안 비는
갯소지와 들소지

그믐날 새벽 유사는 목욕재계하고 옷을 세 벌 준비하여 당으로 올라간다. 물을 끓여놓아 쇠머리를 삶을 시간에 맞춘다. 제수는 다섯가지

넙도 내리의
마을 전경

메(밥), 떡, 쇠머리, 듬북나물(해초), 그리고 술이다. 술은 예전엔 누룩으로 직접 빚어 썼으나 간소화돼 소주 4병을 준비한다.

아침 8시 경 조반을 마친 마을 장정 7,8명은 '소잡기'를 시작한다. 소를 슬슬 몰아 고삐를 맬 수 있는 곳으로 유인, 목에 밧줄을 걸어 줄을 죄이고는 도끼 머리로 양미간 위 정수리를 강타, 소는 혀를 내밀고 즉사한다.

떡을 따 피를 받고, 머리를 잘라내고, 네 다리 정갱이를 자른다. 머리와 족은 털이 붙은 채로 제당으로 올려 보낸다. 가죽을 벗기고, 살을 발라내고 갈비를 가르고. 소의 '해체작업'은 돼지잡는 법과는 매우 다르다. 돼지는 보통 배를 먼저 갈라 내장을 꺼낸 후 살코기를 가르나 소잡을 때는 내장이 맨 뒤에 남게 된다.

해체된 소는 균등하게 나뉘어져 각집에 분배된다. 이 고기가 바로 각 집의 설 차례에 오르게 되며, 아무리 가난한 집에도 설날에는 쇠고

기 한 근씩이 돌아가게 된다.(우리는 여기서 우리 조상님들의 은근하게 배어 우러나오는 깊은 지혜를 또다시 감지하게 된다)

밤 12시가 되면 제상을 차리기 시작한다. 먼저 제당 주위의 '산신(山神)터'에 한 상 차린다. 그 다음 제당의 본당 안과 밖(上堂과 下堂), 그리고 수부(守部)에 4등분 된 쇠머리와 족이 각각 한 개씩이다.

이제 밤은 깊을대로 깊어 오밤중 자시에 이른다. 이때쯤이면 나다니는 사람도 없게 마련이고 세상 만물이 고요하다. 하늘이 열리기 전, 하루가 시작되기 직전이며, 바로 어둠과 밝음, 음과 양이 상통하여 만물이 감응하는 교차점.

소의 해체작업

상을 차리고 절하고 소지를 한다. 소리내어 기원을 하면서 "저희들은 그저 아무 것도 모릅니다. 당할머니께서 굽어 살피셔서 모든 일이 잘 되도록 도와주시옵소서."

뫼시는 신체(神體)인 당할머니는 곡신(穀神)을 상징한다. 따라서 제관(유사)은 남성들이 하게 마련.(곳에 따라서는 바닷신인 용왕이나 당할아버지를 뫼시는 경우도 있다)

유사 개인은 물론 마을 유지들의 소지를 비롯 5,6장의 소지를 올리나, 그 중의 핵심은 '들소지(곡식)'와 '갯소지(해초)'다. 마을 전체가 평안하고 화가 없도록 풍요로운 생산을 기리며 두 손 모두어 빌고 또 빌뿐.

새벽 4시 경이 되면 제사를 파한다. 준비물들을 정리해 놓고 준비방의 아궁이 앞에서 잠시 휴식을 취하노라면, 저 동녘에서 신새벽 미명이 어슴프레 밝아오기 시작한다. 새날 새해의 하늘이 새롭게 열리기 시작하고. 마을은 저 웃당의 '지극히 어려운 뫼심'이 끝난 것에 안도하며, 새해, 새날, 새사람으로 거듭 태이남을 가슴 뿌듯한 벅차오름으로 맞이한다.

놀이와 축제로서의 굿

'걸궁패'들이 풍물소리를 울리며 당으로 올라오기 시작한다. 마을 어르신들도 할머니들도 손주들 손잡고 뒤따르고.

유사들은 제당 앞 밭머리에 '헌식'을 차린다. 짚을 깔고 그 위에 메와 듬북나물로 한 20여 상 차려놓아 잡귀·잡신도 한 상 먹고가게 '달래준다'. 말하자면 무속에서의 '뒷전거리'나 마찬가지다.

걸궁패들이 올라오면 먼저 금줄을 치우고 당할머니께 인사드리고 잡귀·잡신에게도 굿을 쳐드리며 기쁜 마음으로 '되돌아가시게' 해드린다.

마을굿의 마지막 거리 '헌식'

이제부턴 놀이요, 잔치요, 축제다. 차례와 성묘를 마친 각 집을 돌며 샘굿, 정지굿(부엌)을 비롯, 심지어 집에서 키우는 마소에게까지도 복이 내리도록 빌어준다. 주인네는 정성들여 정한수와 쌀로 상을 차려 맞이하고. 마당밟기가 끝나면 술과 음식들을 걸궁패에게 대접한다. 남녀노소 누구나 이 잔치판에서는 주인이요, 손님이요, 모두가 하나가 되어 즐긴다.

제일 먼저 올해의 제관인 유사 집부터 들른다. 대문의 금줄을 치우고 마당에 들어서서 굿을 치고는 정한수를 그집 지붕에 뿌려 복을 빌고, 걸궁패의 상징인 풍물 깃대에도 술을 맥인다. 유사 집 식구들 모두 이제는 살얼음같던 긴 장감에서 해방되어 부산스레 들락거리며 이 사람 저 이웃들과 어울리고, 꼬맹이들도 "이게 웬 신나는 놀이판이냐" 덩달아 촐랑대고, 할머니들은 조금 떨어진 헛간에 모여 어깨춤으로 따로 신명판을 벌이고, 도시에 나가 살다 설 쇠러 온 옆집 판돌아재 둘째아들은 이때다 싶게 자가용차에서 비디오 카메라를 꺼내 이리저리 돌려대느라 정신이 없고.

금줄을 치우면,
이젠 모두들
한숨을 돌리고
일상생활로 돌아온다

술과 안주는 더없이 넉넉해 누구나 한잔 걸치고 아무한테나 한잔 권하고, 한밤을 꼬박 새우며 오금을 못편 유사도 축늘어진 몸뗑이에 맘껏 뜨거운 국을 쳐넣고, 행여 그 무슨 짜잘한 탈이라도 날까싶어 노심초사하던 마을 어르신네들도 쇠잔한 기력이나마 신바람을 보태고.

오지에서만 잔명하고 있는 마을굿

넙도는 그 옛날 유배족의 후예들이 들어와 살기 시작한 섬이라고 한다. 남도의 섬들이 대부분 그렇지만, 사면이 바다로 둘러싸인 고립무원의 낙도에서 주민들은 문물의 교통이 원활하지 못한 가운데 그들 나름대로의 강인한 생명력을 키우고 발전시켜 왔다. 걸핏하면 바다에서 많은 사람들이 흔적도 없이 사라져 버렸고, 그것은 생존 자체에 대한 깊은 공포와 외경심을 간직하게 해왔다.

다른 한편으로 바다는 생명을 유지시켜주는 풍부한 산물을 제공해 주기도 한다. 바다를 떠나서 섬사람들의 삶을 얘기할 수 없으며, 섬이기에 대부분 좁은 농토에서 나오는 곡식과 채소를 매우 중히 여기게 마련이다.

넙도 마을굿의 핵심적인 기원과 기구는 따라서 들소지와 갯소지를 올리며 생명의 양식을 풍요롭게 해주십사 갈구하는 절절함에 있다.

현재 우리나라에서 마을굿이 그나마 잔명하고 있는 지역은 서·남해안, 동해안 일부, 산간지대 일부, 그리고 제주도 등지이다. 간단히 말해서 이들 모두 '오지'들로써 사람들의 때묻은 손길이 쉽게 범접하지 못했던 곳들이다. 물밀듯이 밀어닥치는 문명의 융단폭격에 대부분의 마을굿은 자취를 감추었거나, 아니면 지낼 사람이 없어 이장 혼자 정한수 한 그릇 떠놓고 때우는 경우조차 있다.

넙도의 마을굿은 그래도 그중 나은 편에 속한다. 소를 잡는 규모의 마을굿으론 나라 안에서 아마 다섯 손가락 안에 꼽힐 것이다. 그런데도 지금까지 단 한번도 언론의 주목을 받거나 학술조사조차 이루어진 적이 없다 한다.

제주도 영등굿

우리는 보통 제주도 하면, 한번이라도 가본 적이 있는 사람이든 아니든 누구나 지니고 있게 마련인 분홍빛 '삼다도의 환상'을 갖고 있다.

돌과 바람과 여자, 고르바초프가 다녀간 곳, 우리나라에서 유일하게 비자 없이도 입국이 가능한 관광객들의 요람, 바나나와 감귤, 파인애플이 재배되는 따뜻한 남쪽나라.

이를테면 설악산, 홍도, 다도해 등과 더불어 남쪽의 1,2를 다투는 경승지가 바로 제주도가 아니든가. 하지만 워낙 거리가 멀어 특별한 경우가 아니고는 한번 다녀오려면 비용도 어지간히 장만한 뒤가 아니라면 용기를 내는 게 어려운 곳이기도 하다.

한라산 백록담

굿과 일노래, 식물의 보고

어떠한 자연이나 한 지역의 모습도 거기에 뿌리박고 살아가는 사람과 다녀가는 사람, 다녀가는 사람 중에서도 어떠한 시각으로 바라보고 그 지역의 사람살이 모습을 호흡하느냐에 따라 갖가지 그림이 그려지게 마련일 터이다.

필자가 느끼기엔, 이번 기행에서 새삼스레 얻은 수확이기도 하지만, 제주에서 특히 주목해야 할 문화적 관찰로는 단연 굿과 일노래(노동

요), 식물의 보고 —— 말 그대
로 보물창고 —— 가 제주도
라는 움직일 수 없는 확신이
다.

백록담이 있는 한라산이 화
산이 폭발해 만들어진 산이란
건 누구나 알 터이지만,
1,950m 높이의 한라 등고선에

제주 특유의 무덤형태. 주위에 4각형의 돌담을 쌓아놓는

따라 열대·아열대·온대·한대에 사는 갖가지 식물군들이(약 1,260
여 종) 동양 제일의 식물 박물관임을 자랑하고 있는 것이다. 또한 일본
국화인 벚꽃의 본산지가 제주도임을 아는 이는 별로 많지 않을 듯 싶
다.

그런가 하면 길고 긴 해안을 따라 현무암 바닥에 지천으로 널려 있
는 미역·천초·톳·믈 등의 해조류들이 공해에 때묻지 않은 청정해
역 꽃밭을 이루고 있다고 해도 과언이 아닐 것이다. 또한 옥돔·자
리·전복·해삼·멍게·소라 등 풍부한 어족자원은 동양 4대 어장으
로 손꼽히기도 하고.

바닷가 제당에
각자 가지고온
제물을 차려놓는
잠녀들

이렇게 얘기하다 보니, 하늘이 주
신 자연환경의 아름다움만 늘어 놓은
것같은데, 사람살이와 결부시켜 살펴
보자면 그나마 그런 '자원'이라도 없
었다면 제주 토박이들이 어떻게 그
길고 긴 인고의 세월을 견뎌왔을까
싶게 역사적 곤욕의 한이 뿌리깊은
곳이 바로 제주이기도 하다.

향파두리성과 삼별초의 마지막 항
쟁, 방성칠의 난, 천주교의 난, 일제

시대의 세화리 잠녀항쟁, 그리고 해방정국의 4·3사건. 얘기하자면 한이 없으나 생략하고 넘어가기로 하자.

굿과 일노래(노동요)만 해도 그렇다. 정초에 대개 치루어지는 마을굿이 거의 사라져가고 있는 요즈음, 전국에 살아남은 마을굿을 약 백여 군데로 보는 게 전문가들의 공통된 의견인데, 제주도에서만 약 50여 군데

빼곡하게 차려진 제물들. 휘황찬란하게 보인다. 왼쪽에 보이는 게 해녀들이 물질할 때 쓰이는 태왁

가 지금도 활발하게 치뤄지고 있다니 더 이상 무슨 설명이 필요하랴. 게다가 마을굿 말고도 1년에 2~3번 조촐히 지내는 각종 굿들까지 포함한다면 한 지역에 굿이 이렇게 집중적으로 잔존해 있는 곳은 제주밖에 없는 것 아닌가.

제주 곳곳에 널려있는 각종 굿과 당(堂)들, 나무, 동굴, 돌하르방, 돌탑, 돌무더기, 나무넝쿨, 솟대 그 어디에서나 배어 있는 신비스런 분위기, 하이얀 지전과 오색가지 물색등, 갖은 정성과 비념의 흔적들이 풍겨주는 신묘한 아름다움, 오랜 세월 이 당(堂)을 매개로 이뤄졌던 사람들의 역사체험과 미의식의 집합체. 전남 진도가 전통·민속 문화의 보고로 한 동안 각광받았었으나, 연육교가 생기고 각종 매스컴의 화려한 집중포화를 받은 뒤로 근자에는 굿과 춤과 소리가락이 거의 사라져가고 있다는 우울한 소식도 들려오는 터라, 제주의 유일한 민속보고로서의 가치는 더욱 커져 간다고 봄이 옳겠다.

민요도 마찬가지로 전국 어디서나 실제로 무슨 행사 때가 아닌 실생활 속에서 불

제주도의 상징 돌하르방

리어지는 경우는 거의 없을진대, 제주에서만은 지금도 간혹가다 30~40명씩 공동작업을 할 때면 저절로 민요가 불리워진다고 하니 이 또한 귀중한 민요의 살아숨쉬는 현장이 아닐 수 없다.

한편 제주 민요의 90% 이상이 일노래임도 주목할 필요가 있다. 이 일노래의 대부분이 여자들이 불렀던 노래들임도.

이는 이렇게 생각되어진다. 멀리 갈 것도 없이 1~2대 할아버지 할머니 시절, 항상 남정네들은 나랏일에 시달리거나 싸움에 휘말려들지 않을 수 없었으며, 따라서 먹고사는 노동의 몫은 으레 여자들이 도맡아 해야 했다. 더군다나 돌과 바람 많은 궂은 날씨에(연중 쾌청한 날이 13%에 불과하고, 이 나라에서 비가 가장 많이 오는 지역임), 땅은 화산재가 이뤄놓은 척박한 땅이라 농사짓기가 더욱 힘들었고, 자갈과 돌이 많은 회갈색의 흙은 빗물을 금세 스며들게 한다. 또 지금도 쌀의 95%를 육지에서 사다 먹는다.

그러니 이런 악조건 속에서 여자들은 뼈를 깎는 일들을 하며 일노래로 시름을 달래고 작업의 능률을 높이기도 했던 것이 아니었던가.

이런 제주도 여성을 단적으로 압축시켜 상징하는 게 아마 설문대할망(할머니)이라는 장수(거인) 설화가 아닌가 싶다(장수 설화가 흘러넘치는 곳이 제주도이기도 함). 한라산을 베개삼아 바닷물에 발을 내놓고 물장구를 쳤다는 5백 명의 아들을 둔 설문대할망. 흉년 든 어느 해, 죽을 쑤다가 큰솥에 빠져죽은 할망. 그런 줄도 모르고 맛있게 죽을 먹던 아들들은 솥바닥의 에미를 발견하곤 스스로 목숨을 끊으니, 이들이 한라 영실 계곡의 '오백장군바위'가 되었다는 설화.

제주하면 떠오르게 마련인 잠녀(해녀)들의 아름다운 그림도 이렇게 의미망을 엮어가 보면 '살아남기 위한' 처절한 몸부림으로 육박해 들어오게 마련이다.

먹고 살기 위해 바다로 뛰어든 아낙들. 바다 속에 깔려있는 갖가지 열매들. 그러나 숨을 정지시켜야만 한다. 곧 바다는 삶과 죽음의 교차

점이다. 죽기 아니면 까무러치기, 내 살과 숨을 내던져야 가족들의 살과 숨을 건져낼 수 있다.

애기 낳은 지 사흘만 되면 이렇게 물 속으로 들어가곤 했던 제주 아낙들의 목숨건 강인함. 그것이 바로 분홍빛 제주 해녀들의 피말리는 삶의 모습이 아니었던가.

칠머리 당굿과 여씨 할망당굿

꽃샘추위의 계절 음력 2월을 제주도에선 '영등달' 이라 부른다. 영등달엔 '영등할망' 이라는 여신이 제주도엘 다녀가는 달이기도 하다. 영등신은 강남천자국(江南天子國) 또는 '외눈백이 섬' 이라는 곳에서 음력 2월 초하루 제주 동쪽 구좌면 '소섬' 으로 들어오는 '바람신' 이다. 해변의 고동같은 걸 까먹으며 온 섬을 돌아 다니면서 바다에

할망당굿의 대단원.
용왕님께 바치는
'제(한지로 곱게 싼)'를
우르르 바다에 던져 넣는다

미역 · 전복 · 소라 등 해녀 채취물의 씨를 뿌려 풍요를 주고, 다른 어업 · 농업에도 은혜를 베풀고서 같은 달 15일에 다시 소섬을 거쳐 돌아간다고 한다.

이 기간에는 출어를 해서도 안되고, 농삿일을 하면 흉작을 면치 못하고, 장을 담그면 구더기가 생긴다고 믿으며, 빨래도 하지 않고 모든 일손을 놓고 쉰다.

무형문화재 제71호 칠머리 당굿이 벌어지는 제주시 건입동의 당은 원래 지금의 제주항 부둣가에 있었는데, 항만공사로 인해 인근 사라봉 중턱 칠머리로 옮겨졌다고 한다.

건입동은 지금은 버젓이 제주시 중심 5개동 가운데 하나이지만, 예전에는 제주성 동쪽 바깥의 자그만 어촌이었다.

제주에만 있는 독특한 악기인 설쉐.
채 위에 놋그릇을 얹어 놓고 두드린다

'산지천'이라는 개천이 바다와 만나는 포구 '건들개'가 건입동의 옛이름이다. 이 건들개 사람들은 생업으로 어로나 해녀작업을 주로 해왔고, 지금의 제주항 부근도 역시 해녀들과 어부·어선들의 중심지이기에 영등굿이 지금까지 잘 전승되고 있는 것이라 여겨진다.

음력 2월 14일, 올해 오는 영등신은 우장을 쓰고 오시는지 추적추적 내리는 비 때문에 굿터를 부두 공동어판장 건물 안으로 옮겼다. 제단 한가운데 병풍을 두르고, 병풍 앞엔 참가한 당골들, 선주, 선원, 해녀들의 명단이 적힌 종이를 빼곡히 달아놓고.

같은 시간, 큰 심방 역을 맡아하는 김윤수씨는 원래 굿터인 사라봉 중턱 '칠머리당'에 가서 장소이동을 하게 된 내력을 신께 아뢰고.

굿판의 준비가 대충 끝나자 당골들이 바친 수많은 상으로 제상은 푸짐하기 이를 데 없고, 모두들 기대 반 호기심 반으로 웅성거린다.

본향드림

본향당이란 한 마을의 수호신을 모신 당이며, 각 마을마다 고유한 이름과 사연을 간직하고 있다. 이들 본향당의 원조는 구좌읍 송당리 본향당신이라 하는데, 각 마을 본향신은 이 송당리 당신의 가지로 볼 수 있으며, 산신인 남신과 내방신(來方神)인 여신의 결혼으로 시작하여 제주 각지로 뻗어나가게 되었다 한다.

영등굿의 성격은 마을신을 모시는 본향당굿은 아니나 이번 칠머리당 영등굿엔 '본향드림' 거리가 삽입되었다.

굿문이 열리고, 격렬하고 엄숙한 분위기 속에서 본향당신이 제장으로 들어오자(산청제거리) 상선(上船) 대표 1인, 중선 대표 1인, 해녀 대표 1인 3헌관이 제단 앞에 꿇어앉아 배례하며 소지를 태워 올린다.

굿이 다 끝난 후
'쌀점'을 쳐보며
즐거워 하는 해녀들

이어서 마을 전체의 일년 운수를 점을 쳐서 알아보고, 그 뜻을 심방이 대신 전달하는 '도산받음' 거리를 마치면, 모두가 함께 춤과 흥겨운 가락으로 신을 즐겁게 해드리는 '석살림' 판이 벌어진다. 그런데 이때 치는 가락은 제주 사람이면 누구나 다 익숙한 '서우젯소리' 가락으로, 각종 민요에도 아주 많이 나오는 이를테면 '제주도의 아리랑'이라고나 할까.

영감놀이

이즈음 제장 밖에서는 우리나라에서 유일하게 남아있는 도깨비굿인 '영감놀이'가 시작되고 있다.(도 무형문화재 제2호)

영등신을 바다 멀리 태워갈 뱃서낭으로 설정된 영감들은 헌 도포에 헌 짚신, 창호지에 구멍 뚫은 가면을 쓰고선 계집을 좋아하고 음침한 밤이나 좋아해서 슬쩍슬쩍 다니는 도깨비 — 영감 — 양반사람이다.

김윤수 심방

이 영감놀이는 간혹 병을 앓는 환자의 치병을 위한 굿으로 독립되어 행해지기도 하는 유감주술(類感呪術) 의례이기도 하다.

영감들이 수심방의 설득과 대접을 받아들이고 떠나갈 채비를 하면, 참가한 모든 사람이 함께 어우러져(치병굿일 땐 환자까지 벌떡 일어나 춤을 추게 되는 경우도 있다고 함) 예의 '서우젯소리' 가락에 맞춰 다시 한바탕 어우러진다.

도 진

길이 1m도 안되는 짚으로 만든 '띠배'에 제물과 '지'를 싣고 바다 멀리 띄워보냄으로써 모든 굿의 절차가 끝난다.

그에 비해서 구좌읍 하도리에서 행해진 같은 영등굿인 여씨할망당굿은 해녀들만이 참가하는 잠녀굿이라 그런지 조촐하면서도 끈끈한 동아리의 비념들로 가득 채워져 보는 이로 하여금 눈시울을 붉히게 만들곤 하였다.

굿의 절차는 건입동이나 하도리나 비슷하지만, 칠머리당굿에 영감놀이를 꿰어맞추고, 띠배에 협조기관의 이름을 써넣는 등의 어거지는 적어도 눈에 띄지 않는다.

심방의 한풀이 사설에 가슴메이게 빠져드는 잠녀들

심방은 같은 잠녀의 입장에서 지금까지 살아오며 사루었던 갖가지 '설움과 맺힘'을 조근조근 풀어 헤쳐가며 '살과 숨'을 교감한다. 어떤 당골은 깊은 한숨을 내쏟기도 하고, 어떤 할머니는 심방의 사설이 너무 격하게 가슴속을 찌르는지 "이제 고만(그 정도로서) 합서(하시오)" 내뱉으며 눈가를 훔친다. 이 순간을 어찌 놓치랴 싶어 카메라 셔터를 눌러대는 필자의 손도 조금은 떨려오고.

이용순 심방

잠녀들 중엔 할망들도 많았다. 제주 어디서나 만나는 할망들은, 앞에 얘기한 '살과 숨'으로 잔뼈가 굵은 할망분들이 대부분이다. 그렇다. 이 할망들의 '살과 숨'이 바로 '토박이의 건강함' 바로 그것이 아니겠는가 곰삭여 본다. 이 할망들이 '돌과 바람'을 헤치고 굿과 일노래와 갖가지 문화유산의 알기들을 굳건하게 지켜내려온 힘의 원천이었던 것이다.

혼자 사는 할망이 돌 초가집 앞에 앉아 있다

감귤·파인애플과 바나나가 자라는 따뜻한 남쪽나라 제주도, 연중 기온차가 가장 적고 겨울에도 기온이 영하로 내려가진 않는단다.

이를테면 '돌과 바람'에 비해 '따뜻함'은 자연환경이 주는 하늘의 혜택이었던 셈이다. 열대성 특용작물 재배와 있는 그대로의 자연이 관광자원이 되었던 것도. 하여 제주는 많은 사람들의 사랑을 받게 되었고

'소유와 개발'의 싸움터로 변해가기 시작한다. 그 와중에서 '굿과 똥돼지'는 척결해야 할 불결한 유습으로 관에 의해 제지당해야만 했다.

그러다가 관광개발의 속 알맹이가 바로 그런 것들로 채워져야 함에 눈뜬 사람들이 '보호책'을 강조하기 시작한다. 이 무슨 엎치락 뒤치락 아니러니란 말인가.

그러면서 이 거대한 탐라(탐나는 섬)는 또다시 개발의 회오리가 몰아닥칠 조짐을 보이고 있다. 일본 관광객들이 뿌린 돈이 없으면 큰일 난다고 생각하는 사람들이 늘어나고, 어느 구석배기에 사는 사람도 관광객들의 동물원 원숭이 구경하듯 살펴보는 눈초리에 질려버린 경험을 누구나 한번씩은 갖고 있게 마련이다.

몰려오는 외지 투기꾼들은 엄청 큰 땅을 사놓고는 그냥 놀린다. 제주 사람들은 안타까워 발을 동동 구른다. 땅을 사고 파는 것이야 어쩔 수 없다지만, 왜 생산을 하지 않고 그냥 놀리냔 말이다. 우리가 어떻게 살아왔는데, 저 땅에서 얼마나 많은 생산물을 거둬들일 수 있는데, 하다못해 마소를 부리더라도 좋겠건만.

도깨비

우리는 누구나 어렸을 때 한번쯤은 도깨비 얘기를
듣고 자라났을 터이다. 옛날 얘기나 동화 속에는 으레
도깨비나 도깨비 방망이 얘기가 나오게 마련이고, 간혹
부모들이 어린이가 영 말을 잘 듣지 않을 때면, "너
그럼 도깨비가 잡아가서 혼내준대!" 하고 윽지르던
기억도 있을 것이고.

지금도 국민학교 들어가기 직전인 딸네미
(세우리)한테서 "아빠, 왜 도깨비는 그렇게
무섭게 생겼어?" "사람이 죽으면 도깨비가
되는 거야?" 등등의 질문을 받곤 한다.

그럴 때면 문득 당황스럽기도 하고, 한편
으론 어떻게 아이의 상상력을 다치지 않고
그럴듯하게 대답해줄까 고민하게 되고, 다
른 한편으론 자신의 뇌리에선 이미 사라
져버린 저 아득한 고향의 두엄냄새같은
어린시절의 꿈 속으로 달려가곤 하기도 한다.

사찰이나 향교의 출입문에 들어오는
잡귀를 몰아내는 도깨비 또는 나태

사실 도깨비가 이 세상에 실지로 나타나는 실체가 아니란 것은 사람
이 철들 나이, 아니 유아기만 벗어나도 누구나 다 스스로 깨닫게 마련
이다

그것은 서양풍습이긴 하지만 크리스마스 전날 밤의 산타 할아버지
하고도 비견될 수 있겠다. 산타 할아버지란 이 세상에 실지로 존재하

는 게 아니라는 것, 사람이 마음을 착하게 먹고 살도록 하기 위해 지어낸 상상의 소산이란 걸 깨닫기까지는 그리 많은 나이를 먹지 않아도 되니까.

아무튼 이 산타 할아버지의 비밀이 '도깨비의 비밀'과 비슷한 유아기의 비밀, 유아만이 못 깨닫는 비밀이란 점만은 거의 똑같다고 볼 수 있다.

몇몇 절엔 문 아래 장식으로
흔히 도깨비를 그려 넣었다
(예천 보문사)

그렇지만 조금 다른 것은 산타 할아버지의 비밀은 적당한 나이에 이르면 금방 그 실체가 명확히 밝혀지게 마련이다. 부모나 주위 사람들이 선물을 선사하는 그윽한 방법의 하나라는 게.

하지만 이 도깨비의 비밀은 적당한 나이에 이르러도 그 실체가 명확히 드러나지 않는다. 단지 실체가 없는 '황당무계한 상상이나 헛것'이라는 것만이 확실할 뿐. 그러한 면이 바로 도깨비의 이런 듯도 하고, 또 저런 듯도 한 동양 특유의 도깨비같은, 깊은 듯도 하고 아리송하기도 한 심성과 철학이 그 저변에 깔려 있다고 볼 수 있는게 아닌가 싶기도 하다.

각설하고, 성년이 되어 인생살이와 세상살이에 부딪히다보면, 우리는 누구나 언젠가는 한번쯤 도대체 이놈의 세상이 도깨비 세상인지, 사람 세상인지 하는 넋두리나 울화통

여주 고달사지의 귀부이수

을 내뱉게 마련이다. 뭔가 일이 차근차근 올곧게 되어가지 않을 때, 또는 자신이 당한 일이 제 정신 갖고는 있을 수 없는 일을 겪었을 때, 또는 돌아가는 세상의 여러가지 일이 자신이 보기엔 영 개판 오분전 아수라 난장판이라 여겨질 때 —— 이럴 때면 우리는 흔히 도깨비를 연상케 되고 입에 올리게 되곤 하지 않던가.

또 사람과 사람 사이에서도, 친구나 주위 사람 중에 유별나게 괴팍한 행태를 자주 보이는 사람더러 우리는 "저 도깨비같은 놈!" 하기도 한다. 조금은 특출하거나 영특하기도 하면서 보통 평범한 시정 사람들과는 상상을 초월하게 다른 행동거지를 하는 친구더러 '도깨비 ×××'라는 별명을 붙이기도 하고. 아주 얄밉기도 하지만 한편으론 무시하거나 호통을 쳐서 야단치지도 못하고, 아주 못됐거나 나쁜 짓만 골라 하는 것이 아니니 어떤 땐 얄궂게 예쁘기도 하고.

우리가 흔히 사용하는 도깨비 속담의 예도 꽤나 많다.

• 도깨비(수) 기와장 뒤지듯 ― 쓸데없이 분주하고, 자신도 별 목적 없이 공연히 뒤지기만 함.
• 도깨비는 방망이로 떼고 귀신은 경으로 뗀다 ― 귀찮은 존재를 물리치는 데는 특수한 방법이 있음.
• 도깨비 대동강 건너듯 ― 사건의 진행이 눈에 뜨이지는 않으나 그 결과가 속히 나타난다.
• 도깨비도 수풀이 있어야 모인다 ― 의지할 곳이 있어야 무슨 일이 이루어짐.
• 도깨비 땅 마련하듯 ― 무얼 해도 결국 아무 실속없이 헛됨.
• 도깨비를 사귀었나 ― 까닭을 알 수 없이 재산이 부쩍부쩍 늘어감.
• 도깨비 사귄 셈이라 ― 귀찮은 자가 늘 따라다녀서 골치를 앓음.
• 도깨비 쓸개라 ― 보잘것없이 작고 깨끗하지 못함.
• 도깨비 감투 ― 사람이 쓰면 보이지 않는다는 신기한 감투, 종

국에는 좋은 결과를 가져오지 못함.

또 도깨비에 관한 설화나 민담을 모아놓으면 아마 책 한 권 분량쯤은 될 정도로 많을 게다. 국문학이나 민속학 관계 '도깨비 연구' 항목을 찾아보면 그도 꽤나 많을 성싶다. 그렇게 학술적으로 가진 않더라도 우리는 누구나 「흥부와 놀부」의 박 타는 장면에 나오는 도깨비, 「도깨비 혹떼기」에 나오는 욕심꾸러기 등은 지금도 생생히 기억들을 할 게다.

절의 돌계단
하단부에 새겨진
도깨비

그런데 재미난 것은, 옛날 옛날로 거슬러 올라가면 도깨비 얘기는 거의 실화로 사람들에게 구전되어져 내려왔음을 알 수 있다. 대표적인 예가 『삼국유사』에 나오는 '도와녀와 비형랑(王孫)' 얘기로, 신라시대 '길달'이란 도깨비 대장이 있어 돌다리를 하룻밤 사이에 놓아버렸다는 것이다.

두번째로 얘기될 수 있는 점은, 도깨비는 헛것이기에, 헛것이 많이 나타날 수밖에 없는 사회정신적 풍토랄까 분위기같은 게 그대로 반영된 것이라는 점이다. 이를테면 전란이라든가 무질서, 혼돈의 소용돌이 속에선 으레 여기저기서 도깨비같은 일이 일어나게 마련이고, 그게 이 사람 저 사람에게 전해지면서 증폭·가감되어져 그럴듯하게 다듬어져 민담으로, 설화로 지금까지도 내려온다고 볼 수 있겠다.

세번째는 정신력이 뛰어난 사람, 도깨비의 의리·윤리를 제압할 수 있는 나름대로의 줏대를 가진 사람에겐 도깨비는 한없이 무력하다. 그것도 즉발적으로 단숨에, 솔직하게 흔적도 없이(때로는 흔적을 남기고) 사라져 버린다. 또 도깨비는 자신이 피해를 당하지 않는 한 남에게 해를 입히는 존재는 아니기에, 어찌보면 지금까지도 우리 역사를 부둥켜안고 끈질기게 지켜온 우리네 선조들의 생활 심성이 그대로 나타난다고 여겨지기도 한다.

마지막으로 도깨비는 거의 대부분 남성이다. 간혹 여자 도깨비가 남성을 후려쳐 (그것도 뭔가 잘못한 게 있는) 요사스럽게 괴롭히는 경우가 없는 것은 아니나, 거의 다 도깨비는 우락부락하고, 머리에 뿔이 달리고, 두 눈알이 왕방울만한 장정들인 경우가 많다. 형체가 구상화되어 있지 않지만, 흥미로운 것은 그 많은 도깨비 얘기에 나오는 '마지막 흔적'이 쓰다버린 부지깽이, 빗자루, 방앗공이 등속이고, 그것도 피나 땀이나 때가 묻은 것이라는 점.

이를 어떻게 해석하느냐는 각자의 상상력에 맡기기로 하자. 하지만 이는 한국의 성신앙(性信仰)과 관련지어 깊이 연구해볼 만한 주제라 하고 넘어가기로 하자.

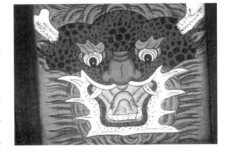

안동 유모사의
도깨비 장식

전남 진도와 제주도에는 지금까지도 간간히 도깨비굿(제주에선 도채비굿)이란 민속이 행해지고 있다 한다. 대개 음력 2월 1일(하룻날), 부녀자들이 제각기 가면을 만들어쓰거나 숯검댕이칠을 해 가장하고, 소리나는 물건(밥통뚜껑, 놋양푼, 물병, 도시락뚜껑, 바가지, 양푼, 주전자, 세숫대야 등)을 두들기면서 각 집을 돌며 제멋대로 춤을 춘다. 장대에 피속곳[月經]을 매달아 들고 귀신을 마을 밖으로 쫓아낸다. 이때 남자들은 방 밖으로 얼씬도 못하며, 남자들의 '마당밟기'는 주인이 거절할 수 있어도 이 도깨비굿에는 빠지는 집이 없다. 이들이 즐겁게 위로하며 쫓아낸 열두 귀신은 다음과 같다.

총칼 맞아 죽은 귀신
작두에 목잘려 죽은 귀신
턱 떨어져 죽은 귀신
귀가 큰 귀신
물에 빠진 귀신
장가 못간 귀신
말라리아 앓아 죽은 귀신
시집 못간 처녀 귀신
염병앓아 죽은 귀신
목매달아 죽은 귀신
지랄병하다 죽은 귀신
아이가 없는 귀신

통일신라시대의
귀면와

사람이 달나라 가는 세상이 되었어도 세상은 여전히 도깨비들이 활개치는 세상이 아닌가 싶기도 하고, 어렸을 적 무섭기만 하던 도깨비가 이제는 고향마을 장승이나 당산나무같은 아련한 포근함으로 한없이 다가오기도 하고.

이상하고 아름다운 도깨비 나라
방망이를 두들기면 무엇이 될까
금 나와라 와라 뚝~딱
은 나와라 와라 뚝~딱

아이들의 노랫소리는 지금도 여전히 들려오고.

산메기

비내리는 칠흑 속의 산초 냄새

지난 단오엔 전국에 걸쳐 비가 내
렸다. 단오맞이 마을굿은 하루 전날,
그러니까 음력 5월 4일 밤 11시 경에
행한다고 하니 늦어도 4일 점심 때는
출발해야만 한다. 그러나 비가 억수
같이 쏟아지고 일기예보는 5일 오후
에나 갠다고 하니 한밤중의 제사가
제대로 치러질는지도 확실히 알 수가
없다. 모든 건 현지에 도착해서 알아
보아야 할 뿐.

산메기 나무

　강릉에 도착하니 이미 날은 어두어졌고 남대천변에 거대하게 늘어
선 난장들의 불빛만이 불야성을 이루고 있었다. 냉면을 한 그릇 뚝딱
비우곤 옥계행 택시에 몸을 실었다. 버스는 저녁 7시면 끊긴다고 하니
다른 도리가 없다.

　옥계에서 다시 도직리로 택시를 갈아타고 마을회관 앞에 도착한 게
밤 9시 어름. 가겟집 주인에게 물어 올해의 상도가(제주)집을 찾아가
니 대문엔 예의 금줄이 쳐져 있었다.

　금줄 ——새끼줄에 하이얀 창호지 조각을 꽂은 금줄. 금줄을 두른다
는 것은 금기와 더불어 신성불가침한 엄숙함을 내뿜는다. 이를 어기거
나 소홀히 했다가는 벼락같은 화를 입는다는 전설이 어느 곳이나 주저

집집마다 정해진
'산메기 나무'에
다소곳이 치성드리는
아낙들

리 주저리 열리어 있게 마련이고, 하여 아무리 아수라같은 요즈음 사람살이라지만 이는 거역할 수 없는 믿음이요, 조금은 신비한 무언의 힘이기도 하다.

어느 곳에 가든 금줄을 대하면 우선은 반갑다. 왜냐하면 무엇보다도 사람이 굼틀거리고 있다는 징표이기에. 그 다음이 신심이다. 신심이 없이 이 바쁜 세상에 그 작은 정성이나마 기울일 사람은 없기에.

상도가 어른은 친절히 한밤중에 온 내방객에게 차근차근 제의 일정을 설명해 준다. 아무리 비가 억수같이 쏟아져도 제는 예정대로 치른다고 했다.

밤11시가 되자 상도가 집에 갓도가(부제주) 어른이 넘어왔다. 제수는 방 안에 이미 다 준비되어 있었다. 빠진 게 없나 점검을 하고는 이내 지게 망태기에다 짐을 싣는다. 제를 지내는 서낭당까지는 약 2㎞ 거리다. 더군다나 비가 억세게 내리는 한밤중이라 매사가 조심스럽다. 비옷을 입고, 지게 위에 차일을 쳐서 짐을 비에 젖지 않게 하곤 집을 나선다.

마을 뒷산 중턱에 있던 서낭당이 이제는 '마을 옆'이 되어 버린 지 3~4년 되었다. 동해고속도로가 생기느라 마을이 집단 이주를 한 것이다. 그래서 동네 입구에 있던 진또배기(솟대)는 고속도로가 갈라 놓아 마을과는 동떨어진 바닷가에 외로이 떨어져 있게 돼 버렸다.

서낭당까지 지게를 지고 가면서 노인 두 분은 조근조근 얘기를 들려 주신다.

"요즘 촌에 젊은 것들이 어디 뵈나. 우리들이야 이게 조상 대대로 내려온 건데 절대 그만둘 수는 없지. 우리야 어려서부텀 보고 듣고 했으니까 다들 어떻게 하는 건지 알고 있지만, 우리들 죽고 나면 어찌 될까 몰라. 제수는 각집이 염출을 하는 게 아니고 따로 서낭답(서낭제를 위한 마을 공동 소유의 밭)이 있지. 1년에 제는 세 번 뫼셔. 정월 보름, 단오, 그리고 섣달 보름 이렇게 세 차례 하는데, '산메기'만은 단오 때만 허지."

비내리는 칠흑 속에 산초 냄새가 향기롭게 풍겨 왔다.

서낭제의 핵심은 소지

서낭당에 도착하여 문을 열고 들어서자 정면으로 모신 신위의 '굿그림'이 걸려 있고, 제를 드리기 편하게 제상이 간략하게 만들어져 있다. 서까래에 씌어 있는 문구를 보니 집을 새로 지은 지 60여 년이 되었다는 얘기다.

제상을 차리고 제를 올린다. 뫼시는 신은 서낭지신, 토지지신, 여역지신 세 분이다. 제의 절차는 어디서나 거의 비슷하다. 신을 청해 들이고(청신), 기쁘게 해드려 음식을 대접하고(오신), 미쁘게 보내드린다(송신).

"저희들은 그저 아무 것도 모릅니다. 서낭님께서 모든 일이 잘 되도록 살펴 주시기를 바랄 뿐입니다."

비나리는 소지를 올리면 그 절정을 이룬다. 소지 한 장마다 한 집의 어려움을 고하고 각각 기원을 아뢴다.

소지 —— 기원과 기구는 눈에 보이지 않는 것, 그것을 불에 태우는 행위로써 보이게 만들고, 그러니까 무(無)의 유화(有化)다. 그러나 그 기원과 기구를 담은 종이 유(有)는 태워없어짐으로써 무화(無化)된다. 즉 유(有)의 무화(無化)다.

생성과 소멸은 반복되어 매년 똑같이 행해진다. 그 속에서 사람 또한 생성 · 성장 · 소멸되며 역사가 이루어지고, 숱한 축적과 발전이 이루어진다.

제가 끝나자 일행은 둘러앉아 간단히 음복한다. 그 동안의 엄숙하던 긴장은 일시에 가시고, 모두들 오래 같이 지낸 식구처럼 마음의 벽이 조금은 허물어진다.

정갈한 아낙들의 비손 —— 산메기

새벽 미명 속에서 여성들만이 치른다는 '산메기'는 새벽 4시가 되자 시작되었다. 한마디로 그건 정갈하고 산뜻한 한 폭의 그림이었다.

아직은 어둑한 사위 가운데 별안간 한 여인, 두 여인, 세 여인…… 아낙네들이 부지런히 어디론가 가고 있다. 그것 자체가 자못 신묘한 느낌을 갖게 한다. 모두들 머리에 '다라'나 커다란 바구니를 이고 바쁘게, 행여 누구보다 늦으면 어쩌랴 산을 오르는 걸음이 가쁘다.

한 아낙이 자기 나무를 발견하곤 쪼르르 달려가 우선 '산메기줄'부터 바꾸어 단다. '메기줄'은 왼새끼줄(왼쪽으로만 꼰 새끼줄. 음양 가운데 양기를 뜻하며 잡귀를 쫓는다는 의미가 있음)에 새하얀 창호지를 사각으로 접은 것을 꽂아 놓은 것으로 일종의 징표이다.

어떤 아낙은 자신의 '산메기 나무'가 잘 찾아지지 않는지 고개를 갸웃거리다가 다른 곳으로 가기도 하고. '산메기 나무'는 집집마다 정해져 있으며, 시어머니에게서 며느리로 대물림된다고 한다.

신새벽 미명을 뚫고,
마을 아낙들이
줄줄이 산메기나무가
있는 산으로 향한다

제물을 산메기나무 아래 차려 놓은 아낙들은 큰절부터 올리고는 두 손모아 '비손'을 드리기 시작한다. 아주 열심히, 진지하기 그지없게. 저 모습, 저 표정은 정한수 한 그릇 떠놓고 비손하던 할머니의 모습 바로 그것이다.

비손의 내용은 내방객인 필자가 알아들을 정도로 소리내어 아뢴다.

"저희 막둥이가 대처로 나가 이제 처음 취직이 되었다고 합니다. 그저 몸 성하게 해주시옵고, 내년쯤엔 장가들 수 있게 큰애기 하나 점지해 주옵소서."

대부분의 비손들은 식구 개개인의 안전과 건강을 비는 내용이고, 이를 통해 남편과 자식들에 대한 소망도 곁들이게 마련이다. 그저 아무 탈없이 1년 동안 가정의 평안과 무병, 하는 일 잘 되기를 빌고 또 빈다.

이렇게 산메기를 드리는 아낙들이 지금 이 순간 이 산에 좌악 퍼져 있다고 생각하니, 별안간 산 전체의 정기가 온몸으로 육박해 들어오는 듯하다. 저 멀리 바다 쪽엔 일출이 시작되려는지 뿌연 밝음이 밀려오고 있었다. 정녕 이건 아름답고 정갈한 한 폭의 그림이다.

서낭제는 남정네들에 의해 마을 전체의 무사태평을 기원하며, 산메기는 아낙네들에 의해 집안의 탈없음을 빌고 또 빈다. 이렇듯 마을굿이 남·녀 구별지어 치러지는 것은 이곳 태백산맥을 중심으로 한 삼척·태백·정선 일대의 산간지방에만 있어 온 풍습이다.

산악 지대에서의 여인네들의 삶은 남정네들 못지않은 거칠고 강인함을 요구했을 게다. 그런 생활 속에서 아낙들은 1년에 한번 산을 주관하는 산신께 자기 속내를 털어놓고, 하소연하고, 살풀이를 하였던 것이다.

남정네들이 못 보게 이른 새벽에 간다는 것, 고부간에 대대로 이어진다는 점, 달것이 있거나 상을 당한 집은 스스로 빠진다는 금기, 산메기 나무의 가지가 무성하면 자손이 번성한다는 얘기 등은 이 산간 지대에서 이루어져 왔던 아낙네들의 공통의 체험축에서 자연스레 아우러졌던 신심이요, 비의였다고 볼 수 있겠다.

얼추 20여 분은 흘렀을 듯싶었다. 그렇게 꽤나 긴 시간, 아낙들은 '산메기 나무'와 대화를 하고 있었다. 어느덧 바다 쪽에서 밝은 햇빛이 밀려들자 아낙들은 하나 둘 제물을 챙겨들고 하산하기 시작한다.

영산 줄다리기

영산 줄다리기, 쇠머리대기의 본고장 경남 창녕군 영산면(靈山面)은 이름 그대로 영험스러운 마을임에 틀림없다.

한 10여 년 되었을까. 필자는 영산 줄다리기가 다들 볼만 하다고 부추키는 바람에 3~4명이 우르르 몰려가 구경했던 적이 있었다. 하지만 그때는 그리 신통하다는 느낌을 못 받았다. 장소도 어느 국민학교 운동장에서 했는데, 별로 크지도 않은 그 안에다 커다랗게 단상을 만들어놓곤, 유지들이니 뭐니 주르르 앉아서 거드름 피우는 것도 영 맘에 들지 않았고, 시끄럽고, 떠들썩하고, 좁디좁은 골목을 그 많은 사람들이 낑낑거리며 비집고 다니고.

아무튼 살판나는 신바람은 있는 것 같은데, 그게 확연히 가시적으로 드러나질 못하고 좁은 그릇 속에서 옴치고 뛸질 못한다는 그런 답답함이 그득했었다. 그렇지만 딱 한가지 마음속에 다짐을 한 게 있었다. 줄다리기 실무 일을 맡아 진행하신 분들과 석별의 정을 나누고 헤어지기 직전에 그분들이 던진 한마디.

"영산 줄을 제대로 보실라카믄, 마 적어도 3~4일 전에는 오셔야지예. 다음엔 꼭 미리 내려오이소."

이 말은 지금까지도 뇌리에 박혀 있었고, 언제든 3~4일 전에 내려가 영산줄의 진수를 만끽해 보겠다고 다짐한 바 있다.

그 분들의 얘기는 이랬다. 영산줄은 줄다리기 자체도 신나는 한판이지만, 그에 못지 않게 그 전의 준비과정(예전에는 음력 섣달 그믐 때부터)과 끝난 뒤의 뒷풀이의 분위기도 매우 중요하다고.

그래서 이번엔 벼르고 벼른 일정이라 넉넉하게 4박 5일을 잡고 사흘 전에 미리 내려갔다. 관계자 이 사람 저 사람도 만나보고, 여기 저기서 상당한 자료도 구할 수 있었다. 그러는 중에 정말로 영산줄의 진면목은 줄다리기 앞뒤에 있다는 그 말이 실감나게 가슴으로 육박해 들어오는 거였다.

영산은 옛 가야의 중심지였고, 따라서 여러가지 유적들을 간직하고 있으며, 마을 한가운데 연못(예쁜 이름의 硯池)이 있어서, 화려하지는 않으나 아주 그윽한 정취를 느끼게 해주는 오붓한 동네.

길을 온통 차지하고 있는 놓여있는 그 자체로 위용이 대단하다

행정단위론 1개 면에 불과하지만서도, 영산 사람들은 '창녕 사람'이라 하지 않고 '영산 사람'임을 누구이 강조한다.

필자 나름대로 파악한 그 긍지의 원천은 다음 두 가지다.

3 · 1운동 때 경남지역에서 제일 먼저(3월 13일) 23인 결사대가 거사했는데, 그때 창녕 사람들은 호응하기를 (비겁하게도) 꺼려 했다 한다. 지금도 3 · 1절엔 도지사가 도청이 있는 창원에서 기념식을 하는게 아니라, 이곳 영산에서 한다고 자랑한다.

다른 하나는 4백 년 된 전설로, 중앙정부에서 파견된 관찰사의 부정에 의연히 항거하다 뜻을 굽히지 않기 위해 스스로 목숨을 끊은 문호장의 이야기가 이곳 사람들의 자긍심을 일깨워 주고 있는 것이다.

애살 · 신명 · 몰음

영산줄은 4 · 5일 전부터(옛날에는 섣달 그믐부터) 각 동네 반별로 맡아 꼬기 시작하는 '줄만들기'부터 시작된다.

그전에 동과 서 양군 추진본부가 짜여지고, 각 군에서 소장, 중장, 대장이 뽑히고, 뽑힌 마을에서는 한 두 차례 잔치를 열었음은 물론이고. 그보다도 먼저 각 동네마다 서낭을 모시는 의식이 있었는데, 요즈음은 많이들 없어졌고, 올해엔 동서 양군 사령부인 동리와 서리에만 세워져 있었다.

서낭이란 장승, 당산나무, 솟대 등과 같은 일종의 마을 수호신의 상징이라 보아 틀림없겠는데, 10m 정도 크기의 대나무 끝에 꿩털을 달고, 대나무 몸엔 흰 광목으로 옷을 입히고 그 위에 빨강, 파랑, 노랑의 작은 깃발을 매달고, 그 밑엔 커다란 깃발인 '치마를 둘러' 한껏 멋을 부리게 되는 거였다.

이 서낭님은 일단 양군 사령부에 모셔졌다가 줄이 나가는 길에, 또는 줄을 당길 적에 항상 줄머리 앞에 세우며, 불순한 짓거리를 삼가하게 된다.

'줄만들기' 과정도 꽤나 복잡하며, 이 과정 자체가 영산줄의 핵심인 '애살·신명·몰음'의 과정이기도 하다. '짚 새끼모으기' '줄 드리기' '펴기 및 엮기' '줄꼬기' '줄엮기' '소금, 물 부리기' '말기 및 곱치기' '목 만들기' '젖줄 끝줄 만들기' …… 이 전 과정 모두가 사람 손이 가야 하는 일이기에 동네 사람들은 서로 몸을 부대끼며 살을 부딪치게 된다.

짚, 새끼들을 모아 '줄을 드리는

줄머리 앞에서
헌배하는
장군과 줄꾼들

(가닥줄을 꼬는)' 날은 자그만 동네잔치판이 벌어지는 날이다. 세 사람이 각자 한 웅큼씩의 볏짚을 쥐어틀면서 옆사람과 주고받으며 세 가닥의 줄을 하나로 꼰다. '위로 차!' '아래로 차!' 소리에 맞춰 남녀 2~3개 조가 번갈아 줄을 드리면, 꼬마들은 꼬아진 줄이 늘어지지 않도록 적당히 잡아당겨 일의 능률이 오르도록 거들고, 옆 가마솥에선 푸짐한 음식이 무럭무럭 김을 내뿜으며 익어가고.

줄다리기가 시작되기 전 '기싸움'으로 양진영의 기세를 북돋고…

이렇게 동네 곳곳에서 엮어진 가닥줄(동네마다 할당량이 자율적으로 정해 있음)을 각군 사령부인 동사무소 앞마당에 수북히 쌓아 놓는다. 길이 약 100m, 둘레 약 25cm 정도 되는 가닥줄 30여 가닥을 펴서 길게 가진런히 놓게 되면, 오가는 사람마다 줄의 정기를 흠씬 들이마시게 마련이고, 읍내는 술렁술렁 신명의 정상을 향해 달아오르기 시작한다. 줄은 이제 서서히 '혼줄'이 되어가는 것이다. 가지런히 펴 놓은 줄위에 간간이 물과 소금을 뿌려주는데, 알맞은 물기를 지녀야 질기고 강도가 높아지기 때문이고, 소금은 썩지 않게 깨끗하게 하여 액을 막아준다는 의미도 담겨 있다 한다.

퍼진 30가닥의 줄을 75~80cm 간격으로 얼기설기 엮고 나서, 수십 명의 사람들이 매달려 장군들의 신호에 맞춰 '줄말기'를 하게 되는데, 이 줄말기 모습이야말로 협동정신이 그지없이 자연스럽게 배어나오는 아름다운 한 폭의 그림같기도 하다.

'줄말기'를 끝낸 줄은 이제 한 가닥의 두툼한 '통줄'이 되었고, 이 통줄을 반으로 접어서 40~50m 길이의 '몸줄'을 만들고, '줄목'을 내고 '머리줄'을 만든다. 이 부분은 한 개의 줄에 있어서 그 핵심 중의 핵이라 할만큼 중요하다. 줄을 당길 때 모든 힘이 교차하는 지점이 이곳이기도 하고, '머리와 성기'가 한곳으로 집중된 영험스런 용두처(龍頭處)이기도 하기에.

이렇게 다 만들어진 두 줄 중에서 숫줄 위로는 줄을 넘지 못하게 '금줄'을 둘러놓고 밤을 새워 줄을 지킨다. 혹시 상대편에서 줄에 사금파리라도 넣으면 줄 당길 때 상처가 나 끊어지는 경우도 있다. 또 여자들은 숫줄을 넘으면 아들을 낳는다고 해서 줄을 넘으려 하고, 남정네들은 여자가 줄을 넘으면 넘은 자리가 끊어져서 줄을 당길 때 진다고 믿기에 밤새워 모닥불을 피워놓고 지킨다.

요즘은 많이 개화(?)되어서 줄넘는 여성들도 거의 없어져버린 옛이야기가 되어 버렸지만, 그래도 남정네들은 그 '애살'만큼은 지켜가자고 시끌벅적 두런두런 얘기꽃으로 한밤을 지새운다.

'줄드리기'에
한몫 거드는 아이들

아이들에 의해 지켜진 전통

줄을 당기기 전날 저녁 어스름, 영산줄을 오늘날까지 지켜오는 가장 중요한 힘이었던 '골목줄다리기(골목에서 아이들이 새끼줄같은 걸로 삼삼오오 하던 꼬마들의 새끼줄다리기)'가 영산국민학교 학생들에 의해 공개행사로 시연되어졌다. 일제시대, 협동과 신명의 뿌리를 잘라버리려고, 일제는 줄다리기를 절대 못하게 했다고 한다. 하지만 이곳 저곳 도처에서 꼬마들이 아무 때나 불쑥 불쑥 서너 명이 자연스레 어울리며 노는 '골목줄다리기'를 일일이 쫓아다니며 말릴 수는 없는 노릇 아니든가. 그래서 꼬마들은 은근한 어른들의 지원을 등에 업고 더욱 재미나게 골목줄을 놀았을 터이고.

아이들의 '꼬마골목줄'이라고 허투로 여길 것만은 아닌 것이, 수십 개의 대나무 깃대들이 어르는 '서낭대 싸움'의 장관을 보노라니, 아이들의 이 경험은 면면히 뿌리박혀 민속정신을 이어나갈 매우 소중한 몫이란 확신이 들었다. '학습'에서 '실연'으로, 이어 벌어지는 어른들의 진짜 줄다리기를 체험하면서 아이들은 애살과 신명, 몰음을 육화시켜 나갈 것이리니.

쇠머리대기 결전

3 · 1정신을 계승한 쇠머리대기

줄다리기(무형문화재 26호), 쇠머리대기(무형문화재 25호)는 '3 · 1 민속문화제' 행사로 치루어졌다. 원래는 정월 대보름에 하던 놀이였으나 대보름과 3 · 1절이 엇비슷한 어름이기도 하고, 앞에서 얘기했듯 영산의 3·1정신을 더욱 깊이 새기자는 뜻도 있고. 아무튼 전국적으로 퇴색해 가기만 하는 3·1정신을 지역 주민이 주체가 되어 꾸려나가는 제전으로는 유관순 열사의 고향 아우내 장터의 횃불놀이와 영산밖에 없을 것이다.

개막행사로 행해진 '쇠머리대기'도 줄다리기와 더불어 영산이 지닌 또 하나의 커다란 민속문화의 자산이다. '나무쇠 싸움'이라고도 불리우는 '쇠머리대기'는 나무로 소의 머리 모형을 크게 만들어(길이 약 5m, 너비 약 4m, 높이 약 4m) 청장년들이 이를 어깨에 메고 맞부딪쳐 싸우는, 소싸움의 모방놀이 비슷하다.

나무쇠가 맞부딪치면 놀이꾼들은 서로 상대편 나무쇠에 엉겨붙어 일대 공방전을 벌이다가, 한쪽이 뒤로 밀리거나 밑으로 깔리게 되면 승부가 판가름나게 되는 것이다. 1968년에 보고된 자료의 결전 장면 묘사는 매우 재미있어 그대로 옮겨보자.

벌떼처럼 엉겨붙어 짓누른다. 격한 고함과 욕설이 오가더니, 드디어 주먹과 발길질과 깃대와 몽둥이로 후려치는 육탄전이 벌어진다. 말리던 사람끼리 다시 싸움이 되고, 군중들은 잘잘못을 가릴 틈도 없이 덩달아 싸움을 벌이고, 양쪽 응원군이 무작위로 달려들고, 미처 싸움에 끼지 못한 패들은 뒤에서 '죽여라' 아우성이다. 우습게 시작된 싸움은 걷잡을 수 없는 지경에 이르고, 이를 수습하려던 경관은 다급해지자 공포를 쏜다.

얼마나 격렬한 싸움의 신명판인지 대충 짐작들이 갈 게다. 이번 '쇠머리대기'에서도 한 사람이 군중 속에 밀쳐져서 다리 부상을 입었으나 중상은 아니었다 하며, 매해 부상자를 없게 하기 위해 실무자나 군중들 모두 조심을 한다고 한다. 영산을 감싸고 있는 두 개의 산 영축산과 함박산은 읍내서 바라보면 꼭 쇠머리처럼 생겼다. 두 마리 황소가 맞

겨누고 있다 해서, 이 두 산에 '살'이 있으니 이 산살을 풀어주어야 온
갖 재액을 막아낸다는 데서 유래되었다는 쇠머리대기는, 줄다리기와
아우러져 힘과 용기, 젊음을 찬미하는 장쾌한 산촌문화로써, 가끔 안
동의 차전놀이와 비견되기도 하는 독특한 민속놀이라 하겠다.

혼줄에 빠져 혼쭐난다

영산 '혼줄' 신명판의 핵심인 줄다리기 결전의 날이 밝았다. 원래는
세 장군들중 소장은 중장에게, 중장과 소장은 대장에게 찾아가서(마을
사람들을 이끌고 합세하며) 예를 올리고 기세를 더해가며 놀이판에 들
어왔으나, 요새는 바쁜 세상이 되어서 중간지점에서 소장과 중장이 만
나고, 면 사무소 앞에서 대장을 맞는 예를 갖춘다.

검은 수염에 검은 안경까지 낀 장군들의 모습은 군중들에겐 한없이
즐겁고 위엄이 있어 보이게 한다(조금 유치하다는 느낌도 있고). 76년
에 새로 제정했다는 장군들의 복장은 임진왜란 때의 이 고장 출신 의
병장 곽재우 장군의 도포를 본떠 만들었다 하므로 이 또한 의미깊은
일이리라.

장군이 가는 곳에는 온갖 깃발들이 휘날리고, 풍물패의 풍물소리에
맞춰 아낙네들의 애살 도는 살판춤이 흐드러지게 난무한다. 장군의 기
백은 군중 전체의 사기이며, 장군의 기품은 백만대중의 승리이다.

줄은 만들어진 곳에서 놀이판이 벌어지는 '놀이마당'으로 옮겨지게
되는데, 이를 '줄이 나간다(出陣)'고 부른다. 줄은 나가기 전에 머리
앞에서 간략한 제를 지낸다. 세 장군들이 헌배하고 기능보유자 및 진
행 실무자들도 배례한다. 길고 긴 세월, 오랜동안 영산 사람들과 애살
을 함께 해온 큰 줄에게도 술을 드린다.

드디어 꼬박 1년을 별러온 줄이 움직이기 시작한다. '줄메는 노래'
는, 이제는 모든 군중이 같이 부르기엔 너무 낡아 버린 것일까. 머릿줄
을 실온 선도차(2톤 짜리 트럭)의 스피커에서 '오 왜 징산아~'하고

울려퍼지며, 서낭대를 앞세운 줄이 나가기 시작한다. 마치 길고 큰 용이 풍운조화를 일으켜 구비치며 승천하듯 줄이 나간다. 오색 깃발이 찬란하고 풍물은 신명나게 지축을 뒤흔들듯 가락을 두드리고, 군중들의 아우성과 깃발춤이 난무하며 뒤따른다.

오 왜~ 징산아
대어 도라 대어 도라
부는 안될 기다
부는 사부라
부는 물개똥
부 줄머리 불이 붙고
부 줄머리 꽃이 핀다
얼시구 절시구
오 왜~ 징산아

놀이마당에 들어선 줄은 4~5m 간격으로 떨어져 놓이고, 동서부 양편의 줄꾼과 풍물패들은 대열을 이루어 적진을 넘보며 어르는 진잡이에 들어간다. 원래는 장군들이 말을 타고 적군의 줄을 넘어오는 게 '진잡이'였으나, 지금은 많이 간소화돼서 소 등에 올라탄 장군들을 앞세워 적진을 한 두 바퀴 넘보며 돌아오는 기세 올리기로 대신한다.

이 사이에 몸줄에 젖줄을 매다는 작업이 진행된다. 약 50㎝ 간격으로 한가닥에 7~8명이 달라붙을 정도의 크기로 매달아 놓고, 양 진영 사람들이 줄 당길 채비를 갖춘다. 양쪽 합해서 약 100m에 달하는 암줄과 숫줄은 이제 온통 사람들로 완전히 가려져 버리고, 아우성과 함성들로 그득찬다. 인산인해, 아비규환이 또 있을까 싶게.

암줄과 숫줄이 교합하기까지는 길고 긴 승강이를 거쳐야 한다. 암줄 위에는 서부면장까지 나서서 숫줄더러 다가오라고 손짓한다. 숫줄 위에는 동부면장이 나서서 "여자가 갖다 대는 것이 정상이지 남자가 체신없게스리……" 하며 오라고 손짓한다. 모두들 이 소리에 낄낄거리기도 하고.

이때부터는 대장이 따로 없고 모두가 대통령이다. 모두들 제각기 주장이 옳고 온갖 손짓발짓 삿대질에 갖은 고함을 질러대며 난리법석이다. 모두가 기능보유자고, 서로들 나무라고, 책망하고, 걸핏하면 살벌하게 먹살잡기 일쑤고.

이런 상태의 '승강이 신명판'이 약 1시간 가량 계속되다가, 드디어 숫줄 머리를 모로 세워놓고 그 위에 암줄 머리를 덮어 씌우는 방법으로 교합을 이루게 된다. 정말로 카오스의 도가니. 그러나 이런 무질서의 극치 속에서도 일은 진행이 되기는 되어간다. 사공이 족히 백 명은 된다 싶어도 배가 산으로 올라가는 일은 절대 없다. 바로 이 점이 전통 민속정신의 백미가 아니겠는가. 마치 민속악의 시나위 가락처럼, 무질서 속에서 질서와 조화를 이루어나가는 애살과 신명과 몰음.

교합된 두 줄 가운데 '비녀목'이라 부르는 소나무(껍질을 벗긴 길이 약 2.5m, 지름 약 20㎝)를 꽂으면, 즉시 양편에 손짓 눈짓 발짓으로 전달되고, 이때부터 초긴장의 힘싸움이 당겨지기 시작한다. 풍물과 서낭대, 온갖 깃발들이 휘몰이 가락으로 경천동지하듯 울려퍼지며 세상은 온통 함성과 아우성.

남녀노소, 상하좌우, 대장과 줄꾼, 실무자와 구경꾼의 구별이 없어진다. 모두의 애살과 신명은 줄에 '몰아져(몰음)' 버린다. 사람이 줄을 당기는 것인지, 줄에 사람들이 매달려 있는 것인지 도무지 분간할 수조차 없다. 다들 '혼줄'에 빠져 '혼쭐나고' 있다고나 할까. 젖줄이 여기저기서 끊어지기도 하고, 엉덩방아를 찧는 사람, 앞사람의 허리를 부여잡고 있는 사람, 치마 가득 무거운 돌멩이를 채우고 줄에 매달린 아낙, 외지에서 사진찍으러 온 사람도 저도 모르게 아무데나 달려가 매달리고. 이 세상엔 이제 아무 것도 존재하지 않는다. 너도 없고 나

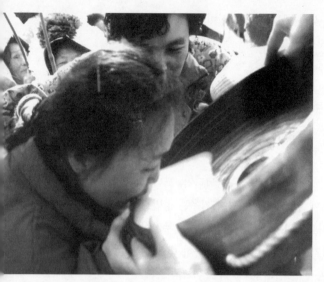

도 없고, 모두가 황홀한 '몰음'에 빠져들며, 어느 쪽 줄을 당기든 이 순간 만큼은 모두가 하나가 되는 거였다.

그런데 한 15분이나 지났을까. 별안간 서부 대장이 이겼다고 소리치며 뛰어나간다. 뒤이어 동부 대장도 이겼다고 뛰어나간다. 본부석에서 동부, 서부모두 이겼다고 한다.

어느 편이 이겼는지 알 수가 없다. 아니 모두가 이긴 것이다.

신명에 지쳐
막걸리로 목을 축이고

양편은 즉시 어깨춤을 덩실덩실 추며 승리의 행진에 들어간다. 읍내를 누비며 그 동안에 쌓였던 갖은 애살과 신명을 풀어제낀다. 막을 수 없는 이 뒷풀이 신명판은 각 마을로까지 이어져 밤새워 행해진다. 특히 아낙네들에겐 이 혼줄판은 일년 열두 달 쌓인 온몸뚱이의 살을 풀어내는 살판이기도 하다.

대부분의 겨루기 놀이가 쳐들어가 짓밟아 정복하여 승부를 내나, 줄다리기는 반대로 '뒷걸음질을 쳐야만' 이기는 '혼줄'임에 주목해 보자. 상대편을 내 땅으로 당겨와서 동화시켜버리는 방식이다. 즉 포용력을 뼈대로 한 싸움정신이 그 밑바탕이다.

영산줄은 애살로 만들어지고, 신명으로, 몰음으로 당겨진다. 줄은 말이 아니고 몸이며, 뜻이 아니고 행동이며, 특권이 아니고 민중이기에 주민 스스로의 힘으로 이루어지는 영산줄은 힘차게 살아 생동하는 전통 지역축제의 진국이자 '혼줄'의 알기라 하겠다.

이렇듯 우리네 선조들은 하찮은 볏짚(알곡을 반 이상 갖다 바친 뒤에 남은)만 가지고도, 수천 명이 함께 오랜 기간(예전에는 달포도 넘

게)에 걸쳐 즐길 수 있는 아름다운 종합예술을 창조하고 가꾸고 전해
왔으니, 동서남북으로 갈라진 이 땅을 하나되게 하는 '혼줄'의 지혜로
운 슬기와 애살판에 새삼 놀랄 따름이다.

　어찌 이 짧은 글로 뒷북을 치랴. 백문이불여일견, 영산줄의 '혼줄'
신명판을 조금이나마 느껴보실 분들은 필히 다음해 봄엔 '부곡 하와
이' 옆 마을 '영산'을 가보시라.

소원성취를 위해
줄다리기가 끝나면
줄을 토막내
지붕 위에 던진다

진도의 민요 노래방

진도(珍島)만큼 땅 이름과 실제가 맞아떨어지는 고장도 드물다. 진도를 남도 전통문화의 '보배로운 섬'이라고 표현하는 데 주저하는 이는 그리 많지 않다. 특히 "진도 가서 소리 자랑하지 말라"는 속담이 있을 만큼 진도 소리는 예로부터 인정받아왔다.

그 예향 진도가 최근 전국을 휩쓸고 있는 노래방 현상을 새삼 돌아보게 하고 있다. 10년전 진도의 한 작은 마을에서 자생적으로 만들어진 '민요 노래방'이 우리 소리의 맥을 전하고 있는 것이다.

진도 읍내에서 차를 타고 서남쪽으로 20분 가량 달리면 지산면 소포리가 나타난다. 이 마을에 민요 노래방이 있다. 지난 83년 마을 아낙이 중심이 되어 문을 연 이 노래방은, 우리 것을 지키고 가꾸어야 한다는 주체성의 실현이라는 점에서 주목된다.

구기자 따며
노랫가락을 흥얼거리는
아낙들

1992년 4월 현재 인구가 733명인 이 마을은 소금 만드는 일이 주업이었는데, 13년 전 마을 앞바다에 소포 방조제가 축조된 이후 논농사를 겸하고 있다. 따라서 노래방은 농한기인 겨울철에 열린다. 동짓달 그믐부터 정월까지 매일 저녁 7시 무렵이면 마을 아낙들이 한남엽씨(60)의 별채 가운데방으로 모여든다.

노래방 '선생'은 83세 할아버지

김 양식장에서 파래를 따다가 온 아낙, 공사장에서 작업을 마치고 온 아낙, 굴 캐다 온 아낙, 대파밭을 둘러보고 온 아낙, 구기자 말리다가 온 아낙이 마을 길을 돌아 노래방을 찾는다. 구경온 외지인들을 아랑곳하지 않고 김홍연 할아버지(83)를 비롯한 마을 아낙 10여 명은 누가 먼저랄 것도 없이 돌아가며 단가로 목을 가다듬는다.

고나아나~ 헤에에에~
새야 새야 파랑새야
녹두 가지에 앉지를 말아라

소리가 잠시 끊기자 좌장인 김홍연 할아버지가 북을 치며 호통을 친다. "아, 시합에 나강 거 아닝께 하나씩들 다 혀!" 곧 소리가 이어진다.

고나아안~ 헤에에에~
언제나 알뜰한 님을 만나서
긴 밤 자볼꺼나
고나아안~ 헤에에에~
내 정은 청산이요
님의 정은 녹수로구나
녹수야 흐르건만
청산이야 변할소냐
녹수가 청산을 못잊어
빙빙 감돌아 간다

마디 사이사이로 추임새가 '얼씨구' '그렇지' 하며 끼여든다. 마을 사람은 소리로 하나가 되어간다. 소리는 "유달산~ 상상봉에~"에 이르러 중중모리 장단으로 급박해진다.

　장고잡이 조추환씨(62)의 이마에 엷은 땀이 번지고, 소리가 어지간히 달아오르자 막걸리 사발이 돌려진다. 한 아낙이 "진작에 그럴 것이제" 하고 맞장구를 치면서 소리판은 잠시 멎고 왁자한 농지거리가 방 안에 가득해진다. 언젠가 노래방에서 달걀 두 줄을 슬쩍 했던 한 남정네의 잘잘못이 아낙에 의해 가려지기도 한다. 다시 판은 중머리로 넘어간다.

　둥당에 덩~ 둥당에 덩~
　덩기 둥당에~ 둥당에 덩~
　솜보선 솜보선
　왜광목에 솜보선
　네 줄줄 모르면 말일이제
　등잔에 촛꼭지
　생고생 시킨다
　덩기 둥당에 둥당에 덩

　동호박 동호박
　동새넘어 동호박
　은장도 드는 칼로
　닐니리 꼭지를
　나르럭 썰어
　가만히 넘겨라

　남녀간 사랑의 애틋함을 노래한 '둥당에 타령'은 남도에서는 모르는 이가 없는 유명한 노래이다. 이어 진도 민요의 백미인 진도 아리랑이 시작되자 누구랄 것도 없이 일어나 덩실덩실 춤을 춘다. 소리와 춤이 어우러지면서 소리판은 신명판으로 옮아간다. 소리와 춤의 경계가 사라지고 주인과 손님, 너와 나의 울타리가 무너지고 신명 하나로써 어우러진다.

"아이고 뻗쳐라"라고 누가 소리치자 판은 잦아들고 소포리의 밤은 꽤 이슥해져 있었다. 진양조 단가로 소리판을 갈무리하고 나서야 노래 방은 썰렁해졌다.

소포리란 마을은 임진왜란 무렵에 생겼고, 소포 방조제가 세워지던 13년 전까지 이 마을은 천일제염을 주로 했다. 염전 마을은 탄광촌과 닮은 데가 있어서 '철새(일꾼)'들이 한철을 겨냥해 드나들었고, 소금 농사에 따라 '들천냥 날천냥' 하면서 호기와 가난이 교차했었다.

보리·고구마·담배·목화를 심던 농사가 김과 대파(진도 대파는 한겨울에도 얼지 않는 것으로 유명하다)로 작물이 바뀐 것은 70년대부터였고, 최근에 이르러 유자·구기자·돌김·홍주같은 특산물을 내놓고 있다.

진도에서 알아주던 풍물과 당굿

방조제의 완공으로 논농사가 가능하게 됐지만, 젊은이들이 도시로 빠져나가는 바람에 일손이 부족하기는 여느 농촌과 다를 게 없다.

노래방은 10년 전에 만들어졌지만, 그 이전에 당골네였던 정채심씨와 아낙네들이 10여년 넘게 호상계를 꾸려왔다. 10년 전 호상계가 일단 끝나게 되자, 옛노래를 부를 기회가 없어지게 될 판이었다. 또한 그때까지만 해도 근동에서 알아주던 소포리 풍물(금고)이 없어진 것이 노래방을 조직

왼쪽부터 김홍연, 조추환, 한 사람 건너 한남엽씨

하게 한 원인이었다.

"이대로 가다가는 소포리가 죽도 밥도 안된다. 옛날에는 소포리 풍물하고 소리를 제일로 치지 않았는가. 젊은 놈들이 객지로 다 빠져 나가버리면 아무 것도 남지 않는다. 우리들이 소포리 소리를 되살려보자"고 의기투합했던 것이다.

홍이 나면
저절로 춤판으로
이어지고…

10여년 전까지만 해도 방학 때면 수십명씩 찾아오던 대학생들의 발길도 끊어졌고, 때가 되면 온 마을이 들고 일어나 벌이던 당굿까지 못하게 될 형편이었던 것이다. 노래방 '주인' 인 한남엽씨와 아낙들은 소포리 풍물의 상쇠였던 김홍연씨(한씨의 외숙부)와 박병님씨를 선생으로 모시기로 한 것이다.

소포리 아낙의 소리 공부는 명맥이 끊어질뻔 했던 마을의 옛소리를 되살려놓았다는 상징적 의미만을 갖지 않는다. 호상계를 하던 때의 공동체문화가 그대로 되살아나 올 정월에는 '모둠 세배' 가 가능하게 되었다. 정월 초사흗날 마을 사람 모두가 한씨네 집 마당에 모여 새해 인사를 나누게 된 것이다.

기자신앙 (祈子信仰)과 미륵

필자가 간혹 후배들과 펑퍼짐하게 어울릴 때면(특히 남녀 상열지사가 저변에 깔린 주제일 때는) 자주 읊어대는 얘기가 있다.

"사람에겐 누구나 갖가지 골치아픈 문제가 있게 마련이지만, 그 중에서도 별일 아닌 듯 싶은데 골치아픈 3대 테마가 있다. ① 남녀간의 갈등, ② 세대간의 갈등, ③ 고부간의 갈등. 이 3대 갈등은 아마 동서고금, 체제와 계급을 초월하는 경우도 많을 게다."

그러면 대부분의 사람들이 고개를 끄덕이며, 우리가 바로 그 사람살이의 가장 근원적이며 본질적이기도 한 과제와 대면하고 있는 거로구나하고는 잠시 곰곰이 되새겨보게 되는 거였다.

각설하고, 전통·민속문화라면 남다른 관심을 갖고 젊어서부터 부딪쳐보겠다고 꿈지락거렸지만, 몇 년 전에 몇몇 친구와 어울리다가 우리 선조들의 문화전통 속에 아주 깊숙하고도 은근한 '성의 문화'가 자리하고 있었다는 데 눈이 뜨이게 되었고, 아예 말로만 씨부렁대지 말고 팔 걷어부치고 '연구모임'을 하나 만들어보자는 데까지 얘기가 발전되었다. 거기다가 현금의 우리 성문화가 일사천리로, 진정한 의미에서의 열림(개방)과 울림(공명하며 함께 나눔)의 방향으로 가는 게 아니고, 오사리 잡동사니의 아수라 난장판으로만 치닫고 있으니, 이이제이(以夷制夷)라 이를 우리 조상들은 어떻게 대처·표현·향유해 왔던가 저으기 궁금하기도 하고.

해서 우리는 때로는 정기적으로, 때로는 특별한 날을 정하기도 해서 자료도 모으고, 토론도 하며 연구회를 끌어나가다가 올해를 넘기기 전에 무언가 한번쯤은 꼭 눈으로 현장확인을 해야 직성이 풀릴 것같은 생각들을 갖게 되었던 것이다.

자, 그럼 얘기를 본격적으로 시작해 보기로 하자.

힘이 불끈 솟는 온양의 남근석

온천으로 유명한 온양에 민속박물관이란 게 있다. 크기도 꽤 넓어 야외휴식처로서도 손색이 없이 그윽한 공간이고, 서울에서도 그리 멀지 않은 거리라 관심있는 분은 한번 가보시도록.

이 야외박물관 한쪽 귀퉁이에 사람들의 시선이 끌리지 않을 만한 위치에 포진해 있는, 보기만 해도 힘이 불끈 솟는 남근석(男根石). 특히 귀두 부분이 유난히 강조된 게 눈길을 끈다.

어디서, 언제 여기다 가져다 놓았는 지는 그리 중요한 게 아니다. 왜 으슥한 구석배기에 숨겨놓은 듯이 배치했을까, 그것이 안타까울 뿐. 우리는 언제까지 쉬쉬해가며 우리들의 속마음을 숨기려고만 하는 걸까? 어린아이들이 혹 물어보면 대답할 말이 궁색해서였을까? 그렇담 저걸 우리 조상들은 '미륵님'이라고 불렀단다 하며 미륵 얘기를 해 줄 수 있을텐데……

온양 민속박물관의 남근석

리얼리티의 극치, 임실의 남근석

작년 여름에 임실에 사는 한 시인 친구에게 들렀을 때, 이 친구가 초등학교 운동회가 열리는 데 가보지 않겠느냐고 해서, 한여름 찌는 듯한 무더위의 시골 초등학교 운동회 구경을 하고 나오다가 창 밖으로 들판 한가운데 우뚝 서 있는 돌을 발견한곤 "저게 뭐냐"고 물었더니, 이 친구 대답은 않고

씨익 웃기만 하는 게 아닌가.

　그렇게 발견하곤 부리나케 내려서 마침 지니고 있던 카메라로 찰칵 한방 찍긴 찍었는데, 작년에 어찌어찌하다 그만 그 필름을 잃어버려서 안타깝게 생각하던 중 이번 여행에서 본인이 적극 추천·안내하여 얻어낸 성과물.

　지금은 제는 지내지 않는다 하나 마을 들판 거의 한가운데 어디서도 보이게 세워논 위치하며, 실물과 똑같다는 느낌을 줄 정도의 리얼리티하며 어디에 내놔도 손색이 없을 남근석의 한 전형이랄 법하다.(전북 임실군 덕치면 사곡리 소재)

보성의 별신당에 모셔진 미륵불

임실 덕치의
남근석

　이번 답사 여행은 초반에 꽤나 힘들었다. 온양→대천→임실에 이르기까지 줄곧 날씨가 흐렸고, 우린 비오는 산하를 내달리며 일기예보와 하늘만 바라보는 게 유일한 낙이었다. 비오는 날은 공치는 날, 우리는 갈 수 있는 데까지 멀리 가기라도 하는 게 소득이라 자위하며 전남 보성에서 일박했다.

　다음날 아침, 날씨는 너무도 맑게 개어 있었다. 우리 일행은 너무도 신이 나서 휘파람을 불며 이곳 저곳을 찾아 다녔으나 별무소득. 자료에 나타난 곳을 찾아내기가 여간 어렵지 않았고, 찾아봐도 있다는 건 이미 없어져 버렸거나 별 신통치 못한 것들 뿐. 맥이 빠져 지쳐 있을 때 보성군 복내면 방촌리, 우리는 거기서 척 보기에도 그윽하기 이를 데 없는 별신당(別神堂)을 만나게 된다.

보성 방촌리 별신당

마을 뒷산 중턱에 있는 이 당은, 지금도 이 마을의 소중한 정신적 신격(神格)으로 기능하고 있었다. 마을은 역사가 깊은 곳인 듯 절터와 탑이 있고, 그 오른쪽 능선 조금 위에 멋들어지게 듬성듬성 서있는 소나무들은 우리를 또 얼마나 감탄하게 하였던가. 이런 곳에서 그냥 주저앉아 살고 싶다. 매어있는 것만 없다면…….

일행은 아무 말없이 시간이 아까운 듯, 이 좋은 땅과 마을과 나무들, 그리고 당(堂) 내부를 흠뻑 가슴으로 빨아들이고 있을 따름이었다. 동네 꼬마녀석들과 멍멍이, 그리고 한참 후에 궁금해서 올라온 듯 한 청년이 멀찍이서 우리의 거동을 살피기만 할 뿐, 행여 우리들 뿌듯한 맴을 스쳐 훼방이라도 하랴 싶은지 정적과 아늑함, 바로 당 안에 모셔진(흰 백지를 머리에 두르고 새끼로 동여맨) 미륵님(남근이든, 부처든, 또다른 무엇으로 부르든)의 세계가 바로 이 순간이지 뭐가 다르랴.

보성군 임씨네 애기 미륵

재수가 있는 날은 뭐가 되어도 다 잘된다는 속담이 있듯이, 이 날 일행은 전남 보성군 율어면 운앙리 양지마을 임인규 씨(전 면장)집 마당에서 '들돌'과 더불어 서 있는 다소곳한 '애기 미륵'을 발견하곤 흥분을 감추지 못했다.

원래 있던 자리인 당산나무 주위엔 흡사 고인돌같은 돌들이 꽤나 많이 널려 있고, 마을 아낙들과 아이들이 옹기종기 모여 앉아 있었다. 젊은이들이 다 대처로 빠져나가고 먹고사는 게 솔찬히 아득바득해지자 당산제가 중단되었고, 행여 누가 오도가도 모르게 싣고 가버릴까 싶어 집안에 들여놨다는 임씨는, 그 외에도 이곳 저곳에서 주워모은 갖가지 돌들을 간직하고 있었다.

이 애기 미륵은 앞에서 보면 영낙없는 미륵 얼굴이다. 그러나 옆이나 뒤쪽에서 보면 남근석같기도 하고. 바로 이런듯 저런듯 은근하게, 까발기며 드러내지 않고도 실속은 실속대로 누리는 게 바로 우리 조상들의 맴이 아니었던가 싶고.

홍성군 용화사 미륵

이곳 저곳 답사랍시고 다니다보면 같이 동행한 일행들끼리 서로 티각태각하기도 하고, 더욱 찐득하게 친해지기도 하고, 서로 상상력이 자극되어 신나는 일도 생기고, 예기치 않은 어려움을 겪기도 하는 법.

한번은 지방도로를 달리다가 한 분이 길가에 붙은 안내판에 용화사(龍華寺)라 적힌 걸 보고는 "잠깐! 스톱 합시다!" 외치는 게 아닌가. "여기 뭐가 있을 법합니다. 용화(龍華)란 말은 미륵과 관계됩니다."

홍성 용화사 미륵

그래서 일행은 얼떨결에 한 건 건지게 된 거였다. 새로 지은 지(개축) 몇년 안된 절이었으나 번지르르 쳐바르지도 않고, 은근한 소박함이 깃든 작은 절이었다. 노스님을 이어받아 살림을 맡아 하는 스님도 비구니였고.

미륵이 꽤 많았다. 꽤 오래되었다는 얘기가 전해진다 하며, 신도들도 또한 꽤 많이들 치성드리러 온다고 한다. 이 미륵은 참 묘하게 생겼다. 앞에서 봐도 미륵이요, 뒤에서 보면 더욱 실감나는 얼굴이요, 귀두로 보면 그 음각이 너무도 뚜렷하여 말하기조차 머쓱해진다.

　이 미륵들 앞엔 작으나마 제단 차림을 갖추었고, 양초며 향을 피운 흔적이 역력하여 사람들이 수시로 정성을 드렸음을 짐작케 한다.(홍성군 홍북면 소재)

남해 죽전리
입석

경남 남해군 죽전리
마을 입구에 우뚝 선 입석

　만들어 세운지 얼마 안된(기껏해야 10년 되었을까) 입석이나, 그래서 더욱 흥미로운 돌이다. 경남 남해군 남면 죽전리 입구, 큰 길가에 우뚝 세운 이 두 개의 입석은 장승도 아니요, 미륵이라고 보긴 또 좀 그렇다.

　이는 이렇게 짐작해 볼 수 있겠다. 이 마을 사람들(아니 우리 조상들 모두, 또는 현존해 계신 노인 어른들 모두)에겐 으레 마을 입구엔 당산나무나 솟대, 장승이나 미륵을 세우는 게 당연한 순리요, 신심이요, 멋이라고 자연스럽게 가슴속에 자리하고 있었다고. 그렇지 않고서야 요즘같은 세상에 새로 저렇게 세워놓은 데가 버젓이 존재하고 있다는 걸 어떻게 달리 설명할 수 있을까?

　일행은 조금은 신선한 충격을 받지 않을 수 없었다. 아주 마을 안으로 들어가서 마을 사람들과 퍼질러 앉아 이 얘기 저 얘기 얘기꽃을 피우면 얼마나 많은 보물같은 얘기들이 쏟아져 나올까. 하지만 우린 시간에 쫓겼다. 서둘러 몇군데 더 둘러봐야 하기에 다음을 기약하고 떠날 수밖에.

의에 살고 의에 죽은 남성 상징 문호장

해마다 3월 1일 삼일절엔 이 땅의 남쪽에서 갖가지 기념식과 문화행사가 열리고 있다. 그러나 진정한 의미에서 지역 주민이 스스로 그 날의 정신을 기리는 경우는 별로 없는 걸로 알고 있다. 단 두 군데를 제외하고는. 하나는 충남 목천 아우내 장터에서 갖는 유관순 열사 기념제이고, 또 하나는 경남 창녕군 영산에서 벌어지는 쇠머리대기·줄다리기의 거대한 신명판이다.

이 영산에 문호장굿이란 4백년 된 전설적 굿이 전해 내려오고 있으며, 지금도 약 50여 호의 신도가 매년 5월 5일(음) 단오날이면 제사를 모시고 있다. 문호장(文戶長)의 사당이 다섯군데 있는데, 그중 산성골 중턱에 있는 문성황당(文城皇堂) 오른쪽 나무 밑둥에 잘 알려지지 않은 남근석이 있다. 남근석 오른편엔 비록 블록에 슬레이트를 얹어 엉성하게 지었지만, (촛불이 꺼지지 않게) 제상을 차리고 별도의 의미로 제를 지내왔음을 알 수 있는 '쬐끄만' 당이 있다.

이 남근석은 크기는 작고 사당과 나무의 위용(?)에 그냥 스쳐 지날 수도 있겠으나, 조금이라도 눈여겨 보면 얼마나 그럴듯하게 생겼는지 담박에 알 수 있다.

문호장의 자세한 전설은 다음 기회에 소개하기로 하고, 문호장의 사당에 남근석이 함께하고 있다는 데 주목해 보면 꽤나 흥미로운 유추가 가능하다. 문호장은 1600년대 이 지방 사람들의 존경을 받는 호장(아전과 비슷함)이었는데, 중앙에서 내려온 관찰사, 현령의 행패에 항의하다 자진했다 한다. 그러므로 이 지방 사람들의 가슴 속에는 문호장에 대한 추모의 정성이 지극했고, 그 문호장 정신의 또하나의 표상으로 의에 살고 의에 죽는 남성 상징을 구상화시킨 것은 아닐까.

저녁 어스름 바다를 바라보고 서있는 숫미륵

남쪽 바닷가 땅끝으로 가보기로 하자. 남해군 남면 홍현리 가천마

남해군 남면
바닷가에 있는
남근석

을. 여기저기 많이 다녀본 사람들은 항상 그렇게 느끼겠지만, 이 땅의 산이나 바다 어디고 아름답지 않은 데가 있으랴

이 가천마을 또한 남해 바다를 막바로 마주하고 있는 바닷가 마을로, 가파른 경사면에 70여 호가 옹기종기 모여사는 그림같은 곳이다.

230년 전 이 고을 현령의 꿈에 나타나 땅 속에서 파냈다는 거대한(암미륵:높이 3.8m 둘레 2.8m, 숫미륵:높이 4.5m 둘레 2m) 두 개의 선돌은 보는 이로 하여금 주위 분위기와 아우러져 신비한 경외감을 불러일으키기에 족하다. 바위에 둘러쳐진 하이얀 광목은 신성한 금줄의 성령을 내뿜으며 우리 일행을 단숨에 압도해 버렸다.

마을 사람들은 선돌이 땅 속에서 꺼내진 날이라는 음력 10월 23일 밤에 마을굿을 지낸다. 예전에는 다른 지역 어부들도 이곳을 지나다가 미륵님께 제물을 바치며 풍어와 무사고를 빌곤 했다고 하며, 자식없는 이들이 찾아와 공들이면 자식을 보게 된다 하여 많이들 찾아왔었다 한다.

특히 암선돌은 배가 부른 오이 모양으로, 암수의 구별을 이렇듯 적나라하게 상징한 미륵은 전국 어디에도 없는 듯 싶다.

치성들이면 아들 얻는 왕룡사 삼신당

포항 근처 절에 묘한 성신앙이 습합(習合)돼 있다는 소식을 듣고 물어물어 찾아가 본 곳은 월성군 강동면 국당2리에 있는 왕룡사. 지리적으로는 포항이 더 가까워 형산강을 끼고 있는 형산(산 이름)의 정상에 위치해 있다.

이곳에서 우리는 그야말로 살아숨쉬는 성신앙의 실체를 뚜렷이 확인할 수 있었다. 이 절의 삼신당은 커다란 나무에 붙여 지어졌다. 참으로 절묘한 것은 나무뿌리 한 자락이 삼신당 내부 방 안에 들어와 있고, 거기엔 아뿔사! 여근(女根)의 형태를 한 커다란 나무뿌리가 제단과 함께 제단 왼쪽에 정중하게 모셔져 있는 것이었다.

왕룡사 삼신당 내부

수없이 많은 사람들이(우리가 도착한 날은 정월 초사흗날이었다) 삼신당을 드나들며 촛불을 켜고, 향을 피우고, 절을 하고 돈을 시주하며 제단에 배례하곤, 그 다음엔 꼭 옆 여근 제단에도 한번 더 똑같은 기구를 드리는 거였다.

제단 위에 걸려있는 그림 또한 삼신당에 꼭 걸맞는 그윽한 그림이다. 삼신할머니(인듯 하다)가 아기를 가슴에 살포시 안고 있고, 그 옆에 한 소녀가 서 있는 이 그림은 문외한인 필자가 보기에도 꽤나 오래된 역사가 있는 보물임에 틀림없었다.

삼신당을 나온 우리 일행은 절이 있는 형산 정상이 수많은 기암들로 가득차 있는데 다시 한번 놀라고, 각각의 바위마다 삼삼오오 여인네들이 치성을 드리고 있는 현장을 무수히 볼 수 있었다. 조금 있다가 열린 법회를 들여다 보니 참석한 신도수가 족히 2백여 명은 되지 싶었다.

이곳에서 만난 황균연 씨 (50대. 포항 거주)는 딸 셋을 내리 낳고나서 14년 전부터 여기서 정성을 들여 아들을

형산 정상 바위에서 치성드리는 아낙.
기자신앙의 살아있는 현장 포착인 셈이다

얻었다고 흐뭇해 했으며, 국당2리 사하촌에 사는 80세 되신 강순남 할머니도 딸 둘에 아들 하나를 보게 된게 다 삼신당에 치성을 드린 효험 때문이라며 굳은 신심을 토로하는 거였다.

목경 봉납의 살아있는 현장 ── 삼척군 해신당

대개 섬이나 바닷가 사람들이 모시는 해신은 여신인 경우가 많다. 그 이유는 미루어 짐작하기 어렵지 않다.

아무리 과학이 발달한 요즈음에도 배를 타고 일하는 뱃사람들에겐 배를 타는 것 자체가 중노동인데, 하물며 예전 어부들은 바다에 나가 목숨을 걸고 일하지 않으면 안되었다.

지금도 섬이나 바닷가 마을엔 제사 날짜가 같은 집이 많은 경우를 흔히 볼 수 있는데, 이는 배에 사고가 나거나 풍랑으로 배가 돌아오지 않아 남정네들을 동시에 잃어버린 마을의 슬픔이 아니겠는가.

삼척 갈남리
해신당의
'처녀영정'과
목경남근

따라서 사람들은 바다의 신이 여신이라 남정네들을 빼앗아가는 것으로 여겼고, 이 해신의 노여움을 풀고 즐겁게 해드려야 탈이 안 생긴다고 믿게 되었던 것이다.

울진과 삼척의 중간 지점인 삼척군 원덕면 갈남2리(신남리) 해신당(海神堂)에 모신 '처녀 영정'엔 전설이 전해져 내려온다. 지금부터 약 4백년 전 신남리 해신당에서 바라보이는 바위섬인 '애바위'에서 미역을 따다 파도에 휩쓸려 죽은 처녀의 영혼을 위로해 주어야 그 해 모든 일이 무사하다는 것이다.

해신당 문을 열어본 일행은 섬뜩 놀라지 않을 수 없었다. 한 가운데 모셔진 처녀 영정은 당연히 신묘한 가락을 울릴 것이지만, 영정 좌우에 굴비엮듯이 주렁주렁 매달린 저건 또 무어란 말인가. 자세히 살펴보니 그게 다 나무모형 남근(男根)이었으며, 실물보다 조금 크게 새끼줄에 엮여져 있었다.

이렇게 갈남리 해신당은 이 목경 봉납(奉納)의 살아있는 현장으로 널리 알려졌으며, 매년 정월 대보름과 시월 오일(午日)에 제사를 지낸다고 한다.

이제 기자신앙 현장 기행의 마무리를 해보기로 하자.

성신앙의 유래를 저 알타미라 동굴의 벽화나 경북 울주의 암각화, 신라 때 토우(土偶), 경주 안압지(자체가 여근 모양)에서 나온 남근 등등에서 찾으며 그 뿌리와 가지를 탐색해 보는 것도 재미난 일일 터이다. 그렇지만 더욱 중요한 것은 지금도 이 땅 곳곳에서 은근하게, 비록 내노라하게 시끌벅적하진 않더라도, 신심을 지닌 움직임이 지속되고 있고, 적어도 우리들 가슴속엔 우리 자신도 모르게 이런 선조들의 맥이 면면히 흐르고 있다는 사실이다.

설날문화의 복원을 위하여

올해도 어김없이 세밑은 다가오고 있다. 서서히 세상의 분위기는 12월 31일이 되기 전에 으레 '꼭 치러져야 할' 일들을 향해 달려가고 있다.

망년회다, 송년모임이다 해서 술집이나 음식점으로(일부 부유한 사람들은 호텔로) 삼삼오오 짝을 지어 그간의 정분과 우의를 다지는 판을 벌인다. 각 신문·방송도 이런 흐름에서 크게 벗어나진 않는다. '송년 특집 가요쇼' '연말 상여금 1백~3백% 선' '통화 고삐 헐렁 ― 연말 돈 풍년' '철 만난 성탄용품 매장' …

공교롭게도 크리스마스가 이때와 맞물려 있어 세상 분위기는 묘하게 들뜬 분위기로 더욱 달아 오른다. 오래 전부터 구세군의 자선냄비가 등장했고, 각 언론에선 연말연시의 계절풍처럼 '일선장병 위문품 모집' '사랑을 선사하는 불우이웃 돕기' 등을 연례행사처럼 벌인다.

해마다 이때쯤 되면 이상스레 나타나는 향락풍조 또한 예사로 지나쳐 버릴 일은 아니다. 계층과 연령을 불문한 이러한 전반적인 계절적 축제의식은, 기실 모든 축제가 그렇듯이 답답한 일상생활에서 약간의 시간만이라도 탈출하고픈 '해방감에의 열망이 드러난 것'이라고 넉넉한 마음으로 감싸안을 수도 있다. 하지만 서양문화의 간판격인 기독교의 진정한 토착화가 꼭 이런 형식이어야 하는가에 대해선 많은 사람들이 고개를 갸우뚱하는 것도 사실일 터이다.

곧이어 신정 연휴가 오고, 한달쯤 있으면 설날이 온다. 무언가 어수선하고 질탕하게 느껴지기도 하는 때가 '연말연시'라고 한다면, 설날은 같은 잔치판이면서도 조금은 더 진지하고 다소곳하고 정겹고 끈끈하다.

설날이 정식 공휴일로 지정된 게 몇년 안되거니와, 공휴일로 지정할 수밖에 없도록 만든 '보이지 않는 문화적 압력'에 우리는 주목해 볼 필요가 있다. 그것은 설날이면 거침없이 진행되는 '민족 대이동'의 물결이요, 수천년 동안 갈고 닦아온 민중문화의 근근하고 끈끈한 무언의 저항의식의 승리라고 필자는 생각한다.

이 땅엔 분명 대립·갈등하는 커다란 두 줄기의 문화적 흐름이 있다. 하나는 신년하례식, 콘도에서의 신년휴가, 관공서의 시무식 등으로 공식적이고 사무적인 '신정문화'의 '의도적 흐름'이고, 다른 하나는 귀향에의 의지가 대이동의 물결을 이루고 농촌이나 산동네에서처럼 가난하면서도 신명나는 따스한 명절, 어느 집안이든 서로 떨어져 살면서도(설사 어색한 관계로 유지되어 왔더라도) 이 날만은 한 자리에 모이게 되는 '설날문화'의 '자연스런 흐름'이다.

크리스마스든, 신정이든, 설날이든 무릇 모든 명절·기념일의 출발은 무엇이겠는가? 한 개인으로서의 인간이라는 약하디 약한 존재가 나름대로 세상살이를 해 나가면서 생활의 리듬에 일정한 매듭을 지어 지금까지의 삶과 역사를 정리·정돈하여 또다시 새로운 생명의 활력을 불어넣으려는 재창조·재충전에의 의지가 아니든가.

언론도 '명절과 기념일'의 상투적 센세이셔널리즘에서 벗어날 수는 없을까 생각해 본다. '신정문화'라는 하향식 홍보지 노릇에 충실히 기여할 것인지, 아니면 끓어 넘치는 민족·민중의 목타는 염원을 크리스마스와 연말연시, 설날에 어떻게 되새김질하며 정리·정돈할 것인가, 어떻게 하면 이 추운 겨울을 '소리없는 사랑과 평화에의 실천'에 이르게 할 것인가 곰곰이 생각해 볼 필요가 있지 않겠는가.

'그 명절'과 '그 기념일'에 걸맞는, 옹골찬 삶의 매듭에 값하는 자세가 과연 무엇일까 하는 본원적 질문을 이 한겨울 크리스마스 연말연시를 맞으며 우리 자신에게 부단히 던져보도록 하자.

제2부
토종문화와 민중의 삶

한국 토종 이야기

양적 생산성 논리에 밀린 토종

김영삼 정부가 가장 강력히 부르짖는 세계화 · 국제화 논리는 소위 무차별, 무한 장사의 WTO 체제 하에서 굴러가는 겁니다. 세계화 · 국제화는 정치적인 것뿐만 아니라 실제로 우리의 의식주 등 모든 생활세계까지 영향을 미치고 있어요. 그것이 착취의 시스템이든 뭐든 분명히 잘못 굴러가고 있는 수레바퀴라는 점에 공감할 듯합니다. 그러나 대책이 없어요. 또 젖먹던 힘까지 내봤자 그 수레바퀴를 멈추게 할 수도 되돌아가게 할 수도 없다는데 절망을 느낍니다.

토종닭

그러면서도 한편으로는 우리들 심리 속에 정서적으로 토종에 대한 갈구, 토종을 지키고 보존하겠다는 당위감이 존재한다는 거에요. 이를테면 술장사를 하는 곳도 서양식으로 하는 곳도 엄청나지만, 한적한 시골길을 가다보면 길거리에 원래부터 자연스럽게 있던 것이 아니라 최근에 만들어진 원두막, 토종닭집 등 토종 냄새가 나는 여러가지 형태들을 볼 수 있잖아요. 바로 우리의 토종에 대한 심리를 뚫고 이득을 취하려는 거겠죠. 그런게 꼭 나쁘다는 얘기는 아닙니다.

제가 말씀드리는 이유는 그러한 정서적 · 심리적 측면도 중요하지만 특히 30대들께서 이

가래

개 우리의 '목숨줄'이란 인식을 넓혀야 되지 않을까 하는 데 있어요. 토종을 넓게 보면 의식주를 포함하는 우리 생활의 모든 것을 의미하죠. 그렇게 보면 고유성, 토착성, 민족성, 특수성이라고도 볼 수 있구요.

특히 근년에 제가 관심을 두고 공부한 것은 동·식물에 관한 겁니다. 우리 국내 식물을 부르는 데에 자생종, 토종, 고유종이란 말이 있는데요. 동·식물의 분포지역이 한반도를 포함해 넓게 걸쳐 있는 것을 자생종이라 하고, 한반도에만 있는 것을 고유(특산)종이라 합니다. 토종은 생물학적 용어는 아니고 자생종과 고유(특산)종을 포함하는 넓은 의미로 사용되고 있어요. 우리나라는 자생종 5천~6천종 중 고유특산종이 400여 종이고, 민물고기 145종 중 특산종이 40종입니다.

이는 우리나라에 고유(특산)종이 아주 많다는 얘긴데, 그 이유를 혹자는 '우주의 감로정' 때문이라고도 하지만, 제가 상식 수준으로 생각할 수 있는 것은 지형과 기후의 영향이예요. 외국과 비교했을 때 우리나라가 참으로 아기자기한 지형이란 거죠. 산과 들이 사람살기에 적절하게 아우러져 있어요. 삼면이 바다인 반도이고 사계절이 분명한 온대기후이고 등등. 우리 티기 좋은 이유는 지형과 기후 때문으로 동·식물이 살기에 아주 좋은 터란 겁니다. 조상님들이 어찌 이리 좋은 터를 마련하셨는지 감사해야 할 일이지요. 허나 후세들이 못난 죄로 잘 살리지 못하고 있습니다.

국제경쟁력 높이는 다품종 고품질의 근거

토종은 왜 중요할까요? 토종은 첫째 우리의 자원이고, 둘째 우리의 목숨 그 자체이기 때문입니다.

먼저 자원이란 측면을 말씀드리자면 후대한테 물려줄 수 있는 것은 자원과 지혜 뿐인데, 동·식·광물이 자원입니다. 그중 광물은 이 글의 주제가 아니니 생략하더라도 참으로 무수히 많은 동·식물을 빼앗겼습니다. 문외한인 저도 이런 말씀을 드리면서 온몸이 오싹해질 지경으로요. 식물에는 학명이 있잖습니까?

그런데 우리 식물에 '~나까이'라는 이름이 학명에 많이 붙은 이유는 일제시대로 거슬러 올라갑니다. 일제가 우리나라의 지배를 위해 종합 민속조사와 종합 동·식물 분포조사 등을 했는데, 그 때 동·식물 조사책임자 이름이 나까이였다더군요. 근데 그 자료가 지금도 동·식

자주감자

물학 연구의 기초자료로 쓰이고 있어요. 참 답답합니다.

김영삼 정부에서도 동·식물 기초조사 사업은 안하고 G7 정상회담에서 힌트를 따서 G7 프로젝트를 추진하고 있습니다. 우리가 빨리 선진국으로 진입하기 위해서 2천년까지 2천억을 투자해서 전세계에 판매할 수 있는 토종 동·식물 백신 개발을 추진하는 거죠. 제가 답답한 것은 그런 작업을 무조건 하지 말라는 것이 아니라 그것과 동시에 문민정부라면 의당 나까이가 했던 기초조사 작업을 다시 해야 되는데 안한다는 겁니다.

토종은 왜 중요할까요? 토종은 개량종의 원판, 즉 모든 종자를 개발하는 기초자료이기에 중요한 겁니다. 사진의 원판처럼요. 토종이 보존되어야 유전공학에서 말하는 F₁, F₂, F₃, F₄ 등의 개발이 되는거죠.

원래 우리나라에는 토종 소로 제주도의 흑소가 있었죠. 근데 일제시대 때 일본인들이 가져가서 그네들의 천연기념물로 만들었습니다. 그 결과 현재 우리는 흑소의 정액을 0.5cc당 2천엔을 주고 역수입하고 있는 실정입니다. 대국에 아주 많은 종자를 빼앗기고 있어요. 세계의 유전자원 확보 현황을 보면 미국이 50만 종, 중국이 38만 종, 일본이 20만종이에요.

그럼 세계 제일의 유전자원 보유국은 어딜까요? 그래요, 가장 많은 종을 보유하고 있는 나라는 영국이에요. 종자 싸움은 많은 시간을 요합니다. 대영제국의 신화가 아직 살아있는 겁니다. 이런 얘기를 접하면서 전 전율을 느낍니다. 현재 영국이 다른 분야로는 '지는 해'일지라도 동·식물 분야에 관한한 어느 나라도 못쫓아갑니다.

왜냐면 동·식물은 '생존기간(life term)'이 있는데, 이 때문에 시간을 많이 들여서야 동·식물의 연구결과를 얻어 세대의 연구가 가능하거든요. 당연히 종을 잃어버리는 데도 많은 시간이 들고요. 영국은 화훼 종자 등으로 반도체 D램 개발로 받는 로열티처럼 로열티를 획득하고 있어요. 중요한 깃에 주목을 안하고 있으니까요, 영국의 경우를 항

개불알꽃

상 가슴에 머리에 새겨두십시오.

토종은 개량원판이니까 중요하고, G7 프로젝트에 있는 것처럼 유효성분의 추출 근거가 되는 거죠. 민간의학 연구자들에게는 이미 정설이 되어 있지만, 우리의 토종은 특효약이라든가 식품 등의 보물창고로 약효가 뛰어납니다. 이것이 바로 우리가 후세에게 물려주어야 할 국제경쟁에서 살아남을 수 있는 자원입니다. 소품종 저품질이 아니라 다품종 고품질의 핵심근거가 동·식물자원이란 애깁니다.

하늘메발톱

토종은 자원임과 동시에 목숨줄

토종을 자원과 환경이란 두 측면으로 나누어 자원으로서의 중요성을 먼지 살펴보았는데, 환경문제와 결부시켜서 생각해보면 동·식물의 소멸은 곧 우리 자신의 소멸입니다. 하늘, 사람, 땅이 아우러지는 우주의 법칙을 무시하고 살고 있는 겁니다. 국내에서 근대화 이후 3만여 종이 멸종됐고, 매년 식물의 1%가 멸종되어가고 있으며, 20년 후엔 2할이 전멸할 겁니다. 현재 동물의 총 118종이 위기에 놓여 있고, 지구에서 매일 100여 종이 사라져가고 있으며, 25%

는 20~30년 후에 멸종될 것입니다. 토종 동·식물의 멸종은 인간의 멸종을 초래하죠. 이 문제는 남북한, 정파, 계층을 초월해서 이땅에 사는 모든 이가 관련되며, 단순히 공해나 환경문제가 아닙니다.

작년 우리나라가 생물다양성협약에 가입하여 발효가 됐는데요. 93년 리우환경회의에서 채택되어 우리도 가입한 생물다양성 협약은 두 가지 측면에서 볼 수 있어요. 하나는 전세계가 종자 보존, 토종 보존에 눈을 떴다는 긍정적인 측면이고, 또 하나는 이미 WTO체제로 상징되는 세계적인 무한경쟁구조를 고착화시키는 강대국들의 파워게임의 장이기도 하다는 겁니다. 이런 양자적 측면이 있다는 것을 놓쳐서는 안 됩니다.

토종이 많이 소멸되고 있는 이유는 다들 아다시피 환경오염, 전쟁, 산업화, 좋은 의미보다는 파괴가 심한 건설 등의 흐름과 정책적인 측면을 들 수 있어요. 특히 농업분야에 있어서 개량종 품종을, 더 빨리 자라고 많은 수확을 할 수 있다는 생산성만을 고려하여 정책적으로 장려했었죠.

칠갑나리

그 대표적인 예로 쌀 중에 '노풍'이 있습니다. 40대 분들은 기억하겠지만, 농민이 자신이 뿌릴 볍씨 선택권조차 갖지 못했던 시대였던 거죠. 노풍을 뿌리지 않으면 농촌지도소 관리들이 나와서 못자리를 짓밟는 일이 흔했고, 이런 상황 속에서 토종은 소멸되어갔지요. 과거의 모습은 이러했습니다.

요즘에 들어선 조금씩 토종이 중요하다는 생각을 하는 듯합니다. 그런데 좀 잘못된 측면이 있습니다. 토종에 대한 인식들이 어디로 흘러가고 있냐면, 특히 농수산물, 한약재에서 토종이 약효가 뛰어나다, 몸에 좋다더라는 쪽으로 가고 있어요. 이런 현상들은 매스컴의 영향도 있는데, 가령 "토종닭을 먹어보니 아파트같은 닭장에서 자란 것보다 맛있다"란 식의 토종에 대해 보신과 약재로서만 주목하는 겁니다.

현대사회에 들어서 각종 난치병이 생겨나니 약재로 쓰려고 장사꾼들을 통해 토종을 구하려고도 합니다. 그럼 이 장사꾼들은 무슨 수를 써서라도 캐오고 잡아오고 있습니다. 이것은 참으로 심각한 문젭니다. 우리 의식에 문제가 있다는 생각을 들게 하는 얘기기도 하지요.

약재로만 인식되고 있는 토종의 가치를 새롭게 찾아내기 위해서는 보존과 함께 정책적으로 토종자원에 대한 기초조사 작업을 벌여서 연구의 1차적인 기초작업을 하루빨리 이루어내야 한다는 생각을 합니다.

한 복

　문화체육부는 최근 한국 문화를 대표적으로 나타내는 CI(Coperative Identity : 이미지 통합) 상징물로 한복, 한글, 김치와 불고기, 석굴암과 불국사, 태권도 등 5가지를 선정했다.

　문화체육부는 96년 3월, 21세기 국가 이미지 일원화 방안의 하나로 우리 문화를 상징적으로 나타낼 수 있는 대상물 선정작업에 들어가 8개월간 국내외 관계자와 주한 외교사절 및 국내 거주 외국인들의 의견 수렴과 여론조사를 겨쳐 이를 확정한 것이다.

　조사 결과 가장 높은 지지를 받은 것은 한복이다. 한복은 한국인의 전통생활과 독창적 색감을 세련되고 화려하게 반영하고 있다는 점에서 압도적 우위를 차지했다. 또한, 96년 12월 4일 한복 입는 날을 선포하여 금년부터 매월 첫째 주 토요일엔 온 나라 사람들이 한복 입는 것을 적극 권장하기로 하였다. 이에 발맞추어 공무원을 비롯한 각계 인사들의 한복 입기 캠페인이 진행되고 있고, 때를 놓칠세라 백화점 업계가 발빠르게 판촉전에 나서기 시작, 한복 구매 고객에게는 선물을 증정하는 등의 움직임도 보이고 있다.

이런 움직임들을 지켜보면서, 외출복으로 늘상 '개량 한복'을 입어온 필자에게는 여러 상념들이 간단없이 떠오른다. 무엇보다 먼저 겨며오는 아픈 마음은 호칭, 즉 이름짓기의 문제다.

한복은 그냥 그대로 '우리 옷'

옷—한복, 집—한옥, 먹거리—전통식품, 음악—국악, 미술—한국화, 무용—한국무용, 연극—민족극, 종교—민족종교. 이를테면 한복, 한옥, 한지(종이)처럼 접두사로 '한'을 붙인 것, 미술이나 무용처럼 '한국'이라 붙인 것, 국악, 전통식품처럼 '국(國)'이나 '전통'이라 붙인 것, 연극이나 종교처럼 '민족'이라 붙인 것 등 우리 고유 문화의 이름들이 제각각인 것이다.

이렇게 이름 자체가 각양각색으로 각 분야마다 다르게 불리고 있다는 것은, 우리 모두가 우리의 토종문화를 대하는 인식과 태도가 지극히 혼란스러운 아노미 현상에 놓여 있음을 단적으로 보여주고 있다. 그러니까 우리는 지금 우리의 알짜·핵심·중심은 잃어버리고 헛것, 쓰레기, 부차적인 것에 얼이 빠져 허둥지둥 신기루를 좇아 살아가고 있는 것은 아닐는지.

한복만 해도 그렇다. 그냥 우리 옷이면 되었지 왜 '한' 자를 굳이 붙여야 하며, '복(服)'은 또 무엇인가 말이다.

정부가 한복 입는 날을 선포한 것도 한편으로는 박수를 보내고 싶으면서도, 다른 한편으로는 이왕이면 한 달에 한 번이 아니라 아예 매주 토요일로 정했더라면 더욱 좋았지 않았나 싶기도 하다. 1년 365일 중 12일이냐, 50여일이냐를 놓고 따지자니 이렇게 정부까지도 나서야 될 지경에 이른 우리 문화에 대한 국민의 인식 자체가 한심스럽고 울화통이 터진다. 이 지경까지 이르게 된 우리들 삶의 궤적을 되짚어 본다는 것도 맥빠지는 노릇이다.

아무튼 개항 이래 서세동점(西勢東占)의 큰 물줄기와 미국·일본을 필두로 하는 양풍(洋風)과 합리주의, 나아가서는 지극히 이기적인 물질 만능주의의 융단 폭격을 받아오면서 우리 자신의 정체성을 각개격 파당해 왔다.

한복의 경우도 예외일 수 없었고, 스님들의 승복과 오지 지역의 사람들, 고집스레 우리 것을 지켜온 극소수의 특수한 사람들, 의례복을 중심으로 고품격화된 '주단 한복' 등만이 그 명맥을 유지해 오고 있었다.

그러다가 80년대 중반 몇몇 재야 문화 선도자들이 우리의 전통문화를 오늘의 생활에 접목시키자는 문화운동의 일환으로 이른바 개량 한복을 제작·보급하기 시작했다. 한편 이와는 다른 측면에서 서구의 패션 경향이 이른바 '동양 럿시' 바람을 타면서, 국내의 내노라 하는 디자이너들이 우리 한복의 미적 감각에 새삼 주목하여 '패션＋우리옷선'을 세계에 선보이는 경향도 일어나게 되었다.

적어도 명절날, 조상께 큰절을 올릴 때만이라도 한복을 입어야 되는것 아닐까

70년대 초반부터 토종문화를 오늘의 우리들 삶에 재조명시키는 작업에 매달려오다시피 한 필자가 항상 안타깝게 여겨왔던 것이 하나 있다. TV나 사진 등 시각 매체에서 누구나 쉽게 접하는 사실이

지만, 인도나 아랍 사람들은 온나라 사람들이 그들 고유의 옷을 입고 생활하고 있다. 그들은 나라 안에서만 그 옷을 입는 것이 아니라, UN이나 국제회의에서는 물론이고, 다른 나라에 가서도 고유 의상을 전혀 거리낌없이 입고 다닌다. 결과적으로 그 나라의 CI 작업을 강력히 하고 있는 것이다.

우리는 그 동안 어떠했는가? 그야말로 양복·양장 일색이 아니었던가? 그런 면에서도 이번 문화체육부의 결정은 만시지탄은 있으나 잘한 일이고, 점점 더 그 계도와 지원의 폭을 넓혀야 할 것이다.

그런데 한 가지 곰곰히 생각해 보아야 할 점은, 우리 모두가 지니고 있는 옷 자체에 대한 의식이랄까, 생활 현상에 대한 진단이랄까 이런 측면에서 보자면, 우리는 '의례복'이 아닌 '생활복'의 경우엔 옷 자체를 너무도 하찮게 그저 쉽게 쓰고 버리는 '1회용 기저귀' 정도로 여기고 있는 것은 아닌지 싶다. 그러니까 식(食)·주(住)·의(衣), 사람의 기본 생활을 놓고 볼 때 역시 의는 식·주보다 앞설 수 없다는 점과, 생활물자가 넘쳐 흐르다 못해 오히려 그 폐기에 더 신경을 써야 하는 요즘 세상에선 그런 경향이 더욱 심해지는 것이 아닌가 우려된다.

우리 몸에 가장 편안한 옷

아무튼 이런저런 상황을 염두에 두고 한국의 상징으로 가장 높게 인식되고 있다는 한복의 아름다움과 좋은 점을 살펴보기로 하자.

한복의 미(美)에 대해서야 지금까지 무수히 많은 사람들이 예찬을 거듭해왔다. 혹자는 그 옷 선의 하염없음(이는 건축에서의 '현수곡선'과 같은 대자연의 곡선이기도 하다)을 얘기하고, 또 어떤 이는 몸뚱이를 드러내 보이는 옷이 아닌 '감싸 안는 포용의 미학'을 얘기하는가 하면, 이런 모든 것을 아우르는 조화의 극치란 말로 칭송하기도 한다.

하지만 필자가 즐겨 입으며 터득한 경험으로 얘기하자면, 역시 우리 한복은 우리 몸을 가장 편안하게 해준다는 것이 절대적인 장점이 아닌가 한다. 옷 자체가 관절 부분의 움직임을 원활하게 해주며, 워낙 펑퍼짐해서 공기의 소통이 잘되고 겨울철에는 보온효과까지 뛰어나다. 옷의 치수로 보더라도 등급을 여럿으로 나눌 필요없이 그저 대 · 중 · 소 정도로만 해 놓아도 웬만한 사람들이 입는 데 지장이 없다. 즉 사람이 옷에 얽매이는 것이 아니라 옷이 사람에게 맞추어 조정된다는 여유, 이는 바로 모든 토종문화 정신의 알기와 상통한다고 볼 수 있다. '웬만하면 두루 입을 수 있다' 는 사실을 먹을거리와 연관시켜보면 된장이나 김치를 떠올릴 수 있다. 이를 좀 더 확대 해석하면 이렇게 된다.

'웬만큼 사람이 되었으면 두루두루 사귀어 친구가 될 수 있다.'

이렇게 살펴보니, 우리 조상들의 삶의 핵심 원리가 어렴풋이 헤아려지는 듯도 하다. 즉 가장 고귀한 것은 가장 평범한 것에 있고, 그것은 웬만하면 두루 통하는 아우러짐 속에 있다는 것이다.

그렇다면 우리가 그 동안 외면해온 우리옷 한복이 다시 평상복 곧 '생활 한복' 으로 복원되기 위해서는 어떤 노력들이 필요할까?

한복 입는 날은 365일이 아닌 12일이다. 한복을 입고 지하철이나 버스를 타면 다른 이들의 시선이 집중되는 세상에 우리는 여전히 살고 있다. 외출복, 노동복, 학생복, 유치원복 등으로 조금씩이라도 한복의 수요층이 넓어지도록 배전의 노력을 기울여야 할 것이다.

또한 직장이나 학교 등에서도 한복 입기를 이상한 눈초리로 신기해 할 것

이 아니라 적극적인 호감을 갖고 서로 격려해 주었으면 한다.

여담이지만 (한)의사들의 가운도 원래 우리가 백의민족이었는 바 한복화가 가능하지 않을까 기대된다.

전통 한복에 대한 고증·연구·복원

우리의 전통 복식에 관한 학술적 연구는 꽤 활발히 되어 온 것으로 알고 있다. 이러한 학술적인 기초에 더하여 지금도 파묻혀 지내고 있는 한복 장인들의 실천적 경험을 배우는 과정이 꼭 필요하리라 본다. 이 분들이 한 땀 한 땀 정성들여 만들어 왔던 그 경험에서 축적된 미적 감각과 지혜들, 이것이 바로 토종문화의 알짜배기라 하여도 큰 무리는 없으리라. 개량 한복을 만드는 사람들의 연배가 50대 이상은 거의 없는 현실이 이런 측면을 더욱 강조하는 이유이기도 하다.

이는 토종문화의 모든 분야에 해당되는 바, 온몸으로 체험해 온 알짜노인들과 결합되지 않은 재창조 작업은 으레 저급성으로 흐르거나, 조급함이 쉽게 드러나 원래의 목표를 그르치기 십상이기 때문이다.

제작 과정에서는 일반적으로 '옷→ 여성→ 미감(美感)→ 디자인' 이라는 측면에서 '어떻게 예쁘게 만드느냐'에 주력하게 마련이다. 하지만 이에 못지 않게 옷감 자체의 문제, 염색의 문제, 바느질의 문제 등 기술적 측면에서 전통 한복의 원리를 간파해내고, 이를 어떻게 생활한복에 접목·재창조시킬 것인가가 더욱 중요한 화두이다.

이를 의례복이 아닌 생활복에 적용시킨다는 자체가 무리일지도 모른다. 하지만 통시적·횡시적 단계로 볼 때, 우리는 지금 생활한복 자체가 의례복인 시대에 살고 있다는 현실을 염두에 두어야 한다. 또한,

주단 한복이나 개인 맞춤 한복보다 생활 한복의 바느질 수준이 확연히 떨어지고 정성이 부족하다는 소비자들의 날카로운 지적을 특히 귀담아 들어야 할 것이다.

우리의 전통 속옷은 펑퍼짐한 고쟁이이다. 서양 문화의 융단 폭격으로 우리는 몸에 꽉 끼는 팬티, 런닝, 브래지어 등에 어쩔 수 없는 포로가 되어 버렸다. 하지만 필자의 경험만으로도 확신을 갖고 얘기하지만, 속옷도 원래는 우리 몸을 꽉 조이는 게 절대로 이롭지가 않다.

피돌기에 지장을 줄 뿐 아니라, 공기의 소통도 절대적으로 불리하다. 일반인들의 의식의 문제, 대량생산 물량의 가격 공세를 어떻게 극복할 것인가의 문제는 있지만, 아무튼 겉옷보다도 속옷이 더 중요하다는 것이 필자의 견해이다.

복합공간의 확보

앞에서 언급했듯이 옷은 한번 입고 버리는 1회용 소모품일 수만은 없다. 갖가지 미감과 멋이 어우러져 있고, 우리의 몸을 보호하는가 하면 건강을 유지시켜 주며, 사람살이의 희로애락을 함께 하는 생활의 필수품이다. 또한 옷은 먹을거리 및 집과는 달리 단순히 '치장→고품격'으로 전락해버릴 소지를 본질적으로 안고 있기도 하다. 이를 해결하는 방책으로 한 번 생각해 볼 수 있는 것은 우리 옷을 만드는 제작 공장, 매장, 식당(한옥이나 흙집), 쉼터(숙박 및 행사 공간) 등을 아우르는 토종 생활 문화 공간을 하나쯤 세워야 하지 않나 하는 것이다.

이를테면 '한국의 집' 같은 것이 되겠는데, 그렇게 정물화된 형태로는 아니고 누구나 쉽게 와서 즐기고, 쉬고, 아이들 교육장으로도 활용할 수 있는 그런 공간이 필요한 것이다.

어찌보면 우리 모두는 이 세상의 큰 물줄기에서 어느 누구의 잘잘못을 가릴 것 없이 '우리 것을 잃어버리라'는 강요를 받으며 극도로 혼돈된 삶을 살아가고 있는지도 모른다.

전통 한복을 원래의 재료와, 제작 기법으로 만들어 입는다는 자체가 사치가 되어버리고, 그런 옷은 박물관이나 장인에게 가서나 구경할 수밖에 없는 시대가 되어버렸다. 하지만 우리는 모두 개량 한복이든 생활한복이든, 한복 입는 날을 따로 정하지 않아도 되는 시대가 빨리 오도록 만드는 일, 그 일로 골머리를 앓으며 살도록 운명지워진 '토종문화의 전환기'를 살아가는 이 땅의 동시대인이 아니던가….

정성을 들여 이렇게
설빔을 차려주는 집은
전국에 하나도 없는
그런 세상에
우리는 살고 있다

▲생활한복을 구할 수 있는 곳

서울	질경이(본사)	744-5606
	여럿이 함께(본사)	745-6196
	새내(혜화동)	742-8290
	여럿이 함께(쁘렝땅백화점)	773-2111
	질경이(인사동)	734-5934
	전통국악사(종로)	3672-0204
	여럿이 함께(강남구청)	3443-8447
	한국옷(인사동)	720-5458
	두껍아 두껍아(서울대 앞)	884-8521
	지킴이(연대)	324-4550
	흔(신촌)	334-8568
	마룻소(구로동)	856-8222
인천	질경이(동인천)	761-0040
	여럿이 함께(인하대)	872-7147
	연꽃마을	872-0307
경기	원당 함께 입는 우리옷	965-3731
	수원 여럿이 함께	47-4080
	〃 한살림	293-8464
	성남 문화센타	731-6146
	여주 취급점	85-4602
충남 · 대전	서산 질경이	665-2242
	천안 여럿이 함께	556-9359
	예산 돌실나이	33-6250
	대전 참일꾼	631-4258
	〃 동찻집	221-3683
충북	청주 우리밀	56-9659
	보은 취급점	43-3352
	충주 글터	848-4256
	청주 눈꽃공방	221-4649

강원	춘천 푸른나무(효자동)	55-3669
	〃 솔고리(제일백화점)	242-8835
	동해 이화 우리옷	535-1815
	원주 새내	44-0458~9
경북·대구	안동 여럿이 함께	841-2834
	포항 질경이	41-2366
	경산 굿판	814-6393
	경주 질경이	773-6580
	영주 질경이	31-3344
	대구 여럿이 함께(경북대)	959-5226
경남	울산 여럿이 함께	211-1399
	〃 질경이	221-3646
	창원 다심원	67-1599
	〃 중앙점	82-8483
	진주 하늘땅 별땅	57-7774
전북	남원 질경이	33-6560
	익산 동그라미	858-0729
	장수 한아름 혼수	53-6600
	군산 질경이	466-4050
	전주 참교육사	87-1002
	〃 숨터	253-2996
광주	여럿이 함께(전남대)	511-7892
	누렁이의 고깔(예술의 거리)	227-5430
	참교육사(광주여고)	223-0375
부산	진달래공방	627-4655
	여럿이 함께(동아대)	206-3587
	새벽별(부산대)	512-5309
제주	민예당 공방	52-8834
	전교조 지부	55-5033

한지

토종을 찾아 원고 한 꼭지 써 내려가기가 무척 힘들어졌다. 곰곰이 생각해보니 그 원인은 역시 자신의 속마음이 몹시 지쳐 있음을 발견하게 된다.

생태학적 토종이든, 문화적 토종이든, 인간학적 통종이든 간에 토종을 찾아 방방곡곡, 바위 틈틈, 나뭇잎 사이사이를 헤매고 다니는 이 '일 아닌 일' 자체가 점점 어려워지고 있다는 엄연한 현실.

또 하나는 내 자신이 그 어떤 토종이든 한 가지라도 올곧게 가꾸고, 기르고, 키워가는 일에 전념하고 있지 못하다는 자괴심. 거기에다 이런 저런 사정들과는 전혀 상관없이 도도히 흘러가는 이 세월과 사람살이, 즉 문명이라는 수레바퀴.

아무튼 차 한 잔 앞에 두고 썩어가는 나뭇잎, 빛과 소금, 한 알의 밀알 등의 화두를 떠올리며, 독한 마음으로 '한지 타령'을 시작해 본다.

영상매체 시대의 종이문화

'종이' 하면 필자에게 맨 먼저 떠오르는 것이 조금 뭐한 얘기지만 변소의 휴지이다. 한 10여 년 전만 하더라도 시골 측간엘 가면 으레 휴지는 신문지이거나 잡지 나부랑이 그런 거였다. 그걸 큰일(?)이 진행되는 사이에 두 손으로 이리 꾸깃 저리 꾸깃 여러 번 뭉쳐가지고 보드랍게 짓이겨서 밑을 닦곤 하였던 기억을 누구나 한 두 번쯤은 지녔을 법하다.

하지만 지금은 어느 산골, 어느 오지란 델 가봐도 '휴지'는 누구나

기계로 빼낸
가짜 한지들

으레 쓰게 마련인 당연한 일용 소모품이 되어버린 지 이미 오래다.

그러니 책을 비롯하여 신문, 잡지, 지폐, 승차권, 교과서, 편지, 서류, 우표, 달력 등등 우리 주위에 얼마든지 쉽게 널브러져 있는 종이 더미에 파묻혀 살아가고 있으면서도, 종이 자체의 고마움이라든가, 우리 조상 전래의 한지는 왜 그리 손쉽게 접하며 사용되지 못하고 있는 것인지 따위에 신경쓸 겨를조차 어디 있겠는가.

그렇다면 '종이는 문화의 모체'이며 '일국의 문화 척도는 그 나라의 종이가 좌우한다'는 얘기는 다 물건너간 얘기란 말인가.

각 시대마다 그 시대를 지배하는 문화가 존재하게 마련이다. 작금의 세기는 바야흐로 영상·전자 매체의 시대이다. 따라서 표현과 전달, 기록은 온통 영상·전자 매체들로 흘러 넘치고 있다 하여도 과언이 아닐 것이다.

그러면 종이로 상징되는 인쇄문화는 멀지 않아 소멸되어야 할 운명이라는 말인가.

지금 우리가 살펴보려는 종이다운 종이의 시원은 보통 식물섬유를 이용한(원료는 마[麻]) 최초의 종이인 중국의 채후지(蔡侯紙)를 꼽는다. 우리나라 종이에 관한 기록은 353년 왕희지의 「난정서」가 우리 종이인 '잠견지'를 사용했다는 기록이 최초이고, 610년 고구려 담징이 일본에 종이 제작 기술을 전해주었다는 기록이 특기할 만한다. 하지만 이보다 훨씬 전인 285년 백제의 왕인 박사가 일본에 『논어』 등을 전달

했다는 기록도 있고, 낙랑시대의 고분 채협총(B.C 108~A.D 313) 속에서 명주옷과 함께 종이 뭉치가 발견된 바도 있다. 불국사의 석가탑에서 나온 '무구정광대다라니경'을 포함해서, 적어도 우리 한지는 1천년의 세월을 능히 견뎌낸다는 게 정설이기도 하다.

한지 형태로 만든 편지봉투들

또한 중국 · 일본 등 같은 동양문화권에서도 우리 한지는 그 독특한 원료와 쓰임새로 가히 타의 추종을 불허하였다고 할 수 있다.

토종과 신토불이(身土不二)를 들먹일 것도 없이, 이 땅의 대부분 초목과 벌레, 짐승들이 극동에서도 유독 특출한 우수 형질을 많이 지니고 있음은 동서양을 막론한 대다수 학자, 전문가들이 익히 동의하고 있는 터이기도 하다.

그런 측면에서 한지의 주원료인 닥나무도 예외가 아님은 물론이다.

한지를 뜨고 있는 모습

쓰임새로 말하더라도 중국 · 일본에선 주로 서화 · 인쇄용에 국한돼 쓰여 왔음에 비추어 우리 한지는 창호지 · 장판지 등의 건축 마감재, 부채, 지가구, 사주, 소지용, 장독용 등 갖가지 생활 소품들에

닥나무 껍질에서 외피를 긁어낸 상태의 내피(백피).
한지의 주원료이다

다가 심지어는 못쓰게 된 한지를 재활용해 노끈을 만들거나(지승공예), 겨울 솜옷에 솜 대신 넣던 '갑의지'가 있는가 하면, 어떤 물건을 땜질할 때 사용하기도 했고, 극단적인 예일는지 몰라도 짚신(종이끈 신발)으로까지 사용할 정도였다(구한말에 무척 유행하여 고서들이 수난을 당하였다 함).

이렇게 다양한 용도로 쓰일 수 있었던 것은, 주원료인 우리의 닥 자체가 질기고 견고해서 지(紙)라는 글자의 실 사(絲)에서 알 수 있듯이 훌륭한 섬유의 대용품 노릇을 톡톡히 해 왔음을 단번에 알 수 있다.

또한 뒤에서 언급하겠지만, 제조과정에서의 티없는 자연 수공 제작은, 그 쓰임새가 옹기와 마찬가지로 '살아 숨쉬는, 살아있는 자연 그대로인' 한지이기에 질기고 가볍다. 찢기지 않고, 통풍과 채광이 가능하며, 걸를 것은 걸러내고, 습기도 흡수하며(기름도), 포근한 품격이 느껴진다. 섬유 사이의 일정한 공간은 보온력까지도 가능케 한다. 자연 물감에 쉽게 염색되는 가염성 하며, 입에 침이 마르도록 칭송하여도 과히 지나치다 싶지 않을 정도라 하겠다.

문경의 한지 장인 김삼식씨

현재 한지는 우리가 일상에서 너무도 헤프게 사용할 수 있게 된 펄프로 만든 서양 종이에 밀려 거의 그 명맥조차 근근이 이어나기가 힘든 지경에까지 이르렀다. 100퍼센트 순수 한지만을 만들고 있는 장인(통꾼)으로는 청평의 영담 스님, 장용훈씨 등 다섯 손가락으로 꼽을 정도이다.

이런 중에서, 흔히 토종문화의 거의 모든 분야가 그렇듯이, 어느 계

파나 인맥에도 속해 있지 않은 외톨이 한지 통꾼 김삼식씨(54세, 문경 내서리 거주)를 만날 수 있었던 건 큰 행운이었다.

11살 때부터 객지 밥 먹은 적이 거의 없이 문경 토박이 통꾼으로 성장해 온 그와 함께, 그 지난한 한지의 제조 과정을 훑어보자면 다음과 같다.

① 재료인 닥나무는 뽕나무과의 활엽수로 우리나라, 일본, 중국, 베트남, 인도 등지에 분포하며, 양지쪽 사질 양토에서 잘 자라는(해발 100~700m) 암수 한 그루의 관목이다. 열매는 약재로도 쓰이고 옛날에는 구황 식품으로도 쓰였다(속껍질에 녹말 함유). 지금은 전국의 자생 닥나무가 거의 멸종단계이다. 늦가을 한로 전후에 가지를 베어 닥종이 원료로 사용한다. 3년 넘게 가지를 베어주지 않으면 껍질이 일체 나오지 않아 종이를 만들 수 없는 나무가 되는 것도 아주 특이하다.

② 너비 5자, 길이 9자 되는 닥솥에 물 50양동이를 넣고 8시간 가량 삶는다.

③ 약 4일간 추운날(가을 이후 기준)을 견딘다. ② ③과정을 한 번 더 반복한다.

④ 겉껍질을 벗긴다. 벗긴 겉껍질을 약 5일간 건조시킨다(외피＋내피＝흑피).

⑤ 만 24시간 물에 불린 껍질 중 쓸모없는 진짜 외피를 칼로 벗겨낸다.

⑥ 벗겨진 속껍질을 약 3일간 말린다. 이를 백피라 부른다. 이상의 과정은 반드시 설 쇠기 이전에 끝내야 한다.

⑦ 냉수에 4시간 가량 불린 속껍질을 건져내 푹 삶는다(100근 기준 잿물 5kg, 45분 삶음). 잿물은 목화나 밀대, 콩대, 메밀대 등을 태운 것으로 사용한다.

⑧ 건져내어 비를 맞지 않게 4일간 저장한다.

⑨ 물에 씻어 잿물을 뺀다.

⑩ 햇볕에 널어 색을 하얗게 낸다(잡티 제거).

⑪ 참나무 방망이로 '벼락 딱 방망이' 처럼 두들겨 곱게 빻는다. 요즘은 비터(Beater:고해기)라는 모터 분쇄기를 사용하나, 예전에는 디딜방아에 장정 스무명이 매달리는 경우도 있었다고 한다(전과정 중 유일하게 기계 사용이 가능함).

⑫ 초지통(원료를 넣어 종이를 뜨는 통)에 물 200 양동이에 내용물 한 양동이의 비율로 닥풀과 함께 섞어둔다. 기온이 섭씨 30도 이상이면 하루 안에 종이 뜨는 작업을 해야 하고, 30도 이하인 경우는 3일까지 사용이 가능하다. 닥풀은 아욱과의 한해살이 풀인데, 일명 화근, 원명은 황촉규이다. 그 뿌리를 으깨면 끈끈한 액체가 나오는 데, 이 액이 종이결을 고르게 하고 켜켜이 쌓은 종이가 서로 들러붙지 않게 하는 역할을 한다.

⑬ 종이틀(대나무로 만든 발을 얹은)을 용액 속에 넣고 앞으로 뒤로, 좌우로(속칭 쌍발뜨기) 내용물을 건져낸다. 이 과정을 '물질한다'고 부른다.(참고로 옹기 · 자기 제작시의 '물레질')

한지로 만든
갖가지
색깔의 부채

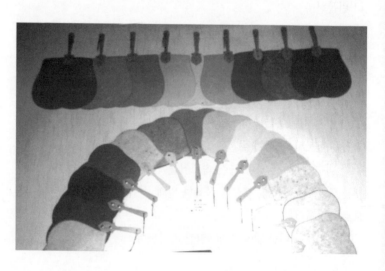

질하는 대나무틀

⑭ 발로 떠낸 습지를 모포 위에 거꾸로 대고 발을 들어낸다. 이 때 차곡차곡 쌓여진 종이를 나중에 떼어낼 때 편하게 '베개'라는 실(끈)을 각 장 사이에 끼워 넣는다.

⑮ 약 100매 정도 쌓은 다음, 널판지로 덮고 무거운 돌멩이로 눌러 놓거나 압축기(잭)를 사용하여 탈수시킨다. 3~5일간 저장, 건조시킨다.

⑯ 한 장씩 떼어내(베개 이용) 가열된 철판 위에 도배하듯이 부드러운 빗자루로 쓸어붙여 말린다.

이상 간추린 제조공정중 계절과 내용물, 종이의 쓰임새에 따라 갖가지 변화술이 작용하여 여러 형태의 종이가 나오게 되는 것이다.

"9살 때 부친이 돌아가자 땅 한뙈기 없는 막막한 처지에서 자형의 사촌인 유영운씨가 하던 닥공장에 들어갔지요. 그때부터 이 날까지 30년 세월, 참으로 울기도 많이 울었습니다. 지게에 열축(200장)을 지고나가 1축도 못팔고, 아무 것도 못먹고 돌아오는 길에 쓰러져서 동상이 걸린 적도 있고요. 1축에 보리쌀 닷되 하던 시절까지

김삼식씨가 닥나무 껍질(흑피)에서 외피를 긁어내고 있다

마을에서 멀찌감치 떨어져 있는 문경 내서리 통꾼 김삼식씨의 한지 작업장. 이제 한지는 그 명맥조차 이어가기가 힘들게 되었다

한지 공예 작품들

있었으니까요. 집사람이 18년간 담석증으로 고생하며 농삿일 꼬박꼬박 해가며… 이젠 정말 넌덜머리가 납니다. 사람 진을 빼먹는 게 이 종이 만드는 일입니다."

지금까지 쌓아온 신뢰 때문에 꾸준히 부탁해오는 주문량을 맞춰주느라 일손을 놓기가 어렵다는 김삼식씨지만 2~3년 뒤엔 정녕코 '징그러워서라도' 이 짓을 그만두어야 하리라 다짐하곤 한단다.

양(洋)과 한(韓)

어느 분야나 마찬가지지만, 우리는 지금 국제화·세계화의 거대한 물결 속에 살아가고 있다. 그 배후에는 서양문명이라는 거역할 수 없는 대세가 자리하고 있음도 주지의 사실이다. 양식, 양복, 양옥, 양악 등 우리는 온통 '양(洋)의 사람들'이 되어버린 지 이미 오래이다.

하지만 한지의 경우로 좁혀서 얘기하더라도, 전 세계에서 토종 한지 같은 최고 품질의 종이를 만들어낼 수 있는 건 우리밖에 없는 것 또한 엄연한 사실이다.

우리가 함께 고민해야 할 과제는 이런 것들이 아니겠는가 싶다.

첫째, 토종 한지 제작의 기술과 원리는 박물학적 가치에서라도 온전히 보존·전수되어야 할 것이다. 이를 위한 문화재 지정 및 지원이 뒤받침되어야 할 것이고.

둘째, 적어도 시상(施賞)이나 엄숙한 의례(儀禮)가 행해지는 경우엔 필히 전통 한지를 사용하려는 우리 모두의 의식 전환, 풍토의 확대에 좀 더 노력을 기울여야 하리라 본다.

순수 전통한지	변형된 한지
박피 과정을 거친 백닥(닥나무 껍질, 백저피)	박피 과정을 거친 백닥 대신 피닥, 태국산 닥, 중국산 닥, 기타 펄프 및 고지 등을 혼합하여 사용
소석회($Ca(OH)_2$)로 증해	소석회 대신 양잿물($NaOH$) 등으로 증해
유수 표백	유수 표백하지 않고 염산 또는 클로르칼키, 차염산 표백
방망이로 고해	방망이 고해 대신 기계 비터 사용 (Round Beater, Knife Beater)
황촉규에서 추출된 닥풀 용액으로 분산	황촉규 대신 팜(Pam) 또는 아그리파스 사용
손으로 초지	수초 대신 유도식 초지(반자동), 또는 기계 초지(전자동)
면풀로 마름질	면풀 마름질 대신 사이징(Sizing)
도침한 종이 기승 방법	도침(현재는 일반적으로 도침하지 않는다)

셋째, 이런 바탕 위에서, 원료를 분쇄한다든가 탈수시키는 과정, 건조 과정 등에서 최대한으로 재료의 손상이나 원리에 어긋나지 않는 한 기계를 접목시키는 연구가 꾸준히 진행되어 비용을 줄이는 단계까지 도달해야 한다는 점 등일 터이다.

국민소득 1만 달러 시대, 영상매체 시대에 오히려 서양인들이 동양의 지혜와 품질의 알짜를 빼가는 지금까지의 어리석음을 우리는 언제까지나 반복해야 하는지. 타는 가슴 속으로 양(洋)이 아닌 '한(韓)의 알기'들이 올곧게 지켜져 나가길 비는 한 장의 정갈한 비나리 소지를 올려볼 뿐이다.

된 장

이번 여름, 이 땅 도처의 산과 바다에 선 어린이들을 위한 다양한 형태의 여름 캠프가 벌어졌고, 필자도 두어 군데에 참가하여 함께 뛰놀며 즐거운 시간을 보냈다.

그런데 참으로 안타까운 것은, 필자가 참여한 행사들이 꽤나 진취적인 모임들에서 주최한 것임에도 불구하고 그 어디에서건 그럴듯한 된장국을 먹어본 적이 없다는 거다.

"된장 냄새 풍기면 장사가 안돼!"

된장 하면 뇌리에 떠오르는 기억이 있다. 나이 40이 되자 돈벌이에 무심히 살아왔던 자책감으로 충무로 한복판 어느 선배의 사무실 한 귀퉁이에 책상 하나 놓고 본격적인 사업을 벌일 참으로 운기조신하던 때였다.

장사할 품목을 정해놓고 요모조모 시장조사도 하고 알음알음으로 제작과 판매에 관련된 사람들도 두루 만나보고 해서 짠짠하게(?) 일이 굴러가던 중 하루는 선배님이 제품의 모양새에 관해 보고를 듣고 하는 말씀이 "이봐! 된장 냄새 나면 장사가 안돼!" 하는 거였다.

뒤통수를 한방 맞은 듯했다. 젊어서부터 이른바 '토종문화를 어떻게 우리들 삶에 접목시킬 수 없나' 하는 화두에 매달리다시피 해온 터에 '토종 중의 진국 알기' 라 할 수 있는 '된장맛' 을 뱃속 깊이 음미할 수 있게 된 즈음에 먹고 살기 위한 돈벌이에 있어서 된장 맛을 완전히 제거해야 된다니, 이 무슨 날벼락이란 말인가.

그 날 이후로 필자는 그 사업을 포기하기로 작심했다. 그 덕택에 지금처럼 삼천리 강산을 주유하며 토종찾아 헤매는, 이름하여 '토종 연구가' 라 불려지게 되었다.

아무튼 이 된장을 빼놓고는 토종문화에 대해 이러쿵 저러쿵 얘기한 다는 것 자체가 어불성설이다. 그만큼 된장은 토종(문화)의 상징처럼 우리들 가슴에 즉발적인 반향을 불러일으킬 만큼 깊숙이 못박혀 있다.

그런가 하면 글머리에서 언급하였듯이, 자라나는 요즘 어린이들은 된장을 거의 대부분 싫어한다. 어느 캠프에선가는 된장찌개를 끓이면서 된장 냄새가 나자, 한 두 아이들은 아예 코를 쥐어 싸며 오만상을 찌푸리기도 했다.

다행히 우리집 초등학교 4학년짜리 딸아이는 된장국이나 찌개를 잘 먹는다. 그러나 날된장에 야채를 찍어먹거나 호박, 상추 쌈을 싸먹는 건 아직 꺼려 한다. 하긴 필자 자신도 철들고 나이 들어 오면서 된장의 진미를 체득하게 되었다.

전국 어디서든 허름한 식당이면 으레 있게 마련인 공통된 3가지 메뉴가 바로 동태찌개, 김치찌개, 된장찌개 아니겠는가. 어느 누구든 별 부담없이 사시사철 한끼 식사로서 충분했던 게 바로 가장 대중적으로 흔한 메뉴로 정착된 것일 터이다.

철따라, 지역에 따라 온갖 맛있는 음식들도 수없이 많고, 그를 맛보는 즐거움 또한 있는 것이리라. 그에 관한 각종 안내서적이며 신문 · 방송에서의 소개 등도 정신없이 많지만, 그 어디서도 된장찌개, 김치찌개, 동태찌개가 전문인 '각별한' 집을 소개한 경우는 극히 드물다.

모두들 귀하고 특별한 것만 즐겨 찾는 것도 조금은 생각해보아야 할 일이다. 늘상 필자의 뇌리를 떠나지 않는 화두는 "가장 흔한 게 가장 귀한 것이다"라는 명제이다. 동식물을 포함한 이 땅의 전 생명체를 놓고 볼 때, 우리는 가장 흔한 것을 너무나 경시해왔던 것이 아닐는지.

　가장 귀하고 특이한 것만 좇다 보니 그에 따라 정작 가장 일상적이고, 가장 흔하고, 가장 보편적이었던 우리들 삶의 알기를 송두리째 놓쳐버리고 엉뚱한 것만 찾아 헤매는 '현대병' 환자들이 되어버린게 아닌가 싶다.

잘 띄어진 메주.
이 곰팡이들이
우리를 살려왔던
불로초였다

　온갖 난치병들이 무수히 생겨나는 이 공해덩어리 시대, 이 아수라 용광로 속을 헤쳐나가는 보물단지는 아주 특별한 경우를 제외하고는 이 땅에 널브러져 모든 사람이 친숙하게 지내왔던 산천초목 바로 거기에 숨겨져 있었던 것인데, 우리가 늘상 상식해왔던 밥(현미), 된장, 김치, 젓갈, 도토리, 나물 등에 있었던 것인데, 우리는 공연히 엉뚱한 데서 해결의 실마리를 찾고 있는 것이라 여겨지는 것이다.

　이를 사람살이에 비유해 봐도 마찬가지다. 사람살이란 게 원래 누구나 다 마찬가지 아니겠는가. 생로병사를 들먹일 것도 없이 태어나서 귀염받고 자라다가 시집 장가 가서 아들딸 낳고 키우며, 이런 저런 어려움도 당하고, 기쁘고 즐거운 일도 겪으면서 노쇠하여 가는 인생.

　이런 사람 저런 사람, 특별히 재주나 능력이 탁월한 사람도 있고, 남다른 노력으로 훌륭한 경지에 이른 사람도 있게 마련이나, 기나긴 역사를 묵묵히 살아오며 온갖 고통을 감싸안아 온 민초들의 삶, 그 또한 가장 귀한 사람살이가 아니었나 싶다는 애기다.

부언하지만, 동식물이든, 된장찌개든, 사람살이든 가장 흔한게 가장 귀한 것이다. 아니 가장 흔하게 수백 수천년을 내려오며 축적된 토종과 토종지혜들 속에 이 공해시대에 살아남을 우리들 목숨줄의 핵심이 은은히 숨겨져 있다. 그에 대한 천착과 이를 다시 우리들 일상생활 속으로 되살리는 작업, 이것이 가장 시급하고 중요한 일이 아니겠는가.

된장의 항암효과

각설하고, 한때는 서양 의사들이나 학자들이 된장이 암을 유발시킨다느니, 메주 곰팡이가 인체에 유독하다느니 하여 우리를 주눅들게 한 적도 있었다. 이제는 우리나라의 서양 과학자들이 이를 완전히 뒤엎어 거꾸로 항암효과는 물론이고 각종 질병에도 탁월한 약효를 지닌 것으로 판명해 놓았다.

이런 일이 어디 된장의 경우뿐이든가. 얼마 전에는 고사리에서 항암성분이 발견되었다고 하고, 도토리에서도 항암효과가 입증되었다고도 하고. 이렇게 하나 둘씩 차근차근 우리 선조들의 재래식 토종식품(문화)이 그들의 잣대로도 얼마나 훌륭한 것인지 밝혀질 것이다. 이러한 판국에 정작 우리의 토종을 외면하는 풍조가 안타까울 뿐이다. 그 동안 된장과 관련된 연구결과를 살펴본다.

- 80년대 서울대 김진복 교수팀: 메주를 먹인 쥐가 암 발생율이 적었다는 보고
- 한국식품개발연구원 생물공학부 연구팀: 전통 장류에 암을 일으키는 돌연변이를 억제시키는 요인이 있다는 실험결과 도출(된장 70%, 고추장 50%, 간장 30%)
- 부산대 박건영 교수팀: 된장의 항암효과 및 암세포 성장억제 효과 보고(재래식 된장 〉시판된장 〉일본 된장〔미소〕).
- 96년 5월 연세대 정건섭 교수팀: 전통 장류의 항돌연변이성 및

항암성 효과 보고(재래식 된장 〉재래식 고추장 〉시판 된장 〉시판 고추장 〉간장. 적용 암의 순서는 대장암 〉간암 〉위암)

한국암예방협회에서 94년 11월 '암예방 수칙'을 발표한 바 있는데, 그중 한 항목이 '매일 된장국을 상식할 것'이다. 이밖에도 고혈압, 장내 유익균 형성, 혈전 용해 효과 등이 입증된 바 있다. 한방에서도 해독작용, 소화불량, 부종과 어혈, 임신하혈, 빈혈, 식중독과 설사, 초기 감기, 가벼운 상처, 생인손 앓을 때, 두드러기, 벌레물린 데, 염증 등등 이루 헤아릴 수 없이 된장의 효용이 언급되고 있다.

가장 흔한 된장이 가장 요긴한 가정 상비약이었던 셈이다.

된장은 중국 · 일본 · 한국의 동양 3국에서만 즐기는 지역성이 있으나, 그 중 단연 우리나라 된장이 원조요 으뜸이다. 된장의 주원료인 콩 자체가 만주 부근 우리 조상님들의 옛 터전이 원산지이다. 채집 · 유목 생활을 하던 우리의 먼 조상님들이 농경 · 정착생활로 접어들면서 부족하게 된 단백질 공급원으로 착안한 것이 콩 재배요, 이를 조리 · 가공 · 저장하면서 차차 만들어진 게 바로 콩물(콩즙, 두유 등), 두부, 콩기름, 콩나물, 콩장(된장)인 것이다.

지금도 깊은 산의 약초꾼들이나 심마니들이 산행을 시작할 때는 으레 쌀과 된장을 짊어지고 올라간다. 온 산에 지천으로 널려 있는 나물 잎에 밥을 싸서 된장을 듬뿍 발라 먹으면 그 향내가 온몸에 그윽한 활기를 불러 일으키며 좌악 퍼져간다.

매월당 김시습이 온 산을 헤매던 때 항상 하던 전통이 고스란히 살아 있는 모습이다. 김시습은 기름종이에 된장을 싸가지고 허리춤에 차고 다니며, 예의 그 쌈밥으로 요기하고, 나무로 '금(琴)통'을 만들어 산짐승의 힘줄로 노래를 불렀다 하니, 이것이 바로 된장 문화의 도락적(道樂的) 극치이다.

요즘 필자는 여기저기 불려다니며 우리의 먹을거리 문화에 대해 강연

할 기회가 많아졌다. 이때엔 으레 "된장엔 우주가 담겨 있습니다"라고
강조한다.

우리의 어머니, 할머니대까지만 해도
'장 담그는 일'은 김장과 더불어 1년의
가장 큰 행사였다. 또한 그만큼 온갖 정
성을 다 기울였다. 김장을 하기 위해서
한여름에 무우·배추·고추·마늘을
잘 갈무리해 놓아야 했듯이, 장을 잘 담
기 위해선 늦가을에 메주를 잘 쑤어 보
관해야 했다. 우선 좋은 콩을 골라 삶아
서 메주를 만들어 건넌방 아랫목에서

이렇게 짚으로 엮에
추녀밑에 매달아 놓으면
저절로 띄어지고…

정성드려 말려 짚으로 엮어 추녀 밑이나 방 대들보에 매달아 놓고 한
겨울을 난다. 봄이 되면 날을 받아서(택일에서부터 여러가지를 따져본
뒤에) 그 앞뒤로는 또한 갖은 금기사항들을 지켜야 한다.

이레 전부터는 외출을 삼가고, 바깥 사람의 왕래도 꺼린다. 초상집
에 다녀온 사람의 접근을 막고, 심지어 부부관계도 피했다. 가히 마을
굿을 할 때의 금기와도 같은 경건하고 신성한 '치성'이었다.

소금도 갯벌 흙이 녹아 있는 토반염이나 끓여 만든 소금(이 또한 갯
벌 흙을 통과한 소금이다)을 몇 년간 쌓아두어 남풍을 피한 응달에서
간수가 빠진 뒤의 것을 썼다.

물은 납설수(섣달에 눈녹은 물)를 항아리에 담아 땅에 묻었다 쓰거
나, 석간수(바위 틈에서 흘러나오는 물) 또는 마을에서 으뜸으로 치는
샘물 등으로만 장을 담궜다.

요즘 세상에 그 누구가 이만한 정성을 쏟을 수 있을까.

된장의 종류도 일일이 열거하기가 어려울 정도로 많다. 200여 가지
나 된다고 한다. 담그는 철에 따라, 사용하는 용도에 따라, 담는 지역
과 사람에 따라, 심지어 한 사람이 담근 것에도 담는 장독에 따라, 소

한지나 광목을 덮어
뚜껑을 닫아놓으면
공기가 소통되어
장이 잘 담궈진다

금물과의 배합 정도에 따라, 장독 뚜껑을 열어 햇볕을 받은 횟수에 따라 각양 각색. 어떤 때는 말로 표현 못할 진품이 되기도 하고, 어떤 때는 '이유를 알 수 없이' 잘 안되기도 한다. 그래서 필자는 "된장엔 우주가 담겨 있습니다"라고 풀이한다.

사람이 온갖 정성을 기울이는 곳에서 된장은 곰삭여진다. 하지만 사람의 정성만으로는 해결이 안되는, 그걸 뛰어넘는 또다른 무엇이 있다. 그걸 무어라 표현할 것인가. 우주라는 말은 이럴 때 사용하는 것이다.

된장이 우주라니 무슨 너스레가 그리도 심한가. 그러나 토종의 알기를 잃어버린 작금의 우리들은 된장 알기를 발에 채는 개똥보다 하찮게 여기고 있다. 이는 바로잡아야 한다. 그런 뜻에서라도 된장엔 우주가 담겨 있다. 된장을 우주로 받들어 모셔야 하는 시대에 우리가 살고 있는 것이다.

옹기장독

몇년 전 지리산에 갔을 때의 일이다. 산골 어느 마을에서 하루 저녁 묵게 되었는데, 저녁 아침 두끼 식사를 하는 중에 아주 흥미로운 사실을 발견하게 되었다.

이 마을 어느 집이든지간에 식사를 할 때면 누구나 맨 먼저 간장을 숟가락에 묻혀 입맛을 돋운 다음에야 음식을 들기 시작하는 거였다.

올 여름에 다시 가보니 마을 자체가 술장사 · 밥장사에 온갖 장사 투성이만 해서 먹고 사는 민박촌으로 변해버렸지만, 그때 그 마을의 간장 찍어먹던 식사 습관하며 집집마다 집 뒤꼍에 옹곳이 자리했던 장독대하며, 그 그윽했던 내음들마저 이 세상에서 사라져 버린듯 하여 아스라한 안타까움만 가슴 속에 남아 있게 되었다.

참으로 숱한 사연과 고즈넉한 풍경과, 갖가지 형태의 옹기들이 스며내던 그 질박한 미감이며, 많은 그 무엇을 선사해주던 옹기 장독대는 이제 서서히 사라져가고 있는 것인가.

필자가 지난 여름과 가을에 걸쳐 이곳저곳 헤집고 다니면서 근사한 장독대 사진을 찍어보려고 애를 썼으나 그리 쉽지가 않았다. 어지간한 규모를 갖춘 장독대가 두 노인네만 사는 시골집들에 무어 그리 필요하겠는가. 어떤 할머니는 20여 개가 넘는 옹기 장독들에 묵은 된장이 너무 많아 걱정이라며, 반겨하는 필자에게 된장을 듬뿍 퍼주기까지 하였다.

장흥(전남) 보림사라는 절에 가서야 가지런한 양달 장독대의 장독들을 겨우 볼 수 있었다. 그나마 전북 장수의 한 민가에서 집 뒤뜰이 아닌 앞마당 한복판에 정성스레 모셔진 장독대를 발견한 것이 큰 수확이라 하겠다.

장흥 보림사의
장독대

보통 우리는 오지그릇, 질그릇, 독개그릇, 도자기 등을 혼동하는 경우가 많고, 특히 요즘의 어린 학생들은 아예 "그게 그거지 뭐 다른 거냐"고 반문하게 마련일 터이다. 우선 사전(『새 국어사전』, 동아출판사)에 나와있는 풀이로 이를 명료하게 정리해 보자면,

- 옹기: 질그릇과 오지그릇을 통틀어 일컫는 말.
- 질그릇: 질흙을 원료로 해서 잿물을 입히지 않고 구워 만든 그릇. 토기.
- 오지그릇: 붉은 질흙으로 만들어 볕에 말리거나 약간 구운 다음 오짓물을 입히어 다시 구운 질그릇.
- 도자기: 질그릇, 오지그릇, 사기그릇이라 통틀어 말함.

이를 다시 정리하면,

도	도기(옹기)	질그릇
		오지그릇
자	자기	청자
		백자
기		분청사기

일상 식탁에서 사용되는 실내용 그릇은 자기류가 보기에도 좋고 설거지하기에도 편리는 하지만, 음식의 보관·저장·발효에는 옹기를 따라갈 그릇이 이 세상에는 없다. 그 이유는 간단하다. '살아 숨쉬는 그릇'이 이 세상엔 옹기밖에 없기 때문이다. 수백 수천년 동안 우리들

의 장독대를 옹기들이 묵묵히 지켜온 연유도 바로 거기에 있다.

장을 담그든, 절임을 하든, 술이나 식초를 발효시키든간에 음식을 상하지 않게 하면서도 사람이 먹으면 유익하게 저장할 수 있었던 게 바로 이 옹기 덕택이라 해도 과언이 아닌 것이다.

된장, 김치, 젓갈, 막걸리, 식초. 우리의 전통 식품들은 거의 대부분 발효식이었다는 데 특히 주목할 필요가 있다. 식품영양학이나 식품공학에서도 '발효학'이란 과목이 따로 있듯이, 발효의 세계는 미생물의 세계와 함께 그 넓이와 깊이가 사뭇 크기가

술·식초의 보관·운반에 쓰인 옹기

이를 데 없다. 서양과학에서도 이 분야는 첨단 영역에 속해 있다. 따라서 당연히 미생물을 주제로 한 무기도 아주 은밀하고 깊이있게 연구되어지고 있을 터이고.

수 천년 이 민족의 삶에 용해되어 온 옹기가 절멸할 것인가. 절대 그럴 수는 없다. 하지만 요즘과 같은 엄청난 국제화의 물결 속에 옹기가 우리들 삶에서 받고 있는 대접은 지금보다 훨씬 커져야 한다는 게 필자의 소견이다.

도대체가 된장, 간장, 고추장 등의 장류를 말할 것도 없고, 막걸리나 식초를 만들어 파는 회사들의 공장에서 전통 옹기 장독을 사용해 발효시키는 곳이 전국에 몇이나 될까.

그 생산물을 다시 프라스틱이나 비닐 포장에 담아서 팔고, 그걸 다시 사서 냉장고 속에 넣어두고 먹는 요즘 우리들의 생활은 생각할수록

한심하기 이를 데 없다. 이는 이미 여러 학자들의 연구논문으로도 여실히 입증된 바 있기도 하다.

술을 어지간히 좋아하는 필자로서는 항상 안타깝기 그지없는게 바로 '막걸리 공장' 이다. 요즘 하루가 다르게 문을 닫고 있는 사양산업이 바로 막걸리 공장들인데, 연유야 어찌됐든 그 공장들이 갖고 있던 '댓자 장독' 들의 운명이 저으기 걱정스럽기 이를 데 없다.

다행히 임자라도 잘 만나 건네져서 소중히 간수된다면 다행스런 일이겠으나, 공장 주인이 맘 먹기에 따라서는 몇푼 받지도 못할 것 공터에 내팽개쳐 던져버리거나, 아예 집 자체를 헐어버리면서 포크레인으로 깔아 뭉개버릴 수도 있을 것이니 말이다.

올곧은 옹기쟁이한테 물어보니, 쌀 두섬 들어가는 크기의 옹기 독을 새로 만들려면 비용이 20~30만원 가량 든다고 한다. 그렇게 비용이 든다고 온전히 잘 뽑아질런지도 장담하기가 어렵다고 한다. 그만큼 정성이 들고 힘이 든다는 얘기다.

여담이지만 살아 숨쉬는 그릇 옹기의 진면목을 보여주는 또 다른 사례도 있다. 난(蘭)을 키워본 분들은 다 아는 상식이긴 하지만, 난을 키우는 화분으로서는 질그릇을 비롯한 옹기가 가장 좋다는 거다.

돈깨나 있다는 대형 저택에 가보면 흔히 삐까번쩍 화려한 자기 화분에 난이 꽂혀있게 마련이지만, 진짜 난을 사랑하고 아끼는 분이라면 으레 난을 붉으레 투박한 멋을 지닌 옹기 화분에 키우게 마련이다.(난은 공기와 물에 특히 예민한 식물이므로)

옹기 장독이 푸대접받으며 사라져가고 있는 세상이니, 장독들은 여기 저기 널브러져 나뒹굴며 우리들 사람살이의 하찮은 구석으로 밀려나 버렸다.

사용처를 잃어버린 떡시루엔 거미줄이 쳐져 있고, 화분 받침대로, 굴뚝으로, 심지어는 광고용 간판 신세로 밀려나 버리기도 한다. 장독

뚜껑 하나라도 금이 가면 온갖 정성으로 붙들어 매어 오래오래 정붙여 사용하던 그때 그 시절 그 장독들은 이젠 구경하기조차 힘든 세상이 되어 버렸다.

특히 도시 생활에서 옹기 장독들은 아예 그 설 자리를 잃어버렸다해도 지나친 말이 아닐 것이다. 앞에서 언급한대로 도시 살림이란 게, 또 요즘의 현대생활이란 게 애시당초 옹기 장독이 필요없는, 그러니까 시골 노인네들도 도시 사는 아들딸들에게 장담아 주기도 무안스런, 그런 생활로 굳어져버린 게 어디 어제 오늘의 얘기인가.

충북 괴산 칠성면
김태석씨네
뒷담 밑의 장독대

덧붙여 얘기하자면, 도시생활의 대종을 이루는 아파트의 설계부터가 잘못되었다고 볼 수 있다. 언젠가 모 건설회사에서 아파트 설계작업에 가정주부들을 참여시켰다고 하는 얘기를 들은 적도 있지만, 이 땅의 거의 모든 분야가 그래 왔듯이, 도대체가 수천년 내려온 우리들 삶에서 '옹기 장독대'가 받아온 대접을 하루 아침에 깡그리 없애버린 일급 중죄인들이 바로 아파트 설계자들이란 느낌을 지울 수가 없다.

적어도 아파트의 뒷면이나 앞면 베란다에 장독대를 위한 별도의 공간과 설치물이 들어서야 마땅하지 않았는가 싶은 것이다.

옹기 장독이 푸대접을 받고 찬밥 신세로 밀려나게 된 데에는 이를 생산하는 옹기 제작자들한테도 잘못이 조금 있다.

한동안은 광명단을 칠한 반짝반짝 빛나는 옹기가 전국을 휩쓸었으나, 광명단의 주성분이 납이고, 이 납이 저 무서운 공해병 '이따이이따이병'의 주범임이 알려지면서, 지금은 점차 천연약토에 잿물을 섞은 무공해 옹기가 확산되고 있는 추세라니 퍽이나 다행한 일이긴 하

다.(심지어 옛날 천주교 신자들이 박
해를 피해 산골에 들어가 옹기를 구
어 생활을 해왔던 바, 그 후손들 중에
도 광명단 옹기를 만들어 파는 이가
아직도 있다고 한다)

손으로 직접 옹기 장독을 빚는 일도
이젠 구경하기가 쉽지 않다

아무튼 옹기 제작자들은 나름대로
현대인들이 쉽게 사용할 수 있는 옹
기의 개발(냉장고용 사각 김치통, 양
념통, 작은 크기의 예쁜 단지류 등)에
적극 노력하는 한편, 광명단 추방에
도 적극 나서야 할 것이다.

옹기는 깨지기 쉽다. 아마 낮살이나 먹은 어른들
은 누구나 한번쯤 옹기를 깨뜨려 본 기억을 지
니고 있을 터이다. 소중한 음식이 담아져 있
기도 하지만, 또한 깨지기도 쉽기에 옹기는
더더욱 조심스레 다루어져 왔는지도 모른
다.

어쩌다 잘못해서 금이 간 옹기는 어떻게
든 다시 수선을 해서 쓰기도 했지만, 아주
못쓰게 깨어진 것은 스스럼 없이 공터에 버려
지곤 하였다. 그러면 아이들은 그걸 주워서——흔
히 사금파리라 부르곤 하였던——소꿉장난을 하거나 땅

장독에 금이 가면
이렇듯 알뜰하게 꿰메어
애지중지했었는데…

에 금을 긋는 데 쓰거나 하며 갖고 놀다 아무데나 휙 무심코 던져 버리
곤 하였다.

아이든 어른이든 버려진 옹기를 다시 추스리거나 애달캐달해 하지
않았다. 물론 굴뚝으로 쓰거나, 마당이나 염전 바닥에 깔거나, 사금파
리 나름의 용도가 따로 있을 때는 별문제지만.

아무튼 스러진 옹기 조각은 또다시 원래의 고향인 흙으로 되돌아간다. 흙에서 다시 흙으로.

도자기를 만드는 분들은 세상에 가장 쉬울 것만 같은 옹기 제작의 오묘한 세계에 스스로 넋을 잃어버리게 된다고 실토하곤 한다. 빚을 때의 흙의 종류, 반죽하는 정도, 말리는 정도, 불의 종류, 온도의 조절, 날씨의 변화, 거의 무한대에 가까운 변화 가능성. 그래서 도자기 하는 분들이 대부분 이 일을 '도'에 비유하곤 하는 것이리라.

옹기는 만들어질 때에는 '무한에 가까운' 넘나듦으로 만들어지지만, 스러질 때에도 또한 역으로 '무심에 가까운' 자연스러움으로 또다시 흙으로 되돌아간다는 자연 순환의 극치를 이루고 있다는 측면을 우리 모두 깊이 곰삭여봄이 어떠할까.

살아 숨쉬는 그릇 옹기, 이 세상에서 가장 훌륭한 보관용기로서의 옹기를 우린 좀 더 아끼고 소중히 여기는 마음가짐을 길러야겠다.

식품을 만드는 생산자, 주택 설계자, 가정주부, 옹기 제작자 우리 모두 옹기를 가벼운 '장식용 허접스레기'로 하찮게 생각하지 말고, 우리들 할머니들이 늘 그래왔듯이 행주로 문지르며, 손때를 묻혀가며 우리들 일상생활의 한 중심축으로 다시 되돌릴 길을 하염없이 물레질해보기로 하자.

충북 청원군 청화면 소재 과필헌(果必軒) 살림집 마당 한복판에 모셔진 장독대

버림받고 있는 토종문화의 알기. 옹기 장독은 어떻게든 우리들 살림터의 뒤꼍이 아닌 맨 앞 전면으로, 아파트 베란다의 정 중앙으로 소중하게 다시 모셔져야만 하지 않겠는가 싶다.

맷 돌

얼마 전에 내무부에서 전국 각지의 지명중 우리 고유의 이름이 있는 곳은 가급적 원래의 우리 이름으로 바꾸는 작업에 착수했다는 기사를 본 적이 있다. '우리 땅이름 학회' 란 연구 모임이 있다는 얘기도 들은 적이 있고 하던 터에, 이제야 모두들 제정신을 차리는구나 하는 반가운 심정이었다.

하지만 그 성과랄까 결과는 공식발표가 된 적이 없어 저으기 궁금하기도 하다. 필자도 이곳저곳 돌아다니면서 이러 저런 우리말 땅 이름에 가슴뿌듯함을 느낀 적이 한 두번이 아니다.

전통과 현대의 접점,
맷돌방아

- 쇠나드리 — 소가 나들이를 하던 곳
- 웃(아랫)샘 밭 — 최근에 아주 좋은 물이 나온 곳
- 옻밭골 — 옻나무가 많이 있는 골짜기
- 물둑매기 — 개천물을 막아 놓았다가 일시에 둑을 터뜨려 산판에서 베어낸 나무를 아랫녘으로 운반하던 곳
- 무너미 고개 — 고려 때 이 곳을 지나던 한 스님의 꿈에 '천년 후에 물에 잠길 곳' 이라 하여 생겨난 이름. 현재 대청댐이

생겨 실제로 물이 넘어간 곳이 되었음

그런가 하면 한편으로는 각종 상호나 단체 이름, 개인의 이름에도 우리말 이름이 수월찮게 퍼지는 듯하더니, 요즈음은 또 국제화 바람이 불어서인가 미국 이름, 일본 이름에 괴상한 발음의 이탈리아, 프랑스, 러시아 등 세계 각지의 이름들이 더 많이 눈에 띄고 있다.

지난 여름, 방학숙제를 하던 우리집 딸 아이가 하루는 아빠랑 같이 다니면서 해야한다고 졸라대서 따라나섰는데, 숙제 내용이 간판 이름들 중에서 한자, 영어, 우리말로 된 것을 각각 20개씩 적어오라는 것이었다. 끙끙거리며 헤매다가 돌아와서 끝마친 숙제 노트를 나중에 슬며시 읽어보니, "어휴, 우리말 간판 찾기가 이렇게 힘들 줄이야. 참으로 어른들은 해도 해도 너무들 한다. 버젓이 부르기 좋은 우리말은 팽개치고 왜 외국말, 한자 투성이로 이름들을 지을까"라고 적혀 있었다.

맷돌로 갈아야 제맛이 나는 법

각설하고, '맷돌'이란 이름은 그래도 그중 행복한 경우에 속하는 우리말이 아닐까 싶기도 하다. '맷돌'이라고 이름붙인 간판이나 모임들

이런 모습도 이젠 보기 힘들게 되었다

이 가끔씩은 눈에 뜨이기도 하니 말이다. 하지만 맷돌 자체는 맷돌이란 이름보다는 훨씬 덜 쓰이는, 아니 실제로 맷돌을 사용하는 걸 구경하기가 쉽지 않은 세상이 되어버렸다. 그러면서도 희한한 것은 여기저기에서 맷돌이 널브러져 굴러다니는 건 또 비교적 쉽게 볼 수 있다는 점이다. 웬만한 고급 가든류의 식당이면 으레 맷돌 한 두개는 갖다놓게 마련이고, 정원이 그럴싸한 단독주택에도 맷돌은 근사한 장식품으로 놓여 있다. 하지만 맷돌은 원래 장식품이 아니라 일상생활에 쓰이는 생활 도구가 아니든가.

사정은 시골에서도 별로 다를 바 없기는 마찬가지이다. 시골 노인네들도 추석이나 설날같은 명절 때에 혹간 쓸까, 그 편한 믹서기며 분쇄기가 있는데 뭐 한다고 한가롭게 그 무거운 맷돌을 돌려대느냐 말이다. 한데 한편으로 또 재미난 것은, 믹서로 간 두부나 녹두 지짐보다는 맷돌로 간 게 훨씬 맛있다는 건 누구나 다 아는 상식이 되어 있다는 사실이다.

그렇다. 누구나 다 맛있게 느낀다는 건, 그만큼 영양소의 파괴나 몸에 해로운 게 적다는 이야기다. 비록 삐걱거리며 돌로 간 것이라 들쭉날쭉 곱게 갈아지지가 않는다 해도 '맷돌로 갈아야' 제맛이 나는 법이다. 그거 참, 참으로 이상한 일이다. 거의 모든 기계가 지니고 있는 이 율배반이랄까, 오묘한 맹점이랄까.

우리가 생각해보아야 할 화두(話頭)는 이런 것이다. 먼저, 왜 거의 모든 대량 생산 기계들이 우리네 생활을 단숨에 휩쓸다시피 하였을까. ―그 지겨운 단순 노동의 중압감으로부터의 해방.

그럼에도 불구하고 이 기계들을 왜 옛날에 쓰이던 도구들보다 못한 맹점을 지니고 있을까. ― 도구들의 작동 원리에만 주목했지, 맷돌의 경우 돌과 돌의 마찰 사이에 곡식이 들어간다는 핵심원리에 주목하지 않은 점. (참고로 맷돌로는 현무암이 가장 많이 쓰인다. 다공질인 현무암은 규산 무수물 SiO_2를 비롯한 다양한 광물질이 함유되어 있다)

여담이지만 필자가 요즈음 관심을 갖게 된 게 바로 이 '돌'이다. 수석이니 정원석이니 조각이니 하는 문화예술적 의미에서가 아니라, 돌 자체, 그러니까 이래저래 지질학이나 비슷한 전공을 한 분을 만나 기초적인 공부라도 한번 해보고 싶은 정도이다. 근년에 이르러 맥반석이니, 바이오세라믹이니 하여 돌이 자못 각광받는 시대가 아니든가.

심지어는 농사 분야에서도 제오라이트라 하여 인공 합성된 돌을 비료처럼 주면 작물이 자라는 데 아주 좋다는 '돌농법'도 꽤나 널리 퍼져 있는 실정이기도 하고.

건축 재료로서의 돌은 이미 상당한 연구와 개발이 이루어져 있는 걸로 알고 있다. 또 실제로 각종 자재로 널리 쓰이고 있을 터이긴 하나, 필자가 생각하기론 각종 첨단 합성 석재들이 과연 자연석을 따라올 수 있을까 하는 점이다.

엊그제 신문을 보니, 어느 건설사에서 전주에 짓는 870가구분의 아파트에 '한국형' '자연형' '프랑스형'의 세가지 인테리어 형태를 마련, 입주자가 원하는 대로 설치해 주고 있다고 하는데, 한국형, 자연형이라고 하는 게 어떻게 생겼을까 궁금하기도 하다.

그냥 저냥 생긴 돌의 조화

하여튼 원시시대의 돌도끼는 논외로 치더라도, 맷돌처럼 40~50년 전까지만 해도 항상 쓰이던 같은 류의 생활도구들인 방아류(물레방아, 연자방아, 디딜방아)와 돌절구가 모두 돌이었다는 점에 주목할 필요가 있다. 사람이 먹는 곡식과 직접 접촉하는 부분에 돌이 쓰였다는 이 핵심 원리. 이 점이 매우 중요하지 않겠는가.

근년에 방앗간에서 고추를 빻으면서 고춧가루에 쇠가루가 하도 많이 섞여 나와 영월 농협의 공장에서는 그 쇳가루를 걸러내는 지남철을 부착하여 '청결고추'라고 선전하는 모습도 TV에서 본 적이 있다. 그걸 보면서 조금 아쉽게 느껴진 건, 이미 여기저기 방앗간에서 동력이야 어쩔 도리없이 전기를 쓴다고 하더라도, 곡물 접촉 부위에 맷돌을 박아넣은 —— 이름하여 '맷돌방아'라 부르기로 하자 —— 방아가 이미 사용되고 있다는 사실을 그 고춧가루 공장은 모르고 있었지 않았나 하는 점이다.

방앗간만이 아니라 웬만한 '맷돌 순두부' 집이면 으레 사용하고 있는 조금 작은 크기의 맷돌방아도 있다.

한편, 맷돌이든 맷돌방아든 실제로 사용되는 것보다는 장식용으로 많이 놓여져 있는 현상을 어떻게 보아야 할까. 대충 두가지 정도로 정리할 수 있지 않을까 싶다. 하나는 맷돌 자체의 생김새가 보기에 참 좋다는 느낌일 것이다. 밑에 받침대가 있어 갈라진 내용물이 저절로 흘러나오게 생긴 건(보통 풀매라 부른다) 말할 것도 없고, 그냥 저냥 생긴 크고 작은 맷돌은 웃짝·아래짝의 두 개의 동그라한 생김새가 실내이든 마당이든 상관없이 그저 그곳에 놓여 있으면 예쁘게 보이기 때문일 것이다.

장식용 맷돌의 극치는 아마 지리산 청학동 삼성궁에 있는 '맷돌탑'이 아닌가 한다. 그렇게 많은 맷돌들을 어떻게 모았는가 싶게 무수한 맷돌들을 모아 갖가지 형태의 탑을 쌓았는데, 그 깊은 뜻은 보는 사람 각자가 알아서

지리산 청학동
삼성궁의
맷돌탑

헤아릴 일이로되, 그 근사한 모양새는 보는 이로 하여금 아주 그윽하고 경건한 마음이 우러나게 한다.

두번째로는 잃어버린 우리의 향수를 달래주는 정서적 측면에서의 보상심리가 아니겠는가 싶다. 우리네 어머니나 할머니들이 늘 사용하던 손때 묻은 손잡이며, 갖가지 애환과 무수한 얘깃거리들, 그 옆에서 항상 지켜보며 즐거워 했던 추억들. 그야말로 잃어버린 토종문화에의 향수가 바로 그 흔한 상호 간판이나 모임 이름에 적지 않게 남아 있는 이유이기도 할 터이다.

맷돌 노래와 해학

맷돌이 여성용 도구였다는 점도 간과할 수 없는 일이다. 콩이나 팥, 녹두 등의 곡식을 갈아 음식을 만드는 첫 단계의 작업. 이 맷돌 작업은 혼자 하기는 조금 싱겁고 힘이 들기도 해서 두 셋이 어울려 갈아야 재미도 나고 힘도 덜 드는 법이다.

둘러주소 둘러주소
엄금심심 거석매매
우리기원 일심받이
화수봉산 대추같은 밀을
천석갈면 만석되고
이밀갈아 누룩디져
술을하면 수만석이 퇴가나네
　　　　　　　(황해도 봉산 민요)

소중한 곡식을 빻는 작업을 하면서, 거의 모든 민요── 특히 부녀노동요──가 그렇듯이, 쉼없이 계속되는 단순노동의 어려움을 주거니 받거니 흥얼거리며 부르는 노랫가사로 상쇄시키던 지혜. 그 지혜는 저절로 우러나온 지혜이자 오랜 세월 쌓여오면서 굳어진 '온몸뚱이의 감(感)'으로 뭉쳐진 지혜가 아닌가. 이 곡식들은 그 다음 단계에 근사한 음식이 되어 풍성하게 불어나 가족·친지들을 살찌우고 어려운 살림살이를 조금은 풍부하게 하는 그런 모습들을 머리 속에 그리며 서로의 피곤을 풀어주었던 게 아닌가.

맷돌은 다른 도구들과는 또다른 나름의 특징이 있다. 알곡을 가루로 변하게 하는 그 '변화'에 맞춘 표현들이나, 신나게 돌리는 재미라면 재미랄 수 있는 맛을 표현하는 가사도 있다. 따라서 아주 다양한 내용을 그 노동 속에 풀어담을 수 있었다. 예를 들자면 제주도에서만도 수백 구(句)의 '가래(가래: 제주도 방언으로 맷돌)노래'가 수집되어 있다고 한다.

이어도러라 이어도러라
이어도가면 나 눈물 난다
이 허말은 마라서 가라
원의 아들 원자랑 말라
신의 아들 신자랑 말라
선분같은 내 부모 계시면
원도신도 무섭지 않다
원신임도 외나무 다리
길은 무삼 한길이런고

맷돌이 여성의 도구였기 때문만은 아니지만, 맷돌 자체의 생김새가 암수로 구별되어 있다는 것 또한 짚고 넘어갈 애깃거리다.

아랫돌 복판에 쇠로 만든 '중쇠'를 박아 윗돌 밑에 뚫린 구멍에 짝을 맞춰 끼워야 되는데, 어지간히 큰 맷돌일 경우엔 이걸 끼워맞추는 게 '누워 떡먹기' 식의 쉬운 일이 아닌 것이다. 어떻든간에 맷돌에는 '남매혼인 설화'라는 어찌보면 근친상간이랄 수 있는 오래된 설화도 있고, 맷돌을 돌리는 행위를 성행위에 비유한 '맷돌치기' 따위의 상소리 속담들도 꽤나 성했다.

이런 해학을 너무 천박스럽다고 타박만 할 게 아니다. 맷돌 노래들과 마찬가지로 힘든 단순 노동의 지겨움을 거꾸로 즐거운 마음으로 견뎌낸 '풀이'가 더욱 값진 것이다.

몇 년 전 문화부에서 이미 사라졌거나 없어진 5대 전통 생활용품으로 맷돌, 골무, 떡살, 뒤주, 제기 등을 꼽았다고 한다. 잃어버린 용품들 중 그런대로 이름이 남아 있는 맷돌. 이름은 남아 있고, 장식용으로 여기저기 널브러져 있는 맷돌. 우리네 여성들의 갖가지 애환과 정서를 둘레둘레 지니고 있는 맷돌.

이 잃어버린 우리의 맷돌을 박물관이나 마당 한구석에, 그리고 이런저런 이름들에나 남아 있게 내버려둘 것인가. 토종 맷돌을 문화유산, 장식품, 아련한 추억거리에서 해방시켜 맷돌의 본래 모습, 제 노릇을 할 수 있게 만들 수는 없는 것일까. 이미 서양과학으로도 증명된 맷돌의 핵심적 기능을 복권시킬 수는 없는 것일까.

그 길의 단초는 아마도 지금 우리의 실정으로서는 앞에서 언급한 '맷돌방아'에 있고, 이를 좀더 소규모로 제작하여 일반 가정에서도 원래의 맷돌처럼 손쉽게 사용할 수 있도록 만들어 보급하는 일, 거기에 있지 않을까 싶다.

사방에 널브러져 있는
정원 장식온 맷돌

황토 흙집

얼마 전에 신문을 보다가 눈에 번쩍 뜨이는 '황토 온돌방 건강 아파트 첫선'이라는 자그마한 기사를 발견하고 반가움 반 놀라움 반으로 스크랩을 해 두었다. 내용인즉슨, 지방의 모 주택업체가 국내 최초로 황토로 온돌방을 꾸민 황토 아파트를 선보였다는 것이다.

집이라고는 하지만, 거창한 빌딩이나 아파트같은 대형 건축물은 아니다. 그저 우리 조상님들의 옛집 '황토로 만든 흙집'에 대해서 그간 이리 저리 눈여겨 보며 고민해 왔던 것에 대해 알아 보는 수준이다.

전 세계적으로 고층 아파트가 우리나라처럼 많은 데는 없다고 한다. 이 얘기를 앞의 신문기사와 연결시켜 보면, 고층 아파트에 '온돌'이 놓여진 나라는 우리나라밖에 없다는 이야기도 된다. '황토 온돌'과 고층 아파트의 결합으로까지 진전되었다는 것은 필자의 좁은 식견으로 볼 때 하나의 사건이다.

지리산 청학동의
2층 황토흙집

이러한 경향이랄까 풍조는 근년에 이르러 종종 일어나고 있는 '황토 바람'과 무관하지 않을 것이다. 황토 침대, 황토 건강법, 황토 찜질, 황토의 신비…… 시중 서점에 나와 있는 황토 관계 서적만 해도 너댓 종류나 된다.

아무튼 이런 '황토의 물결'에

대해 우선은 반갑기 그지없고, 좀 더 많은 사람들이 관심을 갖고 실천에 옮겼으면 하는 것이 소박한 희망이다.

한편으론 이런 황토 바람을 어떻게 해석해야 하는 것인가 곰곰이 생각해 보게 된다.

① 지난 30~40년간 우리들의 일상 생활 모습은 눈깜짝할 사이에 변해 왔다. 그러나 대다수의 사람들, 특히 농촌(시골)에서 성장했던 경험을 지닌 대다수의 중장년층은 잃어버린 고향과 모태에 대한 향수 및 회귀의식을 심리적 저변에 간직하고 있을 것이다. 고향에 대한 회귀의식, 이것이 황토 바람을 일으키고 있는 것은 아닌지.

② 이와 함께, 대부분이 그런 건 아니겠지만, 황토에 심취하는 많은 분들이 정도의 차

짚과 반죽한
황토를 쌓아 올렸다

이는 있을지언정, 문명 전체에 대한 거부의식이랄까 반성의 기운을 속내에 간직하고 있는 것도 뚜렷이 감지되고 있다. 이는 위에 언급한 관련서적 어디를 살펴보아도 손쉽게 확인할 수 있는 사항이다.

③ ①②항과 곁들여서 문명이든, 우리들 일상생활이든간에, 여하튼 '지금 우리 삶'이 무언가 가장 중요한 걸 놓치고 있다는 안타까움, 거꾸로는 이런 문명독이랄까 생활독이랄까 이를 해소시키고, 제거시키고, 치유시키는 첩경이 바로 우리들의 잃어버린 고향, 잃어버린 삶, 그중에서도 우리들 몸뗑이를 누이었던 터전이

울릉도 나리분지의 투막집

었던 저 보잘것없이 보였던 '황토 흙집'과 황토 그 자체'라는 엄연한 과학 아닌 과학에 눈 뜨게 되었을 때의 충격 — 그런 것이 바로 '황토 온돌방 건강 아파트'로 상징되는 '황토의 물결'이 아니겠는가 싶다.

황토의 실체

통나무를 켜켜이 쌓고
그 사이를 흙으로 때운
투막집 형태

그렇다면 우리나라 어느 곳에서나 흔하게 볼 수 있는 황토가 무엇이 그렇게 대단하단 말인가.

일반적으로 황토는 지구상의 북위 25~55도와 남위 30~40도 사이에 분포하는, 지표면의 40% 가까이나 되는 흔하디 흔한 흙이다.

이 '흔하디 흔한'이란 말에 주목해 보자. 필자의 졸저『한국의 토종 101가지』,『한국의 토종기행』에서도 누누이 언급했지만 우리는 보통 '아주 귀하고 특이한 것'에는 사족을 못쓰는 경향이 있지 않은가. 참으로 안타깝고 그릇된 태도라 아니할 수 없다. 가장 흔한 것이 가장 귀한 것이다. 공기, 물, 풀, 산천초목이 다 마찬가지이다.

황토의 광물 조성은 다음과 같다. 60~70%의 석영을 함유하며, 그 함량은 최저 40%에서 최고 80%까지 변화한다. 장석과 운모는 10~20%, 탄산염 광물은 5~35%를 함유하고 있다. 약 2~5%의 실트는 각감석, 인회석, 흑운모, 녹니석, 남정석, 녹렴석, 석류석, 휘석, 금홍석, 규선석, 십자석, 전기석, 지르콘 등과 같은 중광물들로 구성되어 있다. 세립질(0.002mm 이하)의 입자 크기에서는 몬모릴로나이트, 일라이트, 캐올리나이트 등과 같은 점토 광물들이 우세하게 포함된다.

점토 광물은 황토가 쌓이는 동안이나 쌓인 후에 다양한 콜로이드 작용 또는 물리화학적 작용에 의해 생성된다.

우리나라 황토는 약성있는 호황토(好黃土)이다. 화강암, 편마암, 규토(실리톤) 등이 주류를 이루는 토질구조라, 그것들이 오랜 세월 풍화되면 마사 황토로 진행되는데, 우리나라 황토에는 비철금속으로서의 희귀토류(희토류)가 다양하고 풍부하다.

그 중 마그네슘, 칼륨, 알루미늄, 셀렌, 게르마늄, 바나듐 등이 고생대부터 화산폭발시 용암 속에 서로 관입(혼입)되어 다층다공질인 원맥반석, 장석, 납석, 고령토, 규사토, 반토 등이 형성되었다.

황토의 전통적 사용 사례는 일일이 열거할 수 없을 정도로 그 근거와 경험방이 무수히 많다. 고려시대(고종 28년) 이규보의『동국이상국집(東國李相國集)』제 21권에 나오는 이야기다.

이상국은 자기 아들이 집 후원에다 마치 분묘같은 모양으로 토실(土室)을 지은 것을 보고 이상하게 여겼다. 그래서 왜 집안에다 분묘를 지었느냐고 물었다. 그러자 아들이 대답했다.

"이것은 분묘가 아니라 흙집입니다. 이 집은 겨울철에는 화초와 호박을 얼지 않도록 보관하는 데 좋습니다. 또 땅 속 깊이 파서 만든 집이기 때문에 이 안에서 아녀자들이 길쌈하기도 좋습니다. 아무리 매서운 추위가 몰아치는 날이라도 이 안에 들어가 있으면 흙의 온기가 마치 봄날같아 손이 얼어터지지 않으니 여러모로 좋습니다."

복룡간, 지장수, 찜질방

복룡간(伏龍肝)이란 적어도 30~40년 이상된 부뚜막(나무아궁이) 바닥 40cm 깊이 부근의 황토를 말한다.『동의보감』에는 복룡간의 효험을 다음과 같이 기록하고 있다.

맛에는 매운기가 있고, 부인의 산후 출혈, 토혈을 다스리고, 해소를 멎게 한다. 지혈작용이 있으며, 각종 종기와 독기를 없앤다.

전북 남원 주천면
억새집

이 밖에도 풍사, 중풍, 열독, 몸이 차고 소화가 되지 않을 때, 엷은 종기 고름, 어린이 단독, 높은 곳에서 떨어져 생긴 어혈, 가위눌린데, 임신부가 돌림병이나 열병을 앓을 때 등등 헤아릴 수 없이 많다.

여러말 할 것 없이 나무 아궁이에서 불을 지피며, 그 나무 기운과 열기와 황토에서 나온 기운이 우리들 할머니, 어머니들이 애를 아홉 열씩 낳고도 장수하셨던 그 비결의 요체라 한다면 지나친 비약일까.

지장수는 동쪽이나 서쪽에서 태양을 직각으로 오래 받은 청정황토를 60cm 깊이에서 떠내, 황토 1, 석간수·광천수 3~5의 비율로 빗물을 붓고(이때 물은 숯을 통과시키는 게 좋다), 복숭아나무, 괴목, 참나무 가지로 21회 휘휘 젓는다.

약 50~60분 정도 그냥 놔두면 약간 누르스름한 물이 위에 뜨고, 황토 자체는 바닥에 가라앉는다.

『황토의 신비』란 책을 쓴 유도옥 옹도 잉어를 키우다가 지장수에서 자란 잉어가 인공양식 수조에서 키운 잉어보다 훨씬 튼튼하게 크는 데에서 그 발상의 계기를 삼았듯이, 지장수는 각종 중독과 위급시의 중화제로 요긴하게 쓰여 왔음이 각종 문헌에 자세히 언급되어 있다.

우리나라 황토 찜질방의 역사적 사례는 조선조 세종임금이 국비 보조로 한증막을 짓게 한 것이다. 당시 세

이렇게 흙벽돌을 쌓는다

종은 침, 뜸, 약만으로는 모든 병의 치유가 어렵다고 여겨 한증막과 온천탕을 널리 장려하였다. 한증탕의 구조는 도자기 굽는 가마같은 진흙집의 뒷편에 연기가 나가는 구멍이 있고, 입구에서 사람이 들어갈 때는 엎드려 기어 들어가게 하였다고 한다.

그 흙방에 돌을 놓고 그 위에 솔잎을 얹어 돌이 달구어지면 물을 뿌려 그 증기가 솔잎 향과 함께 치유효과를 내게 하였다. 입구와 연기 구멍엔 젖은 가마니를 막아놓고.

최근 널리 알려진 사례로는 경주의 최차란 할머니를 꼽을 수 있다. 폐결핵과 자궁암으로 고생을 했던 일흔을 넘긴 할머니가 손수 고안하여 지은 황토 찜질방에서 꾸준히 몸을 다스린 결과 지금은 거뜬한 모습으로 많은 사람들을 놀라게 하고 있다.

기둥 사이에 나무들을
짠 뒤 그 속에
흙을 이겨넣는 모습

흙집 짓기

어쨌든 황토에 대한 관심이 높아지면서 재래식 흙집이나 이와 비슷한 집을 짓고자 하는 추세가 점증하고 있다. 이를 두 세 가지 부류로 나누면 다음과 같다.

먼저 음식점 등 서비스 업종에서 고객의 취향에 맞추려는 상업용인 경우. 이 경우도 주인이 토종문화나 황토에 어느 정도 애정을 지니고 있는 분들이 많다. 그 다음 건강과 치료에 각별한 관심이 있는 사람들이 농장이나 별장에 재래식 흙집을 약간 손질하거나 아예 새로 짓는 경우, 또는 특별히 찜질방을 정성들여 짓는 사람들도 많다. 마지막으로 본인이 거주할 목적으로, 심지어는 나무 기둥조차 쓰지 않고 흙벽으로만 짓는 '황토 토담집'이라

전북 장수군 번암면의
억새집

부르는게 마땅한 작은 규모의 흙집이다.

이런 갖가지 유형들 중에서, 뭐라 탓할 수는 없으나 눈살을 찌푸릴 수밖에 없는 진풍경은 시멘트 벽돌로 벽을 쌓고, 그 위에 황토를 개어 바르는 '눈가리고 아웅하는' 격의 엉터리 흙집들이 앞서 언급한 우리네 심리의 저변을 노리며 각종 까페 식당 등의 서비스 업종에 널리 퍼져 있다는 사실이다.

아무튼 요즘 들어 이 분야의 건축학도나 전문인들의 연구·실습이 어우러져, 만시지탄이긴 하나 2~3년 내에 우리의 전통흙집에 관한 연구보고서나 저작물이 하나쯤 나와야 될 시기가 되지 않았나 싶다.

지금까지 필자가 문외한이면서도 그저 발로 뛰어다니며 확인한 한도 내에서 손톱만큼이라도 도움이 될 만한 사항을 정리해 보면 다음과 같다.

먼저 나무 기둥을 전혀 쓰지 않은 경우. 이는 아무래도 소규모의 집을 지을 때 어울리는 아담함과 질박함을 지니고 있다. 특히 이 경우엔 흙벽 하단부가 눈·비에 파손될 확률이 높으므로, 돌과 함께 반죽을 하든가 겉 표면에 석회를 바르든가 해야 좋다(반죽할 때 짚을 함께 섞는 것은 필수사항이다).

나무기둥을 세우는 경우는 기둥 사이에 잔나무 가지로 틀을 얽어 놓고, 그 속에 반죽된 흙을 집어넣는 방법과 흙벽돌을 찍어 벽돌을 쌓아 올리는 방법, 귀틀집처럼 통나무를 가로로 쌓으면서, 이 사이에 반죽된 흙을 이겨 올리는 방법 등으로 나누어 볼 수 있다. 반죽할 때는 필히 짚이 섞여야 된다는 점과, 흙벽 하단부에 석회를 바르는 것이 안전하다.

집짓는 방법 및 기술에 못지 않게 어찌보면 가장 큰 애로사항은 비용의 문제일 터이나, 이는 간단히 말해서 동원 가능 인력과 반비례한다고 보면 틀림없을 것이다.

일손이 전혀 없고, 빠르게 지어야 할 경우는 벽돌 공장에 부탁하여 '로'에 넣기 전의 벽돌을 특별히 주문하는 방법이 있다. 이 방법은 이미 실천 사례가 나와 있는 방법이기도 하다.

이와 함께 흔히들 고민하는 사항은 난방(구들)과 지붕의 문제이다. 여러가지 사례와 토의 끝에 나온 결론부터 말하자면, 적어도 방 1개 정도는 토종 구들을 놓아, 나무를 땔감으로 하는 방이 있는 것이 바람직하다. 지붕은 매년 갈아야 되는 볏짚보다는 남쪽 지방에서만 나는 게 흠이긴 하지만 억새로 엮으면 20~30년은 족히 견딘다.

하여튼 도도히 밀려오는 서양 통나무집의 물결에 맞서는 토종 흙집의 바람이 이 땅 곳곳에 흘러 넘치기를 바라는 마음 간절하다.

뒷 간

머 리

요즈음 자라나는 아이들한테 "자기가 눈 똥을 유심히 관찰해 본 적이 있는가"라는 질문을 던져본다면, 십중팔구는 부정적인 답이 나올 것입니다.

기실 낯살이나 먹은 사람들이야 똥 하면 거기에 연관되어진 무수한 얘깃거리를 지니고 있게 마련일 터이나, 자기 학교 변소도 수세식이 아니면 가길 꺼려 하는 요즘 꼬맹이들은 자신이 배설한 배설물조차 눈여겨 본 경우가 매우 드문 그런 세상이 돼 버린 게 어디 그들 꼬맹이들의 잘못이겠습니까.

아무튼 아이들로서는(어른도 마찬가지지만) '똥'이란 그저 더럽고, 냄새나고, 피해야만 하는 세상에서 가장 불결한 것의 대명사이겠지요.

똥구멍으로 호박씨 깐다, 똥 누고 밑 안 씻은 것같다, 똥 마려운 년 국거리 썰듯, 똥 묻은 개가 겨 묻은 개 나무란다, 똥 먹은 곰 상판대기, 똥 묻은 속곳을 팔아서라도, 똥 싸고 성낸다, 똥값이다, 똥고집이다, 똥개같은 놈(똥물에 튀겨 줄일 놈), 똥깨나 뀌는 놈, 똥도 싸기 전에 냄새부터 피운다, 똥줄 빠지게 달아난다, 똥차가 지나가야 뒷차가 나아가지, 똥창이 맞는다……

뒷간 갔다 오면서 서두르는 사람없다, 뒷간에 앉아서 강아지 부르듯(=귀찮게 한다), 뒷간과 처갓집은 멀수록 좋다, 뒷간 갈 적 맘 다르고 올 적 맘 다르다 똥·뒷간과 관련된 속담들을 대충 훑어 보더라도 그 자체를 미화시키거나, 심지어 귀하게 여긴 흔적을 찾아보긴 여간 힘든게 아닙니다.

하지만 반드시 언급해야 할 사항이 있어요. 우리들 할아버지대에만 하더라도 아주 어렵게 낳은 귀한 자손일 경우 이름을 '개똥이'나 '분례'라 짓곤 하였다는 사실.

이는 '가장 흔하고 천하게 포장을 해야(옷을 입혀야) 가장 오래 탈없이 장수할 수 있다'는 역설이 그 심리의 저변을 관통하고 있다 하겠습니다.

또 꽤나 무던하고 자주 보는 가까운 친구들일 경우, "밥 잘 먹고 똥 잘 싸느냐!"라고 인사 대신 너스레를 떠는 것도 예전엔 흔히 있었던 일이지요.

하여튼간에 서양사람들은 사람의 신체나 생리작용에 관해 언급하는 건 큰 실례에 속하는 어법이라고 하나, 우리나라 사람들은 거꾸로 아주 찐한 친밀감을 표현할 때면 으레 똥·뒷간같은 말을 서슴없이 써왔던 게 아니겠습니까.

간추려 보자면 이런 얘기가 됩니다. 우리 조상님들은 똥·뒷간을 냄새나고, 더럽고, 피해야 할 대상으로 여기긴 했어도, 그와 함께, 그러면서도 그 한편 구석엔 "가장 흔하고 천한게 가장 귀한 것이다"라는 역설적 진실을 그 의미망에 감싸 안고 있었습니다.

'카타르시스'란 서양말의 뿌리가 '설사 때의 후련함'이라지만, 우리 선조들도 쾌식(決食), 쾌면(決眠), 쾌변(決便)을 건강의 3대 바로미터로 여겨 왔음은 누구나 다 수긍하는 상식 아니겠는가요.

'절간 변소'의 원래 이름이 해우소(解

지금은 찾아보기조차
어렵게 된
농가 전래의 잿간변소

優所: 근심을 해결하는 곳)임도 이와 일맥상통하는
얘기이구요.

다시말해 똥·뒷간은 냄새나고 더럽긴 해도 "살
아 움직이는 것은 모두 씨를 말려 버려라!"는 식의
살의를 밑바닥에 깐, 사람으로선 절대 가까이 해선
안되는, 하늘이 노하실 그런 엄청난 핵폭탄같은 것
은 결코 아니었다는 점. 거꾸로 개똥이든, 똥깨나
뀌는 놈이됐든, 분례가 됐든, 밥 잘먹고 똥 잘 싸는
놈이면 응당 같은 사람이게 마련이고, 똥은 그렇게
멀리 떨어진 곳에 있는 게 아니라, 뒷간에 언제든
있고, 매일매일 뒷간엔 가야 하는 것이고, '개똥도
약에 쓰듯이' 뒷간의 똥도 언젠가는 귀하게 쓰이는 경우도 있다는, 어
찌보면 '지극히 현실적이고 일상적이고, 평등한 사람살이의 아우러
짐'이 생활 속에 녹아져 내려왔다는 얘기지요.

풀 이

바야흐로 쓰레기 땜에 온 인류가 골머리를 앓는 그런 세상에 우린
살고 있습니다. 20~30년 전만 하더라도 우린 어떤 물건을 소유하는
데 온 신경을 썼지, 지금처럼 소용가치가 (거의) 다 된 쓰레기를 버리
는 데도 신경을 써야 하고 비용을 지불해야 하는 그런 세상이 오리라
고는 꿈에도 생각 못했던 것이지요.

하지만 지금은 산업 쓰레기→농수축산물 쓰레기→생활(음식) 쓰레
기→사람 쓰레기(인분)의 처리가 우리 모두의 매우 골치아픈 두통거
리로 떠오르고 있지 않습니까.

그 중에서도 이번 주제는 '똥·뒷간'입니다. 20~30년 전까지만 해
도 시골집의 뒷간은 돌덩이 두개 놓은 '잿간 변소'가 거의 다였지요.

지금도 대도시 달동네 등 일부엔 '똥 퍼가는' 똥통(시멘트 또는 플

라스틱으로 만든)이 있지만, 근대화 산업화 과정에서 자연스레 일본식 수세식 변기로, 서양식 좌변기로 변해 왔음은 주지의 사실이지요.

필자의 좁은 소견으로는, 결론부터 말하자면 토종 '잿간 변소'나 조금 규모가 큰 '절간 변소'를 잃어버리기 시작하면서 "재앙의 싹은 잉태되었다"고 여겨지는군요.

몇십 억, 몇백 억을 들여 천지 사방에 '하수종말처리장'이니 뭐니하여 최첨단 기계시설을 한들 이 문제가 깨끗하게 해결될 수 있을까요?

아니, 그보다 먼저 짚고 넘어가야 할 것은 앞서 언급한 산업 쓰레기, 농수축산 쓰레기가 지금까지 모두의 도마에 오른 중범죄자들이라면, 그렇다면 음식 쓰레기 함부로 하수구에 버리는 것을 조심하자고 설쳐대는 캠페인조차 "이제 와서?" "그러면 수세식 인분은 어떻게 하고?"라는 의문이 생긴다는 겁니다.

기실 참으로 어려운 복합적 골칫거리죠. 어느 것이 먼저이고, 어느 것이 가장 중죄인이고 가릴 것 없이, 애초에 단추가 잘못 끼워진 것 아닐까라는 감을 지울 수가 없군요. 그렇다고 이제 와서 대도시의 '수세식 하수처리 시스템'을 전면 뜯어고칠 수도 없는 노릇이고요.

각설하고. '똥·뒷간의 토종문화'를 좀 더 곰삭여본 뒤에 끝맺음 부분에서 그 대안적 실타래를 풀어보기로 하지요.

앞서 언급했듯이 똥·뒷간은 '떨어져 있되 한 집에 함께 있는' 살림살이의 한 부분이었죠. 물론 농경사회 때의 이야기이긴 하지만, 심지어 골수 짠돌이 농사꾼의 경우엔 자기 똥은 절대 남의 집에 가서 누지 않았습니다. 거름이 특히 많이 필요한 경우엔 사정이 괜찮은 특정한 집을 골라 일년에 한 두 차례 퍼오되, 반드시 그 사례는 쌀이나 돈으로 솔찮게 깍듯이 했다고 합니다.

집집마다 또는 마을 공동의 '똥구덩이'가 있어 거름으로 삭혀 논밭에 뿌리곤 하였구요.

삭혀진 인분은 높이가 같은
밭에 그대로
뿌려지는 구조이다
(문경 김룡사)

지금도 유기농법하는 농꾼들은 으레 닭이나 돼지·소 등의 축분을 축산농가에서 사다가 쓰곤 하지요. 하지만 인분에 특별한 의미를 부여하거나 애착을 갖는 분들은 전국에 줄잡아 10여 명이 될까 말까 할 겁니다.

아무튼 인분을, 그 처리 과정이야 3중 정화조가 됐든, 원시적 잿간 변소든 '원래의 있던 자리'로, 즉 대자연(농사용 거름을 포함해서)이 미쁘게 받아들이는 거름으로 되돌리지 않고서는 이 세상엔 그 어떤 실마리도 풀리지 않을 것이란 게 필자의 음직일 수 없는 확신입니다.

어찌보면 지금 우리는 '똥·뒷간'만 잃어버린 게 아니라, 그에 얽힌 수많은 농담·덕담들도 죄다 잃어버린 것이 아닌지 싶더군요. 10여년 전까지만 해도 친구들끼리의 술좌석에선 으레 똥뒷간에 얽힌 얘기들이 심심찮게 술안주꺼리가 되곤 하지 않았던가 말입니다. 동해안 어느 절의 변소는 똥을 싸고 나서 한 5분 기다려야 뚜웅 떡— 하고 떨어진다는 둥, 옛날 임꺽정같은 전설 속의 장수는 똥 지름이 팔뚝만 하고, 길이가 사람 한길 가까이 되었다는 둥.

게다가 지금은 씨가 말라 버렸다는데, 제주의 '똥돼지(돈통시)'가 머리에 인분 세례를 받고는 절레절레 머리를 털면, 그 인분 방울이 다시 사람 궁뎅이로 쳐올라 오는 그 아찔함 하며.

말이 나왔으니 망정이지 참으로 안타까운 것은 지방자치제도 실시되고 있는 작금에, 제주에선 이 '똥돼지' 살려내지 않고 무엇들 하고 있는 것인지 안타깝기 그지없더군요. 필자 나름대로 대충 정리해본 '똥돼지 살리기 작업' 요령은 다음과 같습니다.

①공포심: 돼지우리는 뒷간 옆에 따로 넓직한 공간을 확보하되, 사람이 없을 때만 통시 문을 열어 놓는다.

②불결감: 뒷간은 제주 초가의 멋을 최대한 살리되, 관광객(특히 외국인·어린이)을 위해 최대한 이쁘고 아늑하게 꾸밈에 신경을 쓴다.

③백문이불여일식: 통시와 가장 가까운 거리에 '똥돼지' 의 진미를 시식할 수 있는 간이음식점을 차린다.

부언하지만 똥돼지는 국내뿐 아니라 전세계에 내놓을 부끄러울 것 없는 제주인의 지혜의 산물이지요. 이는 조랑말에 못지 않은 우리의 '경쟁력' 이기도 하구요.

관심있는 분들과 관계자들에게 온몸의 정성으로 읍소드리는 바입니다. 우리 함께 똥돼지를 살려냅시다.

이 자리를 빌어 한가지 덧붙이자면, 지금은 이 땅 어디에서도 쓰지 않는 골동 폐기물이 되어버린 요강의 부활을 제안하고자 합니다. 단, 다음의 두가지 경우에 있어서 필히 소용된다는 얘기지요.

①치질·냉·대하 등의 특별한 환자의 경우 쑥 연기를 쏘이는 훈(薰) 요법이 특효임은 대부분의 한의사들의 상식입니다.

②연세가 많은 노인들이나 대소변 가리기에 숙달 안된 꼬맹이용.

알 기

이 짧은 글의 핵심은 뭐니뭐니해도 '잿간 변소' 와 '절간 변소' 가 조금이라도 널리 확산되었으면 하는 바램이지요.

'잿간 변소' 야 어려울 게 하나도 없어요. 다만 재의 확보가 가능해야 한 점, 가능하다면 석회를 가끔씩 뿌려줄 것, 마지막으로 한겨울 추위에 대비한 난방에 신경 쓸 것. 그런 정도 유념하시면 누구나 냄새 안 나는 토종 뒷간을 지닐 수 있을 것이구요.

'절간 변소' 는 조금 설명이 필요합니다. 조금 식구가 많거나 사람의

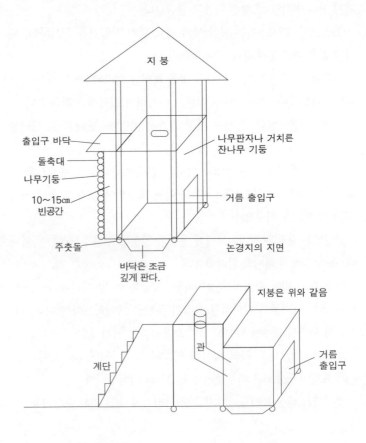

왕래가 잦은 곳에선 필수일텐데, 필자가 답사 완료한 모델 케이스는
승주 선암사, 울진 불영사, 문경 김룡사 등입니다.

　그림에서 보듯 경사지가 있어야지요. 경사지가 없는 경우는 아래 그
림에서 보듯 흙을 돋우어 변을 보는 곳을 높여야 하구요.(공기의 원활
한 소통이 그 핵심이므로. 최소한 높이는 사람 키 이상)

　위치는 상단부(높은 부분)의 모서리나 한 귀퉁이를 파되, 그 벽은
돌축대를 쌓고, 약 10cm 정도의 공간을 떼어서 나무 기둥과 나무판자

로 막지요. 바닥은 주춧돌보다 조금 (약15~20㎝ 정도) 깊게 파서 습기에 기둥이 상하지 않도록. 변을 보는 본 칸은 항상 톱밥이나 왕겨, 낙엽, 재, 석회 등속을 놓아두고는, 볼일이 끝나면 필히 '한줌 아래로 던져 넣을 것'이란 알림판을 만들어야만 합니다.

울진 불영사의
해우소

맺 음

여하튼 우리는 뒷간을 잃어버린지 이미 오래입니다. 뒷간만 잃어버린게 아니라 실은 우리들 '목숨의 순환고리'를 잃어버린 것이나 아닌는지요. 이 순환고리를 다시 회복시키지 않고는 그 어떤 철학도, 정치도, 경제도, 문화도 '앙꼬없는 진빵'이 될 터입니다.

공학자들은 3중 정화조의 '최후산물'이 농작물이나 풀, 나무들에 이롭게 쓰일 수 있음을 입증시켜야만 할 터이구요.

경제계에선 하수종말처리장에 이르기 전 지역별 소규모 '다단계 종합정화조'의 설치로 축산폐수와 마찬가지로 물을 덜 더럽히는 장치의 경제성 연구를 해주었으면 싶고요(발효시켜 퇴비화하는 걸 포함해서). 정치가들은 시골 농사꾼들 집에 상수원 오염시킨다고 재래식 뒷간보다 3중정화조 문으라고 강권하는 넌센스를 범하지 않도록 제도적으로 입법화해야 할 것이구요.

농사꾼들은 어느 세월에 인분이 곰삭아 재래식 거름으로 활용될 것인가 애태우지들 마시고, 무수한 곳에서 '미생물 발효제'가 생산되고 있으니 이를 잘 활용하면 땅도 살리고 물도 살리고 농작물 살리고, 따라서 우리들 모두의 목숨을 살리시는 일이니, 제발 인분을 옛 어르신들이 그래왔듯이 '가까운 우리들 곁에' 늘상 있게 해주십사 부탁을 드립니다.

또 하나. 행정당국(특히 국립공원관리공단)에 각별히 부탁드리고
싶은 것은 산이나 바닷가에 흔히 설치한 '공원 변소' 야말로 사용하기
는 너무나 냄새나서 좋지 않고, 치우는 데도 일일이 퍼내서 운반하여
다시 처리해야 하므로 막대한 비용이 드는 것이니, 자연의 순환원리에
충실한 '잿간 변소' 나 '절간 변소' 로 바꾸든가, 아니면 3중 정화조를
설치한 후에 대자연으로 다시 되돌리든가, 하여튼 전면적으로 바꾸어
야 마땅하지 않겠는가 싶습니다.

우리는 '뒷간' 을 잃어버렸습니다. 다시말해 우리들의 '목숨줄' 을 잃
어버린 것입니다. 왜냐하면 똥(地)과 사람(人)은 하늘(天)과 하나이니
까요. 이 전일성(全一性)을 놓치는 바람에 우리는 엄청난 고통의 늪
속으로 빠져들어 허우적거리게 되었습니다.

우리는 잃어버린 뒷간을 다시 찾아야겠습니다. 뒷간이 우리가 살고
있는 집을 이루는 한 부분이듯이, 똥도 밥과 함께 사람을 이루는 하나
이고, 개·돼지 등 동물의 먹이이기도 하고, 온갖 풀·나무들의 거름
이기도 하니까요.

그러니까 이 똥탕같이 돼버린 세상을 해결하는 그 첫 단추는 바로
잃어버린 뒷간을 어떻게든 다시 되찾는 데 있겠지요.

똥이 하늘입니다.

굴

사람이 지구상에 존재하기 시작하면서 살았던 최초의 주거 형태가 동굴이었음은 모두가 익히 알고 있는 사실이다. 그래서 그 시원적 삶을 혈거부족(穴居部族)이라 부르기도 한다.

그러니까 집의 가장 원시적 형태는 동굴을 그럴듯하게 얼기설기 꾸며 놓은 '굴움막'이었고, 그것에서 조금 발전된 것이 자연 동굴이 아닌, 사람이 땅을 파고 들어간 움집이었을 것이다.

고고학자가 아닌 필자로서는 그 세세한 자료를 제시할 수는 없으나, 지금까지도 그런 생활을 하고 있다는 중국 중북부 고원지대인 섬서성, 하남성 북부, 그리고 산서성, 감숙성 동부 일대 사람들의 굴 생활 모습이 TV 등에 여러 번 소개된 바 있다. 우리의 먼 조상의 후예라고 알려진 인디언들도 일부 지역에서는 한때 굴을 그들의 살림터로 삼았음을 보여주고 있다고 한다.

광천 새우젓 토굴

그런가 하면 요즈음도 이른바 '산(山)공부'를 하는 분들은 외딴 산골의 빈집도 마다하고 자연 토굴에 터를 잡아 몇 년이고 운기조신, 생식(단식을 밥먹듯이 하는 것이겠지만)과 대자연에 완전히 의탁한 수련기간을 거쳐 더욱 튼튼한 신체와 정신적 깨달음에 도달했다는 사례들이 심심찮게 전해온다.

얼음 창고, 식품 보관용 굴

우리들 범인들의 일상생활과는 거리가 먼 얘기들은 그만두더라도, 주거 공간으로서의 굴은 그만두더라도 지금도 우리에게 귀중한 증거물로 남아 있는 경주 석빙고의 예만 보아도 우리에게 시사해 주는 바가 적지 않다.

속 넓이를 보면 길이가 19m, 너비 6m, 높이 5.4m 정도의 규모인 이 얼음 창고용 굴은, 입구에서부터 점점 깊어져 속으로 들어가면 널찍한 공간이 생겨나는 구조이다. 입구는 반월성 안쪽으로 나 있고, 계단으로 되어 있으며, 천정은 아치형으로 다섯 개의 기둥에 장대석이 걸쳐 있다. 장대석을 설치한 곳에 구멍이 셋 뚫려 있고, 바닥 한 가운데에 배수로가 경사지게 패어 있어 물이 밖으로 흘러 나가게 되어 있다. 지극히 과학적인 구조임을 쉽게 알아볼 수 있다(보물 제66호).

필자가 굴에 관심을 갖기 시작한 것은 3~4년 전 경기도 가평의 한 민가에서 식품 저장용 굴을 부엌 한쪽 귀퉁이에 파놓고 훌륭하게 사용하고 있는 현장을 목격하고나서부터이다. 그 뒤로 여기저기 수소문하며 현장답사를 거친 결과, 처음 생각보다 훨씬 많은 곳에서 굴을 실제로 이용하고 있었고, 이를 재창조했다고 해야 할까, 응용했다고 해야 할까, 아무튼 그 전통의 맥을 충분히 활용하는 지혜들을 확인하며 가슴 뿌듯함을 느꼈다.

우선 전통적인 '굴 문화'를 이어가고 있는 곳은 뭐니뭐니 해도 사찰들이었다. 예천 보문사의 뒤켠에 있는 굴은 절을 보수할 때 아주 튼실하게

문경 김룡사의
앙징스런
간이 토굴

가평 민가의 굴. 상단부를 장독대로 맞춤하게 활용하고 있다

큼직한 돌덩이들로 입구와 전면을 쌓아 놓아 오랜 기간 사용이 가능하도록 하였다. 왼편 중간 지점에는 환풍장치까지 달아놓았다.

문경 김룡사의 굴은 꽤나 오래된 것으로 추정되는 바, 특이한 점은 지형적으로 굴의 상단부를 곧바로 장독대로 사용하는 것이다. 지붕에는 기와를 얹어 모양새를 내었는데, 특히 측면부 돌과 흙으로 쌓은 벽엔 담쟁이 덩쿨들이 얽혀 있어 보는 이로 하여금 정취를 느끼게 한다. 규모도 그리 크지 않아 여느 단독주택에서 이를 그대로 적용해도 별 무리가 없을 듯하다.

합천 해인사 홍제암의 굴은 거의 완벽한 형태를 갖춘 케이스로 보아도 괜찮겠다. 전면과 한쪽 측면은 돌 축대를 정성스레 쌓았고, 무덤 형태에 가까운 도톰한 돔형 상단부 위로는 경사진 나무숲이 곧바로 이어져 있다. 장독대는 굴 입구 한켠에 자리하고 있어 굴에 보관하는 내용물과 함께 절 살림의 밑천이 되고 있음을 한 눈에 알 수 있다.

안동 유모사의 굴은 아주 가파른 경사지에 뚫어 입구만 드러나 보이는 형태이다. 굴 내부에는 11월 초임에도 불구하고 수박덩이들이 보관되어 있었다.

이렇듯 몇몇 사찰들에서는 지금도 여전히 굴을 일상적인 보관창고, 특히 식품 저장 장소로 사용하고 있음을 확인할 수 있었다. 스님들의 얘기를 종합해 보면 거의 비슷

합천 해인사 홍제암의 굴

예천 보문사의 튼실한 굴. 환풍장치도 보인다

한 결론들이었다. 여름에 시원하고, 겨울에 따뜻하고, 1년 사시장철 거의 비슷한 온도가 유지된다는 것이다(섭씨 15~17도).

그러니까 지금처럼 이른바 냉동식품이 쏟아져 나오기 전까지는 이 굴만 가지고도 웬만한 식품의 저장·보관에 별 이상이 없었다는 얘기가 된다. 각종 곡식은 물론이고 육류나 채소, 감자나 고구마, 옥수수 등속이며, 장기간 저장하며 발효·숙성시켜야 되는 젓갈, 술, 김치 등의 발효식품의 경우는 말할 것도 없고.

일반 민가에서 굴을 이용하는 경우는 어느 시골에서도 보기가 힘들어졌으나, 앞서 언급한 민가에서는 부엌 한 귀퉁이를 조금 깊이 파서(약 2평 정도), 벽에는 돌을 쌓고 천정은 나무를 가로질러 얽은 위에 돌흙을 반죽하여 갈무리를 하였는 바, 그 활용가치에 대해서는 사용하고 있는 당사자들도 혀를 내두를 정도였다. 한여름 무더위에 지칠 때 이 굴 속에 들어가 한참 있으면 그렇게 시원할 수가 없다고 한다.

'광산 갱도'에서 탄생한 광천 새우젓

앞서 언급한 발효식품의 진가를 여지없이 발휘하고 있는 것은 아마 광천 새우젓일 것이다. 우리나라 젓갈의 주산지는 서·남 해안 일대이다. 물량으로 따지자면 목포가 광천보나는 몇 배가 더 모여드는 집산지이다. 하지만 사람들은 목포 새우젓보다 광천 새우젓을 더 많이 찾고 있고, 더 좋은 물건으로 상인들 사이에서 거래되고 있다.

광천 새우젓이 이 땅의 젓갈업계 판도에서 요지부동의 '토굴 젓갈'로 인정받게 된 사연은 지극히 자연스러운 사람살이의 결과였다.

행정구역으로는 충남 홍성군 광천읍 옹암리 독배마을. 산세가 울울창창한 것도 아닌 지극히 평범한 해안 마을이다. 간척지 공사가 이루어지기 전 이곳은 포구였다고 한다. 젓갈이 심심찮게 모여들던 이 마을은 일제시대 광산이 성했다. 어느 곳은 파먹어 갔고, 어떤 곳은 조금 파헤치다가 품질이 신통치 않고 사정도 여의치 않아 그냥 팽개쳐

둔 것도 이곳 저곳에 널려 있었
다.

60년대 이 마을의 윤씨 할아버
지가 '그놈의 놀리는 광산 굴' 속
에 젓갈 장독들을 갖다 놓기 시작
했다. 몇 개월이 지나 젓갈 맛을
본 할아버지는 그 놀라운 맛을 도
저히 혼자서 즐길 수만은 없었다.
이내 온동네 사람이 굴 속에 장독

광천 토굴 내부의
새우젓

을 갖다놓기 시작하였다. 그렇게 시작된 토굴 새우젓은 서서히 소문에
소문을 더해 입에서 입으로 그 명망이 퍼져 갔고, 이제는 전국 최고의
품질을 자랑하는 광천 새우젓으로 자리하게 된 것이다.

지금 이 마을엔 사방 50m씩 되는 굴이 약 20여 개 있다. 이 중에는
일제 때 파놓은 폐광도 있고, 최근 들어 일부러 뚫은 것도 여러 개 된
다고 한다.

굴 속에 들어가 보니 원래가 광산이었던 곳이라 사방 벽이 암반층임
이 한 눈에 들어왔다. 새우젓 드럼통들이 즐비하게 널려 있고. 하지만
한 두 가지 눈에 거슬리는 점도 있었다. 통풍을 위한 환기시설이 전혀
눈에 띄지 않는 것과 보관용기로 장독 대신 드럼통에 비닐을 싸바른
용기를 사용하는 점.

아마 독배마을 사람들로서는 지금의 명성을 유지하며 열심히 제품
을 생산해 돈벌이하는 일만으로 바빠서 정신이 없을 것이다. 따라서
그런 점들은 당국에서 쓸데없이 요란스럽게 '광천 새우젓 축제'를 열
어 유명 연예인들을 불러 시끌벅적 부산을 떨기 전에 계도·편달하여
그 이름에 값하는 진국 명품을 만들어 내려는 노력을 기울였으면 하는
아쉬움이 남는다.

굴 이용 버섯 재배

이와 함께 충주 지역에서는 여기저기에 사과 창고로 굴 형태를 이용하는 경우가 눈에 띄었다. 요즘은 충주댐 때문에 조금 시들해졌지만, 충주 일대 산간지역에서는 경북 사과 못지 않은 최상품의 사과가 생산된다. 이를 보관하는 창고는 대개 넓이가 50여 평 이상 되어야 하는 대형 창고였던 바, 흔히들 과수원 경사지의 지형을 자연스럽게 이용한 반지하 형태의 굴 창고가 주종을 이루었다. 지붕은 슬레이트이긴 해도 이 창고는 보관 창고용이었을 뿐만 아니라 한여름의 휴식을 겸한 주거공간으로도 안성맞춤이었다고 과수원 주인들은 입을 모았다.

또 하나 그냥 지나쳐 버릴 수 없는 사례는 철도의 폐 터널을 이용한 버섯 재배의 경우이다. 충주 동량·산척면 일대 인등산 자락에는 80년 10월 충북선의 복선화 사업으로 노선이 변경(직선화)되면서 다수의 폐 터널이 생겨나게 되었는 바, 이 일대 주민들이 폐 터널의 활용에 착

기차 폐터널을 이용한
느타리버섯 재배

안하여 버섯을 재배하기 시작한 것이다. 93년 '내고장 새기술 개발 사업'으로 선정되어 올해까지 3년간 농촌지도소와 합동 연구실험작업을 진행해 오고 있다. 자그마한 몇 가지 보완 과제는 있더라도, 일단 그 가능성은 성공적이라고 평가되고 있다 한다.

동량면 조동리 이응범(33세)씨의 경우, 터널 속 기온과 습도의 정도가 느타리버섯에 가장 적합한 점에 착안하여, 시설비가 거의 들지 않는 터널 공간을 이용해 재배한 결과, 버섯의 배양 단계보다는 생육 단계에 더욱 적합하다는 확신을 얻었다고 한다. 현재 바닥 면적 700평에 버

섯을 생육시키고 있는데, 버섯의 생육·출하에 가장 어려운 계절인 한여름에 고품질(검은색, 갓의 크기가 작고 대 길이가 긴)의 느타리를 생산해낼 수 있어 매우 유리하다고 결론지었다. 한가지 보완해야 할 과제는 터널의 긴 공간을 어떻게 환기시키는가 하는 문제.

각설하고, 원시적 주거형태로서의 굴은 아니더라도 식품의 보관·저장고로서의 굴의 활용은 새롭게 주목받아야 할 것이다. 그 이치를 굳이 대라고 한다면 "냉장고 속의 김치와 땅 속에 묻은 김치 가운데 어떤 것이 더 맛있을까"라는 질문으로 답하려 한다(일정한 온도·습도의 유지뿐 아니라 지기의 작용을 어찌 말로 설명할 수 있으리).

인간의 간사한 지식의 산물과 대자연이 선사하는 보이지 않는 지혜의 선물, 이 둘 중에서 우리는 어느 것에 더 주목해야 할까? 더욱이 인간이 만들어낸 온갖 찌꺼기에 시달리는 이 현대라는 문명의 수레바퀴 속에서, 특히 술·식초·젓갈·김치·장류 등 발효식품을 생산·저장하는 데 있어 아직까지 이 지구상에 굴 이상 가는(용기로서는 옹기) 장치가 있을 수 없다는 점에 새삼 주목해야 한다.

이런 식품의 생산업자들은 물론이고, 시골이나 도시의 단독주택에 거주하는 일반인들도 지나치게 냉장고에만 의존할 게 아니라, 우리 조상 전래의 굴에 대해 한번쯤 더 생각해보고 일상생활에 널리 활용했으면 하는 바램이다.

잃어버린 동력을 찾아서

제목을 눈 앞에 두고 한참을 궁리해 보았습니다. 참으로 엉뚱한 제목이구나 싶어서지요. 하긴 원고 청탁을 받았을 때 저 자신이 이 분야의 전문가가 아님을 설명하고 생각나는 필자 한 분을 추천해보기도 했지만, 떠오르는 상념대로 물흐르듯 써도 괜찮다는 양해가 있어 덜컥 승락을 했지만서두.

조금 거창한 얘기부터 시작해 볼까요. 좀 뜻있는 분들이 모두 다 동의하고 있는 것은 '21세기, 즉 앞으로 인류의 최대과제는 동력이 문제다' 라는 명제입니다.

동력―― 움직이는 힘의 끝없는 발전은 결국 핵 에너지까지 이르렀고, 드리마일과 체르노빌에서 보듯 인류 절멸의 위기가 현실화된 모습으로 드러나기 시작하자, 조금은 정신을 차리고 동력을 처음부터 다시 생각해보자는 자그마한 흐름이 생겨난 것이지요.

지금까지 한없는 첨단개발로 굴러 내려온 동력의 발전 자체가 과연 바람직한 것인가? 멈출 줄 모르며 움직이는 '힘' 의 개발을, 대자연(인간을 포함한)의 목숨에 영향을 끼치지 않는 (지탱가능한) 범위 내에서 이루어지게 할 수는 없는 것인가? 이를테면 요즘 흔히 사용하는

'대체 에너지'란 개념이지요. 이런 문제를 풀어나가는 게 21세기 인류의 최대 난제일 거라는 얘깁니다.

그러다보니 지금은 아련한 옛 추억거리가 돼버린, 혹은 관광상품으로 전락해버린 물레방아며 돌절구같은 '옛 동력'에서부터 생각의 실타래를 다시 풀어보자는 반성도 일어나기 시작한 거구요.

하지만 문제가 그리 간단치는 않은 거죠. 끝없이 움직여야 지탱 가능한 이 문명 자체를 기계 한 대의 톱니바퀴로 비유해 보자면, 톱니바퀴 하나를 빼버리면 이 기계 자체가 정지해 버리기 때문에 실지로 그런 일이 일어날 가능성은 거의 0%에 가깝다고 보아야겠지요. 더욱 아이러니칼한 것은 이런 발상에서 나오는 연구조차 서양인들이 더욱 열심히 하고 있다는 사실이죠. 실은 잃어버린 옛 동력의 원주인은 동양인이나 아프리카 사람들인데도 말이지요.

그럼 우리는 할 일이 전혀 없나? 그렇지는 않은 거같아요. 서양 연구자들의 기본 출발점은 항상 그래왔듯이 '옛 동력의 구조를 최첨단 공법에 어떻게 접목시키느냐'일 테니까요.

그럼 우린 뭘해야 되나? 얼마 전 시골 노인한테 들은 애깁니다만 디딜방아엔 꼭 살구나무를 써왔다고 합니다. 그러니까 이를테면 우리 조상님들의 농기구, 생활도구들을 단순히 미학적 민속학적 아련한 모양새로만 관찰할 것이 아니라, 재료학적 공학적 차원에서도 깊이 연구가 이뤄져야 하고, 더 나아가선 이 모든 지혜가 한 분야에 치우치지 않은 복합적 원리, 즉 총체적 지혜의 응축물이라는 걸 놓쳐선 안되리라 봅니다.

물레방아는 어떤 위치에, 어떠 방향으로, 어떤 인문적 조건 속에서, 어떤 관리체계에서 만들어지고 사용되어져 왔는지 지금 우리는 전혀 알지 못합니다.

맷돌에 간 곡식이나 두부가 믹서로 간 것보다 훨씬 맛이 있지요. 그래서 요즘 웬만한 신식 방앗간에서조차 속 알갱이(곡식과의 접촉부분)엔 맷돌을 기계 크기에 맞춰 깎아 사용하고 있습니다. 맷돌에 쓰이는 돌은 어떤 돌이길래 음식이 맛있는 것이며, 사람이 손으로 돌렸을 때의 회전 속도와 기계 속도의 차이점에서 오는 변화는 없는 것인지 연구해 봐야겠지요.

인도의 간디는 일찍이 "사람의 손발이 함께 움직이지 않는 기계는 사용치 않는 게 좋다"라고 갈파한 적이 있습니다. 아프리카 탄자니아의 니에레레도 이와 비슷한 생각으로, "사람들의 점검 과정이 끝난 기계만 받아들임이 옳다"고 했지요. 버마에서 불교사회학에 심취한 슈마허는 『작은 것이 아름답다』란 책에서 이른바 '중간기술론'을 주장하여 물밀듯 굴러가는 서구 기계문명에 제동이 걸려야 한다고 주장한 적도 있었지요.

관광유원지에 꾸며놓은
물레방아

하지만 정녕 안타까운 것은 이런 혜안에 가득찬 여러 선각자들의 목소리는 그 영향력이 지극히 작아서, 소수의 사람들에게만 끙끙 앓는 가슴을 토해 놓고 일반 대중매체에선 아예 취급조차 되어 오지 않았다는 사실입니다. 또 하나 안타까운 것은 후발 중진국 수준이란 우리나라 전체의 정책을 결정하는 그 어떤 기구에서도 이런 문제를 다루는(다루려는) 시도조차 이뤄지지 않고 있다는 사실이고, 현재로선 그럴 가망성조차 보이지 않는다는 거죠.

그러니까 할 수 없는 일이죠. 힘에 부치고 세월이 많이 걸리더라도 이런 데 뜻을 가진 이들이 삼삼오오 모여서 연구하고, 낑낑대며 살아가면서 자그맣게나마 실습해 보고 서로 토닥거리는 수밖에요.

그러니까 잃어버린 동력을 되찾아 보려 함에는 두가지 본질적인 의미가 담겨 있는 것같군요.

첫째, 잃어버린 우리 선조들의 생활 총성을 읽어내 보려는 공부 가운데에서의 동력 분야.

동력은 전기를 쓰되, 곡물접촉 부위에만 맷돌을 넣은 맷돌방아

둘째, 기계문명의 무한정한 질주에 대한 거부로써 우리가 선택 또는 적용해야 될 동력·기기, 즉 접점에 관한 문제.

첫째 문제는 앞에서 잠깐 언급했지만 우리 모두가 너무나 등한시해 왔던 것이고, 저 자신을 포함한 중늙은이들이 노인 어른들 돌아가기 전에 채록작업이라도 부지런히 해 놓아야 할 거란 다짐만 해 두기로 하지요.

둘째의 문제는, 이런 문제를 문제로 인식하는 사람들 자체가 극소수이겠지만, 이 극소수의 사람들이 일상적으로 살아가면서 늘 끝없이 고민해야 될 과제가 될 것입니다. 이때의 발상의 출발점은 '덜 벌고, 덜 쓰고, 덜 버리자'란 환경철학과도 일맥상통할 거란 생각이 드는군요.

이 극소수의 사람들이 취할 수 있는 삶의 태도엔 대충 두 가지가 있을 수 있겠지요.

하나는 모든 걸 전면 거부하고, 외부 세계와의 연결을 거의 끊어버리고 산 속에서 도 닦으며 살아가는 길. 이 길은 기실 너무도 깊고 엄청난 일이라 저로써 언급할 계제가 못되는 것같구요. 또 하나는 줄이고, 줄이고, 줄여서 자급자족형 농가생활로 되돌아 갈 수도 있겠지요. 실제로 이렇게 살아가려고 노력하는 몇몇 분들을 알고 있습니다만, 이 때에도 여전히 앞의 두번째 과제가 괴로운 고민거리로 직면하게 되더 군요. 이 분들의 경우 농사엔 거의 기계를 사용치 않지만, 전기, 가스, 전화, 그리고 정미기(탈곡 포함)를 쓰고 있더군요. 맷돌의 경우는 지금도 시골집에서는 종종 사용하는 가장 오래 살아남는 옛 기계인 셈이지요. 손 절구도 마찬가지구요. 염전에서 쓰는 수차도 지금까지 쓰입니다만, 염전 자체가 점점 없어져 가는 추세라서 그 수명이 그리 길지 않을 거란 생각이 들더군요.

다시 앞으로 돌아가서,

①전기 · 전화　극단적인 경우를 제외하고 전화 사용을 거부할 것 까지야 하는 생각이 듭니다. 전기는 각 지역단위의 극소규모 대체 에너지 발전방식이 꾸준히 실험 · 적용되어야 하리라 봅니다.

②취사 · 난방 등의 연료　당분간은 가스와 나무 혼합방식이 무난해 보이고요, 석유 보일러는 글쎄요. 특수한 경우를 제외하곤 석유를 쓴다는게….

③농가공 1차 동력기　가정용의 경우엔 큰 문제가 없지만, 시장공급용으로 규모가 커지면 문제가 되기 시작한다고 봅니다.

④탈 것, 운송용 기계　거부하기가 상당히 힘들겠지요. 중소도시에선 자전거가 가장 바람직하다고 모두들 동의하고 있습니다만, 가능한 한 대기오염이 적은 탈것이 대세를 이뤘으면 하는 바램이고요.

한가지 빼뜨릴 수 없는 건 대량생산, 대량유통, 대량소비라는 거대문명 방식은 철저히 거부되어져야 한다는 생각입니다. UR이니 WTO니 해서 막을 길 없이 흘러가는 세계적 조류는 그렇게 갈 데로 가는 것이되, 정녕코 모든 생산물이건 사람이건간에 진짜 진국은 누가 뭐래도 소량 생산, 사람의 손길을 거친 물건, 조그마한 지역단위의 경제구조, 그 속에서의 밀접하고 풍부한 인간관계 그런 것일 거라는 막연한 확신

물레방아

디딜방아

연자방아

을 해봅니다.

　그 어떤 물건이든, 설사 기계 동력을 이용하여 만드는 가공품일 경우에도 사람의 손길을 거친 것이냐 아니냐에 따라 그 질은 엄청난 차이가 생길 겁니다. 하물며 1차 농산물의 경우엔 더 말할 것도 없구요. 우리들의 삶의 신명나는 살맛도 그러한 자그마한 마을 공동체의 부활 (새로운 형태가 되겠지만) 없이는 절대 이루어질 수 없으리라 봅니다.

　세계 인류가 한 형제로 거듭나는 길도 바로 그 과정을 충분히 거친 연후에나 가능한 것이지, 지금 흘러가는 것처럼 억지로 강요되는 무한 장사경쟁체제로는 절대 불가능하다는 생각이고요. 우리는 지금 동력만 잃어버린 게 아니라 우리들 몸뚱이 목숨까지 언제 어디서든 잃어버릴 지 모르는, 그런 세상에 살고 있는 한심한 꼬락서니이니까요.

남북의 토종 협력

지나온 세월의 잘잘못은 접어두기로 하자. 다만 우리가 후대에 물려줄 것은 '자원과 지혜' 그것밖에 없다는 것을 염두에 두자. 동식물 자원으로 좁혀서 생각해보면 남쪽에 없는 것, 북쪽에 없는 것 서로서로 나눠가지면 그게 바로 통일의 첫걸음이 아닐까?

첨예한 이해관계가 얽혀 당장 실현되기 어려운 합작사업들 중에서 '동식물 분포 기초조사' 작업은 양쪽의 기본적인 신뢰만 있다면 공동 기획 · 답사 작업이 가능하다.

또한 이런 기초작업이 추진되어 가는 과정에서 (시일도 많이 걸리므로) 기타 사업들도 논의해 나갈 수 있겠다.

조금 더 진전시킨 단계로는 상호간에 확보하고 있는 유전자원을 기초로 재배기술이나 종자개량(신품종) 사업들도 도움을 주고 받거나 공동 개발이 가능할 것이다.

이미 이뤄지고 있듯이, 남쪽의 너른 평야지대의 곡식들은 북쪽의 식량난 해결에 도움이 될 터이고, 상식적인 얘기지만 북쪽 방대한 산지의 임산물(특히 고산지대), 축산의 대규모 방목 등도 얼마든지 생각해 볼 수 있겠다. 또 북쪽은 아무래도 농약 · 비료 등 농화학 제품들의 생산량이 부족할 것이고, 기타 농업기술 분야나 토착 농기계의 개발, 대규모 영농단지의 조성 등에서도 공동노력을 통해 서로간에 획기적인 도움을 줄 수 있으리라 본다.

남북 모두가 '토종의 위기'를 맞고 있음은 주지의 사실 아닌가. 한 토종 생명체의 입장에서 이 땅을 들여다본다면 남북이 으르렁거리는

상황 자체가 우스꽝스럽고 한심스럽기까지 하다.

어찌 인간만이 한반도의 주인이겠는가. 토종 동·식물의 소멸은 남북을 떠나서 우리 민족 전체의 소멸(멸종)을 뜻하는 것이다. 지금까지 강대국이나 타 민족에게 빼앗긴 토종은 그만두고라도 지금 현재 우리들의 잘못으로 소중하게 보호되지 못해 소멸되어 가는 우리 토종들을 되살려내고, 보호하고, 보존·개량해 내는 데는 각자 힘겨운 부분이 있을 것이다.

상호간의 인적 교류를 시작으로 자료와 정보를 공유하면서 그간의 경험을 주고 받으며 이런 일을 추진하면 우리 겨레의 가장 큰 '목숨줄'을 지탱하는 크낙한 일을 하는 셈이 된다.

'토종 살리기'의 2단계 합작사업은 우리 고유의 토종들 속에서 전 세계에 당당히 내놓을 지구상의 특허품(개량종, 백신, 특효약, 식품 등)을 만들어 내는 것이다. 특히 민간의학(토종을 토대로 한) 분야에서의 공동 연구는 인류에 큰 공헌을 할 수 있으리라 본다.

각종 첨단 통신시설들이 있음에도 우린 왜 사람과 사람의 직접적인 '만남'을 중요시할까. 만남을 통해 서로가 결국은 '이 땅의 토종인간으로 살아남기' 위해 '큰 보자기' 같은 가슴을 지녀야 됨을 깨닫게 되지 않을까. '토종 살리기'엔 남북도, 그 어떤 정파도, 그 어떤 부류의 사람도 반대할 하등의 이유가 없는 일일 테니까.

민간인 학자, 연구가, 기술자들에다 행정가가 한 두 분 섞인 '한겨레 토종살리기 모임'(가칭)이 꼭 이루어지길 두 손 모아 기원해 본다.

터잡기

얼마전 충남 아산군 송악면 외암리 민속마을엘 다녀왔습니다. 한번 가본다 가본다 하면서 벼르던 곳이라 살풋한 운치를 만끽할 기대를 가슴 가득 품고서요.

찾아가기는 아주 쉬웠습니다. 도로 안내표지판도 잘 돼있고요. 참 좋디군요. 오밀조밀한 돌담 골목엔 담장이 덩굴이 제멋대로 뻗어있고, 군수댁, 참판댁, 표수댁을 비롯한 ㅁ자형 대가(大家)집들은 삐까번쩍하지 않은 옛맛을 그대로 느끼게 해주면서, 자그마한 연못에, 마당 곳곳에 자연스레 자리한 꽃나무들 하며, 그런가 하면 할머니 혼자 사는 쬐그만 一자형 집들도 마을 곳곳에 아우러져 있고요.

같이 동행했던 분들도 모두들 " 아아, 나도 어릴 적 이런 데서 살았는데……" 하며 좋아들 하더군요.

그런데 한편으론 참 아찔한 생각도 들더군요. 88년에 '전통 건조물 보존지구'로 지정되고, 이런 저런 책자에 소개되자 산지사방에서 관광객들이 모여들어 이들의 구미에 맞추다보니, 원래 있지도 않던 물레방아, 연자방아, 디딜방아도 갖다놓고, 떨어져나간 그 위에 흙칠을 하고, 아예 어떤 집은 자동차 드나들기 편하게 시멘트 포장까지 해놓고.

한마디로 앞으로 1~2년 사이에 외암리는 여느 '민속마을'과 다를 바 없는 관광유원지화될 거라는 게 불을 보듯 뻔히 예견되는 거였습니다. 예를 들면 안동 하회마을, 경주 양동마을, 승주 낙안읍성처럼 말입니다.

허긴 나라에서 '지정'만 해놓고 사후대책은 거의 없으니 주민들로서도 매우 고통이 크겠지요. 집 수리도 마음대로 못하고, 먹고 살긴 점점 힘들어지고, 사람들은 꾸역꾸역 몰려들고……

참으로 안타까운 일입니다. 전국에서 몇 안남은 전통 생활문화 유산의 가치가 충분한 마을이지만, 이를 온전히 보존할 대책은 과연 전혀 없는 것일까요. 저 나름대로 몇가지를 생각해 봅니다.

1. 전통가옥 및 마을 전체의 형태를 보존·유지하기 위한 보조금이 다달이 다만 몇십만원 씩이라도 가구마다 지급되어야 합니다. 이를 전반적으로 관장하는 보존위원회(주민·행정·문화인들로 구성)도 정기적으로 모임을 가져야겠구요.

2. 관광, 탐방객을 위한 편의시설은 마을 외곽에 별도로 설치, 운영하되 이의 운영은 위원회에서 결정하도록 해야겠구요.

3. 남아서 살고 계신 분들은 원래 하던 농사를 계속 짓되, 그 생산물은 지역 농협과 위원회에서 전량 수매하며, 연엽주같은 특산품을 확대·가공하여 주민 전체의 사업으로 참여·배분합니다.

이렇게 생각을 모두어 보지만, 제 생각대로 제대로 실현될 가망은 거의 없다는 절망감도 깊이 자리하고 있음을 숨길 필요는 없겠지요.

이와는 조금 다른 애깁니다만, 이와 관련이 전혀 없는 얘기도 아닌 넋두리를 하나 해볼까 합니다. 외암리같은 '전통마을의 복원'까지는 아니더라도, 뜻맞는 사람 두 셋이라도 좀 모여 살아볼 방법은 없을까 하는 궁리들을 많은 분들이 하는 걸로 알고 있습니다. 실지로 올 가을에 1~2군데서 이런 실험을 위해 터를 잡고 집도 짓고 들어가 살기 시작한다는 소식도 들리고요.

이를테면 고향 만들기, 마을 만들기, 쉼터이자 명상터 만들기. 뭐라 이름 붙이든 이런 추구랄까, 지향이랄까 하는 흐름은 대단히 값진 것이라고 생각합니다.

헌데 이런 일을 실지로 추진하려면 터잡는데 드는 돈이 필요합니다. "돈과는 별로 상관없이 살아보자"는 것이 그 바탕에 있는 취지인데, 정작 그 일의 실마리를 풀려면 돈이 들어야 하니, 그것이 우리 모두가 지니고 있는 숨길 수 없는 아이러니가 아닌가 여겨집니다.

이렇게 한번 꿈을 꿔 봅니다. 어떤 독지가가 자 "이 땅을 내놓을테니, 죽을 쑤든 밥을 하든 마음대로들 살아보시오! 소유권도 포기하겠소. 조합을 만들어 공동소유로 해도 좋소!"

이런 날벼락같은 일이 벌어졌다고 칩시다. 다음엔 어떻게 살아갈 수 있을까요. 각자 무슨 짓을 하든 최소한의 생활비는 벌어들일 수 있겠지요. 허지만 한 가지 큰 대강은 세워져야 한다는 생각이 듭니다. 바로 '먹을거리의 자급자족'이지요. 이를 위한 농토, 이를 위한 전담 농사꾼이 있어야겠구요. 나머지 사람들은 틈틈이 품앗이를 의무적으로 해야 할거구요.

아이고, 쓰다보니 또 자꾸 금강산 일만이천봉 꿈속을 헤매는 넋두리가 길어졌군요. 여러 벗들, 긴 겨울이 오기 전 아산 외암리 들러 깊은산 산행을 함께 할 기회를 갖기를 고대해 봅니다. 내내 편안한 마음으로들 지내시기를.

제3부
우리 땅, 우리 문화

포항의 알려지지 않은 명물, 과매기

꽁치 하면 우리나라 사람이라면 누구나 다 아는 흔하디 흔한 대중 어종이지만, 과매기 하면 아마 처음 들어 보는 분들도 많을 게다. 과매기란 간단히 말해서 '굴비처럼 말린 꽁치'를 가리킨다.

과매기란 말이 어디서 유래되었는지는 명확히 연구·발표가 되지 않아 딱부러지게 말할 순 없으나, 포항이나 인근 지역의 노인 분들께 여쭤보니 '꿰어 맨다'에서 생겨난 말이 아닌가 싶다. 즉 옛날에는 대나무 가지에다 꽁치의 눈 부분을 꿰어 매달아 말렸던 데서 과매기란 말이 굳어진 것이라 보아 큰 무리는 없을 듯하다.

우리나라 생선들 중에서 이렇게 '말려서 보관·저장하는' 대표적인 게 아마 명태와 조기일 것이다. 말린 명태나 조기의 이름이 북어·굴비로 전혀 다른 이름이 생겨나듯이, 꽁치의 경우도 과매기란 그윽한 이름이 또하나 생겨난 것이다.

석양 무렵의
포항 항구

포항의 토종 꽁치

세계적인 자랑거리인 거대한 제철공장이 있는 포항은 문자 그대로 포구이자 항구이기도 하다. 얼마 전까지만 해도 울릉도를 가려면 포항에서 배를 타고 8시간 가량 가야만 했다(지금은 묵호와 후포에서 3~4시간이면 가는 쾌속선이 생겨났다).

부산, 인천, 목포 다음으로 우리나라에서 큰 항구가 바로 포항인 것이고, 지금도 외국에서 오는 배를 맞이하는 전용부두가 따로 마련돼 있는 정도이기도 하다.

또한 원양어선과 연근해 어선들이 잡아들인 각종 바다고기들을 풀어놓는 데가 바로 이곳 포항이며, 태풍이 불어온다든가 하면 임시로 며칠이나마 배들이 머물며 피하는 대피항구이기도 한 곳. 이름 그대로 커다란 포구이자 항구인 포항.

항구 입구 갯바위는 갈매기들의 쉼터이고…

과매기는 바로 이 포항 지역에서만 널리 알려진 특별한 꽁치인 것이다. 원래 과매기는 경북·강원·함경도 일대의 동해안에서 많이 잡히던 청어가 주재료였다고 한다. 하지만 요즘은 청어보다는 꽁치가 더 많이 잡히고, 원양어선으로 들여오는(수입 포함) 꽁치의 양이 엄청 커지니까 자연스레 꽁치 과매기로 정착되었다고 한다.

항구 이곳저곳에 널어져 말리는 꽁치

취사연료가 주로 연탄이었던 시절엔 집집마다 이 꽁치 굽는 냄새 연기가 솔찮이 우리들 코를 즐겁게 하곤 했었지만, 이 과매기가 널리 알려지지 못하게 된 것은, 이 놈이 고작 한철(겨울)에만 구경할 수 있는 특성 때문이다. 북어나 굴비처럼 완전히 말려서 1년 열 두달 즐길 수 있는 게 아니라, 설날이나 정월 대보름이 지나면 생산 자체가 뚝 끊겨 버리기에, 냉동꽁치처럼 언

뼈까지 발라내 말려지는 '도시락 과매기'

제든지 손쉽게 식탁에 올리는 대중화가 되지 못한 탓에 대부분의 사람들이 아직은 과매기의 진가를 잘 모르는 것이다.

그렇듯 과매기는 북어나 굴비와는 달리, 완전히 말려진 상태가 아니라 조금 덜 말려져 꾸덕꾸덕 살덩이가 손가락으로 만져 잡혀지는 정도라야 잔짜 제맛이 나게 마련이다. 옛날에는 창자도 빼내지 않고,

방향도 배가 하늘을 향하게 말려서 창자가 삭으면서 살 속으로 스며들어가 아주 독특한 맛을 내었다고 하나, 요즘은 창자를 빼내고 말리는게 보통이다. 심지어는 대도시에 사는 주부들 일손을 덜어주려는지 뼈까지 발라낸 과매기도 만들어지고 있는 형편이다.

단백질 등 풍부한 영양가

아무튼 배에서 가져온 꽁치를 '바람과 햇볕이 잘 드는' 공기좋은 곳에서 한겨울에 말리면, 이놈이 명태처럼 얼었다 녹았다 하며 저절로 말려지는데, 적당하게 말려진 진국 과매기의 맛은 긴말 필요없이 천하일미(天下一味)다. 쭉쭉 찢어서 가운데 뼈를 발라내고 초고추장에 찍어 먹으면 술안주로도 그만이고, 밥반찬으로도 아주 좋다.

한겨울에 포항이나 경주의 허름한 술집엘 가면 으레 이 과매기가 대령해 있기 마련이고, 포항 중앙시장에는 인근지역에서 가져온 과매기들로 산을 이룬다. 하지만 이 과매기도 원양에서 잡은 것보다는 연근해산 토종 꽁치가 훨씬 맛이 좋다. 맛이 좋다는 건 그만큼 영양가도 높다는 얘기가 된다.

값싸고 흔하디 흔한 꽁치지만, 마치 이 땅의 들녘에 흔하게 자라는 들쑥처럼 꽁치는 만인(萬人)의 생선이란 별명에 걸맞게 풍부한 영양가를 자랑한다. 단백질 함유량이 표준량(3%)보다 훨씬 많은 8.4%, 단백질 값(효율)도 등푸른 생선 중에서도 가장 높다.

그 밖에도 쇠고기의 16배나 되는 비타민 A, 불그스레한 육질엔 빈혈에 좋은 비타

이렇게 짚으로
엮어 널어 말린다

민 B_{12}, 지글지글한 기름엔 고혈압, 동맥경화, 심근경색에 효과가 좋은 EPA, DHA 등의 불포화지방산. 한마디로 영양 덩어리이다.

일제시대엔 '사요리 사꾸라보시'라 하여 염장·조미·건조시킨 꽁치 꽃포를 억수로 만들어 일본으로 가져갔다 한다 "꽁치가 나오면 (일본인들이 아주 좋아하는) 안마(按摩)가 들어가 버린다"는 말이 있을 정도로 꽁치를 즐기는 일본인. 그런 꽁치 중에서도 우리 연안에서 잡은 토종 꽁치로 만든 과매기가 온나라와 일본인들에게까지 널리 알려지고 손쉽게 즐기는 고마운 과매기가 될 날을 고대해 본다.

(신선도가 떨어지면 히스티딘 세균작용으로 히스타민 식중독을 일으킬 수도 있으므로 주의할 일)

땅끝 마을과 매생이

저 태백간두(太白幹頭)의 산줄기가 영암 월출산을 거쳐 해남의 대둔·달마로 길게 내리뻗어 그 마지막 숨을 다하는 곳. 이름하여 이 땅(육지)의 땅끝〔土末〕이라 하였던가.

이 땅을 살아가는 모든 이들에게(심지어는 어린 초등학생까지도) 아무 이유없이 가슴 설레이게 하는 그 이름 땅끝. 토종문화를 찾아나서는 이번 기행지는 달리고 또 달려 발닿는 끄트머리, 저 해남의 땅끝을 찾아가 보기로 하였다.

땅끝〔土末〕 기념비

태백간두의 끄트머리, 땅끝마을

4~5년 전이었다. 필자가 '매생이'를 처음 먹어본 것은.

전남 장흥 관산의 대보름 마을굿을 취재하러 갔다가 '지신밟기'를 하는 도중에 어느 집에서인가 내놓는 희한한 음식이 눈에 띄었다. 국사발로 한 그릇씩 들고선 젓가락으로 떠서 홀홀 불어가며 먹는데, 특히나 노인네들이 아주 반갑게 즐겨 드는 거였다. 김이나 파래 등으로 국을 끓인 것같기도 하여 여쭤보니, "이게 매생이여, 예전엔 아주 흔했는디, 요즘은 이것도 귀해서 먹어보기가 수월찮아졌당께."

사람의 인연이란 것이 참 묘하게 마련이라, 얼마 전 사귀게 된 한 친구가 연말에 고향인 강진엘 다녀올 것이라기에, "매생이를 아느냐"고 물어보니, "아니, 형님이 우째 매생이를 다 아시요? 허긴 토종기행가시니. 매생이라, 거 참 침이 쪼르륵 넘어가요. 아니 매

해남군 송두면
갈두포구 전경

생이 모르는 남도 사람이 어디 있다요?" 하는 게 아닌가.

일언이폐지하고, 이 친구를 따라 저 북새통의 연말 귀향길을 자의반 타의반으로 달려 내려갔다.

기실 어느 곳이든 이름난 곳엘 가보면 '별것 아닌 것 가지고 괜히들 야단법석이네 그려' 하기 마련. 해남군 송지면 갈두리 땅끝엘 와보면 실은 여느 남쪽 바닷가와 별다를 바 없는 평범함에 조금은 실망스럽기도 할 터이다.

하지만 산천경개의 기운은 어느 때, 어느 누가, 어떤 마음으로 접하는가에 따라 무수히 다르게 느껴지게 마련이다. 외진 산골짜기나 바닷가에 오면 항상 느끼는 것이지만, 우리의 먼 조상님들이 분가(分家)에 분가를 거듭하여 '살 곳을 찾아' 땅끝으로 땅끝으로 뻗어내려온 막다른 지점.

그 간난의 세월 동안, 저 머나먼 다른 세상이었던 한양이 어떻게 돌아가든, 아니 하다못해 읍내 5일장엘 한번 가려 해도 고개를 몇 개 넘고 한 나절을 꼬박 걸어야했던 설움많던 사연일랑 저 푸른 쪽빛 바다 속에 묻어두고, 국민관광지로 새롭게 단장한 전망대에서 내려다보니 아득한 바다 저 너머로 뭇 섬들이 아스라이 널려 있었다. 왼쪽 한 귀

퉁이에 다소곳이 자리한 갈두 포구가 앙증스럽게 사자봉 아래 자리하고 있고.

　　이곳은 우리나라 맨 끝의 땅
　　갈두리 사자봉 땅끝에 서서
　　길손이여
　　토말의 아름다움을 노래하게

　땅끝에서 강진 다산초당으로 향하는 813번 도로는 어지간히 길기도 하지만, 길 왼편으로 내내 바라보이는 산줄기의 풍광이 자못 빼어나 한시도 시선을 멈출 수 없게 한다. 이 산줄기는 동고서저(東高西低)형태라, 정상부의 갖가지 모양새가 이렇게 길게 뻗어 있는 곳은 아마 우리나라(남쪽)에서 이곳밖에 없지 않은가 싶다.
　다산초당은 긴 말이 필요없을 정도로 익히 알려진 곳이지만, 지금은 보존을 위해 와당(瓦堂)으로 변했다. 관광객을 의식한 꾸밈새가 조금은 눈에 거스르긴 해도 입구 산길에 들어찬 대나무, 차나무, 물푸레, 비자나무 숲 사이의 돌 계단들, 조금 오른편에 자리한 천일각에서 내

매생이 밭

려다 본 강진만의 확 트인 풍경, 걸어서 10분 거리인 백련사로 넘어가는 오솔한 산길.
　한가지 잊지 말아야 할 것은 이곳은 절대 서둘러서 휙 지나쳐버릴 관광지가 아니라는 것이다. 일개 범부들과 다산 정신의 높은 경지를 어찌 비견하

리요마는, 적어도 한 두 권의 기초 설명서는 뒤 적여본 뒤에 하룻나절은 이 일대를 발로 걸어 보며 대흥사의 초의선사, 백련사의 여말 결사 운동 등을 되새기며 사색할 만하지 않겠는가 싶다.

매생이를
채취하고 있는 부부

녹조식물의 바닷말, 매생이

강진읍내 시장통엔 매생이가 아주 흔했다. 어물전 좌판 아주머니들은 너나없이 예의 매생이 한 상자씩을 널어 놓고 손님들을 반겨했다. 어디서 가져오는 거냐고 물으니 마량·회진 등지서 가져다주는 이가 따로 있다고 한다. 중간 수집상인 김씨 할아버지를 만나 다음날 장흥군 대덕읍 신리에 함께 가기로 약속이 되었다.

우리 일행은 매생이를 4~5뭉치(주먹만한 한 뭉치를 '재기'라 부른다. 100재기는 1접) 사다가 집에서 직접 끓여 먹기로 했다.

녹조식물의 일종인 매생이는 갈파래과에 속하는 바닷말의 한 부류로 가느다란 실타래처럼 생긴 것이 하늘하늘하니 입 안에서 사르르 녹는 맛이 가히 일품이다. 꼬맹이들이 유원지 가면 꼭 사달라고 조르게 마련인 솜사탕 맛이라고나 할까.

매생이국을 조리하기는 간단하나, 자칫하면 그 본맛을 잃기 십상이라 주의해야 한다. 재료는 매생이, 굴(쇠고기), 마늘, 생강, 참기름이 전부다.

매생이는 물로 씻기 전 손으로 주물럭거려 엉겨 있는 뭉치를 풀어주고 서너 번 깨끗한 물로 헹구어 둔 뒤 체로 받쳐 물기를 뺀다. 굴은 소금을 넣어(개펄 제거) 살금살금 주무르며 씻어낸 후 마찬가지로 물로 헹궈 체에 받쳐 놓는다.

매생이가 잠길 정도의 물(보통 3재기에 1~1.5 대접. 이 물의 양에 따라 묽은 국이 되든가 된 국이 되는 게 결정됨)을 펄펄 끓인 후, 굴을 먼저 넣고 소금으로(간장이 아닌) 간을 한다. 국물이 어느 정도 우러나면 그 다음에 매생이를 넣고 다글다글 잠깐 끓인 뒤(저어가며), 생강, 마늘, 참기름을 넣곤 곧 불을 끈 뒤 잠시 뜸을 들인다.

가장 주의할 점은 매생이를 넣고 오래 끓이면 색깔이 변하면서 매생이가 아예 물이 되어 버리는 것. 매생이를 불에 올려놓고 "세배 갔다 오니 물이 돼 버렸다"는 우스갯소리까지 있다고.

매생이는 김보다 한 사리쯤 늦은 상강 무렵에 발을 설치한다(조류가 세지 않을 때). 파래는 5~8월, 김은 추분 무렵이니 제일 늦은 셈이다. 소나무나 대나무로 기둥(말뚝)을 박아놓고, 그 사이에(약 4~5m) 대나무로 발을 엮어 늘어 띄워 두면(김발보다 40~50cm 높게) 12월 말쯤부터 수확이 시작되어 음력 정월 대보름 무렵까지 가능하다.

소화도 잘되고 변비에 좋은 건 익히 알려진 사실이고, 고혈압에도 효과가 있어 톡톡히 덕을 본 사람도 있다고 한다.

그런데 한겨울에도 3일 이상 가면 상하게 마련이고, 말리거나 얼리면 제맛을 잃어버리는 통에 중부지방 북쪽으론 널리 알려지지 못했다고 한다.

"이건 완전 무공해 식품이랑깨. 옛날엔 김발에 매생이가 붙으면 망한다고 난리들이었지라우. 헌디 요즘은 매생이가 귀해져 부링깨, 뭐시기냐 이놈이 청정지역에서만 자란다요. 그랑깨 깨끗헌 바다서 햇빛만 묵고 사는 것이라, 김발처럼 염산을 치든가, 뭐시기냐 폐수가 흘러내려 오염이 된 디선 안 자란다요."

대덕읍 신리 오성금 마을의 김동헌 씨(60세)는 '아무 것도 되는 게 없는' 요즘 어촌에선 그나마 이 매생이가 한겨울 부업거리로 김발보다 낫다고 매생이 자랑에 열을 올린다.

우리 일행은 걸쭉한 매생이국에 밥을 비벼 점심을 먹고는, 내리는 비에도 아랑곳 않고 물때에 맞춰 '매생이 발'을 사진 찍으러 배를 타고 나아갔다.

다행히도 인근 발에서 매생이 채취가 한창이다. 작대기로 배 양켠에서 매생이 발을 들어올려 놓곤, 한 켠에 엎드리듯 하여 두 손으로 대발에 붙은 매생이를 훑어낸다.

이렇게 채취한 매생이는 바닷물로 잘 씻어내 '재기'로 뭉쳐내 곧바로 인근 시장으로 출하된다. 1재기에 보통 800~1,000원이 시세다.

"딸네미와 사이가 안 좋은 미운 사위가 처가엘 갔더니 장모가 매생이국을 끓였던 거구만. 이 사위가 북쪽지방 사람이었던 모양이시라. 이게 김이 안나거든. 한 순갈 푹 떠넣곤 속이 워뜨케 뜨겁던지 뱉지도 뭇허구 넘기지두 뭇허구 어물어물……. 장모가 '자네 웬 말두 뭇허구 그럴능가' 하니 사위가 '고향 생각이 나서 그럽니다요' 했다능겨."

김동헌 씨의 덕담을 시간가는 줄 모르고 듣고 있다 보니 옆집 아저씨들까지 하나 둘 모여들어 소주 잔을 주거니 받거니 하는 사이에 금방 매생이국 한 양재기가 사라져 버린다.

이 집 처마 밑엔 볏짚으로 묶여진 메주덩이가 조롱조롱 매달려 있고, 마당엔 발로 쓰일 대나무 가지가 수북히 쌓여 있다. 조막만한 텃밭 너머론 가지런한 매생이발, 김발 들이 널려 있고….

노인네들 4가구만 살고 있는 오성금 마을은 또 하나의 땅끝 마을이다. 참으로 한적한 게 다시 한번 가보고 싶은 남도의 알려지지 않은 오지마을이었다.

전설이 숨쉬는 섬, 강화도

임금께 진상했던 강화 쑥

우리나라에서 다섯 손가락 안에 드는 큰섬 강화도는 어찌 보면 섬 아닌 섬이 된지 이미 오래다(하긴 울릉도를 빼놓곤 다섯 섬이 다 연육교로 육지와 이어졌지만). 게다가 서울, 인천 등지와 가까운 거리에 일찍이 관광 코스로 개발되었고, 요즘은 아예 당일치기 산책 코스쯤으로 다녀오는 이들도 많아져 그 진가를 속깊이 음미하는 사람은 오히려 더 줄어들었다고 봐야 하겠다.

단군 신화의 전설이 살아 숨쉬는 마리산, 매년 개천절이면 산 정상 참성단(塹城壇:사적 136호)에서 제사가 뫼셔지고, 전국체육대회 성화(聖火)도 이곳에서 첫불을 일으키니, 통일이 되기 전까진 강화 마리산이 잠정적인 민족의 성산(聖山) 노릇을 할 수밖에 없는 듯도 하고.

전등사 약사전

강화엔 마리산뿐 아니라 길상산, 정족산, 해명산 등 3백여 미터 높이의 적당한 산들이 15~20개나 있다.

그리고 대몽항쟁 근거지가 이곳 강화에서 시작되어 진도로 옮겨갔다고 봐도 그리 큰 무리는 아닐 듯싶다. 적당한 산세와 풍족한 평야, 게다가 너른 바다의 온갖 해산물들. 30만 인구가 자급자족할 수 있다는 천혜의 자연 조건을 삼별초가 몰랐을 리 있겠는가.

전등사와 정족산성 코스는 울창한 고목숲을 헤치고 아스팔트 길이 뚫려 있어 한번 둘러보기엔 별 어려움이 없지만, 한가지인들 그냥 지나치기엔 아까운 '숨겨진 보물'을 소개하기로 한다.

전등사엔 '약사전'이란 아담한 건물이 있는데, 별다른 안내판도 없어 주목을 끌지 못하나, 여기엔 아주 중요한 역사적 사실이 서려 있다.

불가에서야 다 아는 얘기지만, 원래 약사전이란 약사여래를 뫼신 당이기도 하거니와, 이와 함께 임금께 진상하는 제반 약재를 올려 보내기 전에 의식을 거행하던 곳이기도 하다. 이는 거꾸로 보면, 약사전이 있는 지역에선 각종 약재가 많이 생산되었다는 반증이기도 하다는 데 특히 주목할 필요가 있겠다.

버섯이나 나물, 회귀목들이야 삼천리 깊은 산속에서 얼마든지 구했겠지만, 강화의 산들은 바닷바람(우리나라 바람은 북서풍, 남서풍이 대부분이다)에 시달리며 포진해 있기에 그 산물들이 독특한 향미를 지닐 것은 명약관화한 일이다. 우리나라 어디에나 있는 소나무만 하더라도 바닷가 악산(惡山)의 험악한 지형적 조건에서 자라난 '나막솔'(나지막한 작은 크기의 소나무)을 최고의 약용으로 치는 바, 강화를 위시한 서해안 섬들의 소나무가 약용으로 크게 꽃필 날이 언젠가는 오리라 생각된다.

'약용쑥'의 대명사가 되어 버린 강화쑥으로 말하더라도, 위낙 제초제같은 농약을 뿌려대서 이젠 자연산이 거의 소멸해 버렸지만, 내리의 김국현 씨를 비롯한 몇몇 농가에서 다행히 재배에 성공하여 명맥을 잇고 있는 형편이다.

쑥은 지금은 누구나 별로 거들떠보지 않는 천덕꾸러기가 되어 버렸지만, 이렇다할 먹을거리가 부족했던 옛 춘궁기에는 훌륭한 구황 식

바닷가 곳곳에
간척지가 만들어져
너른 들을
확보하고 있다

품이었음은 나이 지긋한 사람이라면 다 아는 사실일 게다.

음력 단오 무렵의 쑥을 제일 좋은 걸로 치는데, 쑥개떡이나 된장쑥국을 비롯 뿌리째 살짝 끓여 차로 마셔도 좋고, 조금 정성들여 흑설탕에 쟁여 놓아 발효시켰다 물에 타먹으면 한여름에 다시 없는 건강음료가 된다. 한방에서야 '쑥뜸'의 재료로 꾸준히 사용돼 왔지만, 특히 부인네들의 제반 병에 탁월한 효과가 있다 하니 주부들께서 유념해 사용해 보면 하찮은 쑥을 새롭게 받들어 모시게 될 터이다.

강화쑥과 더불어 빼놓을 수 없는 게 '순무'라 불리는 알토란같은 무이다. 꼭 애들 장난감인 팽이 모양으로 생긴 이 순무는 연보라빛을 띠었고, 무청도 튼실한게 그 맛 또한 싸아하니 향취가 그만이다. 보통 이 순무로 김치를 담가 먹으며, 강화 어딜 가나 손쉽게 구할 수 있다.

이곳 마늘 또한 연보라빛을 띠는데, 토질관계(화강 편마암 계통)와 바닷가 섬 날씨에서 오는 기상조건, 그리고 이북 피난민들이 많이들 내려와 인삼 농사를 지은 데 따른 작물들 서로간의 영향 등이 복합적으로 작용하는 게 아닌가 한다.

강화 읍내의 상설 시장통엔 항상 산에서 나는 갖가지 약재와 나물·버섯·해물·순무·인삼 등이 즐비하게 널려 있어 눈길을 끌게 마련이다. 조심해야 할 것은 중국산 약재의 수입 홍수가 여기까지 파고 들어와 토종 약재로 둔갑되는 경우가 많은 것이다.

강화 특산품의 하나인 삼합 바구니들

없어서 못 파는 꽃게

강화군은 본섬 말고도 큰 섬이 3개나 더 있는 섬들로만 이루어진 군이다. 따라서 어딜 가나 '바다것'에 흔히 접할 수 있다. 사람들과 자동차를 동시에 실어나르는 철부선의 선착장이 있는 곳이야 한 섬에 한두 군데밖에 되지 않지만, 조그만 어선들이 부업삼아 나다니는 포구들은 본섬만 해도 다섯 개가 넘는다.

외지 사람들이 가 볼 만한 포구로는 길상면 선두리, 하점면 여차2리, 화도면 내3리(선수), 내가면 외포2리 등인데, 요즘은 특히 꽃게철이라 꽃게잡이 배들이 많다는 선수포구의 배를 한번 타보기로 했다.

꽃게잡이 배를 타보기는 생전 처음이라 자못 가슴이 두근거린다. 집합 시간은 새벽 5시 30분. 물때(썰물·밀물이 교차하는 시간)에 맞춰 입·출항하니까 꼭두새벽이라도 어쩌는 수가 없다. 신새벽 일출 직후의 어슴프레한 어둠 속에 20톤급 용길호 선장 한대경 씨(37세)와 함께 배에 오르자 배는 곧 출발한다.

출발한 지 얼마 되지 않아 마리산이 배 뒷전으로 사라져 보이지 않고, 배 뒤쪽 갑판에선 아침밥들을 먹기 시작한다.

메뉴는 생선찌개, 김치, 그리고 별미인 바다가재젓이다. 바다가재 젓은 처음 먹어 보는데, 게장과 담그는 법이 똑같단다. 게장과 비슷하면서도 조금 다른게 묘하게 맛있다.

꽃게 잡는 그물은 3중 유자망이라고 한다. 바다 밑으로 약 10m 정도 되는 그물을, 긴 것은 2m 길이로 3중으로 쳐놓고 조류의 흐름에 따라 그물에 걸려든 고기들을 그물에서 일일이 떼어내는 바다농사 방식이다. '뗌마선'에 내린 3명의 어부들은 능숙하게 그물을 배 위에 올려선 '꽃게따기' 작업에 들어간다.

그물엔 가끔 아구나 농어, 가오리나 낙지 등도 심심찮게 걸려 들었다. 이런 건 배를 따서 배 위 갑판줄에 매달아 바닷바람에 말리면 그날 그날의 찬거리가 되는 것이다.

약 댓시간 쉼없이 작업을 해서 따낸 꽃게는 20kg 망태기로 대략 열두어 개. kg당 1만 2천 원이라니 엄청 비싼 편이다.

정족산성

"여기 꽃게가 밀물과 섞이는 지점이라, 저 아래 남쪽 것보다 더 쳐줘유. 어떤건 1kg라구 해봐야 큰것은 7백g 나가는 것두 있으니 두 마리가 1kg이라구 보믄 되지유."

동지나해에서 잡아 마취시켜서 톱밥에 넣어 운반하는 원양 꽃게보다 당일발이(그 날 잡아 오는) '토종 꽃게'가 영양

가나 신선도가 훨씬 좋을 건 당연한 이치다. 그렇게 값이 비싼데도 '없어서 못판다'고 한다. 돌아오는 길에 귀빠지고 처음 보는 생선에 카메라 셔터를 눌러댔다.

"이것도 고깁니까? 혹시 고무로 만든 모조품 아닌가요?"

"히히히~ '시옥지'여, 고래 사촌 새끼여."

배를 타고 가다 보면 가끔 고래처럼 물 위로 봉긋 솟아올랐다가 물 튕기고 다시 들어가는 시꺼먼 놈들을 본 적이 있을 게다. 바로 그거란다.

온통 기름투성이라 먹을 건 내장밖에 없어 거의 버리다시피 하는 건데, 오늘은 동네 노인들이 부탁해서 챙겨 가는 거라고. 옛날엔 소 등짝에 상처가 나거나 헤졌을 때 발라 주곤 하던 특효약이었단다. 이 아무 짝에도 쓸모없이 버려지고 있는 '시옥지' 기름을 한번 연구해 볼 만하다는 생각이 들었다.

옛날엔 요즘 우리가 흔히 즐겨 먹는 쥐포도 버리던 고기라고 하지 않았던가. 어부들이 이 시옥지를 보면 될 수 있는 한 잡아내려고 애를 쓰는데, 특별한 용도가 있어서가 아니고 농어·숭어 등을 잡아먹기 때문이란다. 말하자면 천적을 없애는 것이라고 한다.

포구에 배가 닿자 이내 사람들이 우르르 모여든다. 어떻게들 알고 왔는지 자가용 타고 온 관광객들도 한 20여 명 남짓 되고, 노량진 수산시장서 온 물탱크차도 눈에 띄인다. 각 망태기들은 동네 사람들과 횟집 여기저기에 나뉘어지고, 즉석에서 관광객이 사가기도 하고, 나머지는 전부 산소통이 달린 물

선수포구의 꽃게

탱크차에 실려진다.

게는 매우 훌륭한 식품이기도 하지만, 오죽하면 게가 귀해지니까 '게맛살'(동태가 주원료인)까지 나왔을까. 게의 껍데기가 매우 소중한 유기질 비료라는 걸 아는 사람은 그리 많지 않을 게다. 비료·농약을 거부하는 '유기농법'에서는 게 껍데기를 분말로 갈거나 '키토산' 용액을 추출해서 병충해 방제용으로 쓰는 '게껍데기 농법'이 벼나 채소, 과수, 과채류, 차 농사에 귀하게 쓰이고 있다. 또한 한방에선 껍데기를 불에 태운 가루와 꿀을 반죽하여 동상이나 벌에 쏘인 데 바르면 특효라고 한다. 일일이 수집하기가 어려워 그렇지, 게는 그 딱딱한 껍데기까지 유용하게 쓰이는 셈이다.

꽃게엔 단백질이 16.4%, 지방 0.5%, 당분, 회분, 칼슘, 인, 철분, 비타민 B_{12} 등의 성분이 들어 있고, 필수 아미노산이 많아 발육기 어린이나 노인, 허약 체질에 소화가 잘 되는 좋은 식품이다. 특히 비만, 고혈압, 간장병 환자에겐 권장식품이다.

그렇지만 독성도 조금 있어(특히 기형인 게는) 풍이 있는 사람이나 임산부는 먹지 않는 게 좋고, 감이나 정과(正果)와 함께 먹지 못하며, 편도염·기관지, 목부은 데는 한입 가득 머금었다 조금씩 삼키면 특효이며, 옻 오른 데 명약이기도 하다.

강화에서만 나는 흰새우

꽃게와 더불어 강화 '바다것'의 대명사는 흰새우이다. 새우는 보통 크기에 따라 대하(큰새우), 중치, 그 다음 새우젓 담그는 잔새우 이렇게 세 종류로 나누는 데, 잔새우는 물이 탁해져서(한강·임진강의 썩은 물이 흘러들므로) 이곳 사람들조차 멀리하고 있고, 중치 흰새우는 날로 먹거나 보통은 말려서 마른 반찬용으로 쓰는데, 강화 흰새우는 예로부터 이 지역 희귀종으로 붉은 홍새우의 5배 가격으로 대접받는다고 한다.

새우 속의 단백질(보통 12.9%)엔 필수 아미노산이 많고, 특히 글리신, 비타민이 들어 있어 고유한 풍미를 느끼게 한다. 강장식품으로 익히 알려진 새우에도 약간의 독이 있어 너무 많이 먹으면 양기가 과해 혈을 해치나, 김치 담글 때 넣는 새우젓은 배 속의 회충 및 치아에 기생하는 벌레들을 죽이는 역할도 한단다.

꽃게와 흰새우말고도 강화의 포구들에선 낙지, 간재미, 병어 등 각종 해산물들이 다 고만고만씩 잡힌다. 대부분 당일 나갔다 들어오는 작은 배들이라 물때만 잘 맞춰 가면 비교적 싼값에 포식하고 장도 푸짐하게 보아 올 수가 있다.

간척공사가 일찍부터 이루어져 소금밭이 많이 줄어들긴 했어도 여전히 왕소금도 많이 나고, 간척지 쌀은 양질로 이미 정평이 나 있고. 아무튼 강화엔 산과 바다것이 골고루 풍족하게 어루어져 있다. 여느 시골처럼 젊은이들이 모두 대처로 떠나 버려 '약사여래님'이 흡족해 하실 보석같은 토종 임수산물들이 가녀리게 보살펴지고 있긴 해도, 강화는 아직도 강산과 바다가 화려하게[江華] 보듬어진 가깝고도 먼(거리상으론 가까우나 그 진짜 보배들이 제대로 드러나지 않은) 섬 아닌 섬으로 그냥 남아 있을 따름이니, 마음이 동하시는 분들은 한번 탐방을 해보시라.

참고삼아 강화엔 고대 지석묘에서부터 봉화대, 포대, 돈대 등 조선 말의 국방 유적지 등에 이르기까지 각종 문화재가 넘쳐 있어, 이를 제대로 곰삭이며 답사하는 데는 꽤 시간이 걸린다. 토종 임수산물도 접해 보고, 이들 문화 유적도 두루두루 훑어보려면 아무래도 2박 3일 정도 일정은 잡아야 되지 않을까 싶다.

잠들지 않는섬, 안면도

세계 반핵운동의 훌륭한 한 모범으로 우뚝 자리한, 편안히 잠자던 섬 안면도(安眠島).

동죽조개 잡이

93년 3월 8일 과학기술처장관의 '핵 폐기장 후보지 검토대상에서 제외'라는 공식발표 이후, 안면도 주민들은 지나간 악몽을 씻고 또다시 새로운 삶의 풀무질에 여념이 없다.

근 2년 반에 걸친 뜨겁고도 지겨웠던 '내고장 지켜내기' 안간힘은, 주민 모두에게 생존과 평화를 위해선 우리가 발딛고 살아가는 자연환경의 보존이 얼마나 중요하고도 힘든 일인가를 새삼 뼛속 깊이 일깨워 주었다.

고남면 장곡리 3구 산20번지 일대 모래산(속칭 소이뜽). 67년부터 약 25년에 걸쳐서 밀가루처럼 고운 은모래를 퍼내갔던 한국유리에 이제는 더 이상 무작정 빼앗길 수만은 없다고 93년 허가신청서에 '주민동의'를 보류시킨 것이다.

해당화 피고 지던 섬마을 약 3km에 걸쳐 뻗어있던 해당화밭은 사라져 버렸고, 안면도의 상징 소나무 숲으로 뒤덮였던 산이 없어져 거꾸로 이젠 늪이 된지 이미 오래다.

나리꽃

규사가 90% 이상 들어있는 최고 품질의 모래. 그 채취작업에 인부 노릇하여 품삯은 받았고, 축대니 조림이니 경로당, 도로 포장, 행사 찬조 등 나름대로 생색내며 하느라고 했는지는 몰라도 이젠 더이상 우리들의 살점, 우리 새끼들의 쉼터, 살림터이어야 할 이 마지막 모래언덕만은 그렇게 쉽게 내어줄 수 없다.

원상복구는 어렵더라도 이곳을 다시 쉼터이게 —— 누구나 즐겨찾던 소풍처였다 —— 해놓으라.

"한 동네 부자 만든다"는 동죽(해방)조

안면도의 상징
소나무숲

개의 살림터(자연환경)를 보상하라. 사라진 해당화밭을 살려 놓으라. 없어진 산은 어쩔 수 없다 해도 바닷가 모래사장 뒤엔 방풍림을 조성하고, 이왕에 늪이 된 곳은 저수지로 단장하고, 주민 동의없이 퍼내가고 있는 바다 모래도 주민과 협의하여 피해없는 곳만 골라서 조금씩 퍼가도록 하라.

너만 이득을 보고, 니네들 후손들만 후손이 아니기에. 우리 모두가 이롭고, 우리 아이들이 즐겁고 화목하게 어울리며 성장해 나갈 접점을 찾아내 보기로 하자. 우리들의 바램은 그게 전부다.

이곳에서 약 10km 떨어진(뱃길 1시간) 곳엔 도 천연기념물로 지정된 내파수도가 있고, 거기엔 안종훈(73세), 선동규(70세) 두 할아버지가 죽는 날까지 이 섬을 부여안고 지킨다며 부릅뜬 두 눈에 엽총을 들고 25년간이나 외로운 '섬지기' 노릇을 하고 있다. 대자연에서 아직도

이제는
거의 쓰이지 않는
염전의 수차

배우며. 호시탐탐 해산물들을 탈취하려는 해적들과 싸우며, 합법을 가장한 돈먼 아귀들과 다투며(지금도 재판에 계류 중이다).

전세계적 기상이변으로 여름아닌 여름에 어리둥절 시달린 우리들에게 '지켜지는 섬' 안면도는 무수한 질문을 우리 모두의 가슴에 내리꽂고 있는 게 아닌가.

북한 핵과 함께 일본 핵은 왜 언론에서 크게 문제삼지 않는가. 남한 내의 원자력 발전과 그 피해문제는 왜 모든 언론의 데스크에서 거부되고 있는 것인가.

국민대중이 눈뜨고 깨우치면 그것은 왜 지역이기주의로 매도되는가. 모든 정책과 사업의 추진은 '공개'와 '토론'을 거친 합의로 이루어져 왔는가.

도대체 사람은 대자연의 일부인가 아닌가. 대자연이 지탱 가능한 개발을 위해 우리 모두는 어떤 마음을 가져야 하는가. 왜 우리는 아직도 편안하게 잠자지[安眠] 못하는 것인가.

소금 채취

울릉도의 신음소리

오징어를 많이 먹읍시다

몇 해 전인가 각 신문·방송은 수산업협동조합중앙회가 서울시내 광화문 등 5곳에서 대대적으로 실시한 '오징어를 많이 먹읍시다' 가두 캠페인을 보도, 화제가 된 일이 있다.

시민들은 이런 류의 소비촉진 캠페인에 한 두번 숙달돼온 게 아니어서 내심 시큰둥해 하면서도, 정말 확실하게 값싼 오징어를 이런 기회에 실컷 먹어보자며 장바구니를 채우기도 했다.

오징어는
대나무 가지에 꿰어
널어 말린다

그런가 하면 수산청의 읍소작전에 적극 호응, 정부 각 부처 및 산하기관, 지방관서 공무원들이 오징어 사주기를 적극적으로 추진하여 약 15만 축(10억 8천만원 상당)이 팔려나가는 적지 않은 성과를 거두기도 했다.

으레 있는 일이지만, 연이어 오징어 요리 시식회, 건강에 좋은 영양식 오징어 등 행사가 여기 저기서 열리고, 오징어에 관한 기사나 글이 갑자기 크게 등장하기도 하는 등 오징어에 관한 국민 대중의 관심과 소비촉진을 높이기 위한 자그마한 붐이 조성되는 듯하다.

도대체 왜 별안간 오징어가 똥값이 되고, 갑자기 많이 먹자고들 아우성일까? 백문이불여일견이라, 울릉도로 달려가 보기로 했다. 오징어 하면 울릉도요, 울릉도 하면 오징어 아닌가. 바로 현장확인 취재다.

오징어잡이를 하는 배들을 분류하는 기준은 여러가지 있으나 통상적으로 대개 3종류로 나눈다고 한다.

오징어 말리는 바닷가 덕장

• 연안발이(당일발이)…3백톤 이하, 국내 동·서·남해안 조업
• 근해발이… 3백톤 이하, 국내 동·서·남해안 조업
• 원양발이…3백톤 이상, 국외 북태평양, 남대서양 조업

울릉도 토박이들은 일제시대인 1930년대부터 오징어잡이를 본격적으로 해왔으나 갖고 있는 배들은 대부분 작다. 연안발이가 대부분이고, 근해발이가 어느 정도 있으나, 원양을 뛰는 경우는 거의 드물다. 1백톤 이상 규모인 9척도 주로 동해의 대화퇴(大和堆) 어장과 서해에서 조업하지 해외 진출을 하는 국외 원양어선이 아니다.

여기서 잠깐 오징어의 생태에 대해 살펴보기로 하자. 오징어는 1년생 어족으로 생물학자들은 먼 옛날 조개로부터 진화했다고 설명한다. 우리가 흔히 오징어 머리라고 부르는 삼각형 부분은 실은 지느러미다.

동아시아 지역에서는 동지나해 중북부에서부터 동해 근처에서 산란,

울릉도의 관문 저동항 전경

4~5월께 동해와 서해로 한바퀴 돌아 다시 산란 장소로 되돌아가 30~50만개의 알을 낳고 생을 마친다. 3,4개월이면 15~20cm 정도 크기로 자라날 만큼 성장속도가 빠르다. 낮에는 1백~2백m의 바닷속에 있다가 밤이 되면 수면 근처 20~40m로 떠오른다.

밤에도 달 밝은 보름 지경이면 떠오르질 않아서 오징어잡이 배들은 거의 철저하게 음력을 지킨다. 어둔 밤에 오징어잡이 배들은 1천 2백 와트 짜리 전구를 주렁주렁 매달고 다니게 마련인데, 이렇게 불을 밝히려면 자가발전하느라 석유가 꽤 많이 든다.

울릉군 서면 남양어촌계 소속 4톤짜리 배를 갖고 있는 김태화씨(33세)는 만나자마자 "이래 가지곤 몬해 먹습니다. 가격은 똥값이지예, 배 탈라는 사람은 없지예, 석유값은 올랐지예… 뭘 으떠케 하란 말입니까?"라며 투덜거린다.

오징어잡이는 대개 양력 6월부터 길어야 1월 중순까지, 한여름 애들 방학철에 좀 뜸하고, 날씨가 궂은 날 빼고 음력 보름 어름엔 쉬니까 대충 1년에 4개월 작업하는 걸로 보면 된다. 4개월 벌어 1년 먹을 걸 장만하는 셈이다.

물론 경험많은 사람이 아무래도 낫지만, 오래 했다고 꼭 잘 잡는 것도 아니다. 오징어 성질을 잘 알아서 요령껏 낚아야 한다. 조상기(낚시그물을 자동으로 풀어주고 감아 올리는 기계)도 컴퓨터로 작동하는데, 입력을 잘 시켜줘야 제대로 잡히게 된다.

바닷물의 흐름에 따라서 몰려다니는데, 같은 어장에 가서도 많이 잡는 배도 있고 전혀 못 잡는 배도 있다. 집어등 주위에 몰리더라도 꼭 불 옆 그늘진 데로 몰린다. 채낚기로 잡는데도 말로 설명하기 어렵지만 요령껏 톡톡 튕겨주면서 끌어올려야 잘 잡힌다.

"아무튼 오징어란 놈의 성질이 기기묘묘한 기예. 지가 10년 넘게 오징어를 잡습니다마는 하면 할 수록 알다가도 모르겠더라구요. 작년엔 낮오징어가 안 나타났습니꺼?"

계속되는 김씨의 얘기다.(작년의 경우 엘리뇨 현상으로 바닷물의 수온이 높아져 전세계적으로 오징어가 대풍작을 이루었다)

성과급 · 능률급으로 돌아오는 오징어잡이는 연안발이의 경우 선장과 갑판장은 1축 20마리당 4마리는 선주에게 배삯으로 지불하고, 16마리를 가져간다. 일반 선원들은 8마리를 선주에게 배삯으로 주고, 12마리를 갖는다.

큰배들의 분배방식은 또 조금 다르다. 무중(석유값 · 장비값 · 식대 등)을 빼고 4.3을 선주가 갖고, 나머지 5.7을 선장 · 기관장 2, 사무장 · 갑판장 1.3, 평선원 1의 비율로 나누는데, 실제로 올해 동해시의 경우 지금까지 근해발이 채낚기 어선 50여 척이 임금협상이 타결되지 않아 단 1척도 조업에 나서지 못했다 한다. 선주들로서도 8kg 상자당 5천~6천원이 폭락한 1만~1만 2천원을 받아가곤 도저히 '굴려봐야 손해난다' 는 거였다.

게다가 요즈음엔 오징어 잡이뿐 아니라 모든 어선의 선원 구하기가 하늘의 별따기가 된 지 이미 오래다. 3~4년 전부터 심화된 선원난을 단적으로 나타내주는 현상이 두가지 있다. 하나는 조금 큰 원양 어선이나 상선의 경우 선원모집 조건에 부부가 함께 동승해도 좋고, 그 경비를 모두 회사에서 부담한다는 유인책이다. 또 하나는 연안발이 어선의 경우 선원 구하기를 아예 포기하고 부부가 함께 조업하는 모습을 흔히 볼 수 있게 된 점이다.

상황이 이렇게 어려워지자 5월 13일 전국 지역어민대표 9백여 명이 연근해 오징어채낚기연합회(회장 하두조) 주최로 여의도 국회의사당 앞에서 궐기대회를 갖고 당국의 시급한 대책을 촉구한 바 있다.

특히 87년부터 지금까지 무려 25차례의 건의·진정·탄원을 통해 오징어 파동을 미리 막을 수 있는 일련의 부조리들을 척결시켜주도록 호소해 왔음에도 어느 것 하나 제대로 받아들여지지 않았다며 분통을 터뜨렸다.

시급한 수산대책

작년 가을철의 전 세계적 풍어현상도 정책 당국으로선 능히 정보 입수가 가능했을 터이고, 연이어 우리나라 연근해 어장에서도 풍어를 이룰 것이라는 예측이 충분히 가능했고, 이에 대한 대책을 시급히 세웠어야 마땅했다고 지적하고 있다.

사후약방문으로 6월 7일 수산청은 '원양 및 합작생산량 반입 조정과 유통개선 대책'을 마련, 추진키로 했다고 발표했다. 국내반입 수급범위를 재조정하고, 현지 공관 확인을 거쳐 원산지 표시를 의무화하고, 수매 비축을 당초보다 1만 1천톤 확대한다는 게 주 내용이다.

그렇지만 이런 조치에도 불구하고 오징어 가격은 계속 하락 추세를 보이고 있으며, 이제는 파동의 주요 원인인 원양 오징어 자체가 큰 애로에 부딪치게 되는 '제무덤 파는' 아이러니가 생겨나게 된다.

언론들은 "원양 오징어 업계는 올 하반기 이후 오징어값이 1kg당 7백원선인 생산원가에도 못미칠 경우 채산성이 악화돼 연쇄도산이 우려되고 있으며, 운반비마저 제대로 못내 운반선사로부터 어획물 하역을 거부당하는 사태를 빚게 될 것을 걱정하고 있다"고 보도했다.

실제로 올해 원양회사 4~5개가 이미 도산했다. 원양이든, 근해든, 연안발이든 이제는 모두가 길고 지루한 고통스러운 여름을 보내야 할 지경에 이른 것이다.

그러면 대책은 없는가. 우선은 지금까지 지적된 잘못을 빨리 바로잡는 일이다. 울릉읍 저동 채낚기선주협회의 한 회원이 털어놓은 말이 자못 의미심장하게 가슴을 저며온다.

"뱃놈이 어디 사람인교? 그지(거지) 노릇하다 못하믄 배 탄다 안 합니까?"

그렇지만 뭐니뭐니 해도 오징어가 이 지경이 된 가장 근본적인 원인은 당국과 원양 대형어선들의 잘못이 가장 크다고 대부분의 오징어 업계 관계자들은 이구동성으로 지적하고 있다.

최근 2~3년간 원양 어획고가 폭발적으로 증가했다. 이는 어황이 좋고 열심히 잡았다는 증거이기도 하지만, 너무 지나치게 원양업 허가를 내주었다는 반증이기도 하다는 게 여러 사람들의 지적이다. 84년께부터 시작된 해외 진출은 89년을 피크로 오징어 가격이 괜찮은 벌이로 인식되자 너도나도 뛰어들어 엄청나게 증가, 현재 남대서양 포클랜드에 64척, 뉴질랜드에 48척, 아르헨티나(합작)에 17척이나 나가 있는 상태라 한다.

특히 올 봄 뉴질랜드 · 포클랜드 등지에 출어한 배들은 1척당 평균 1일 어획고 3~4톤의 5배 가량인 15~20톤까지 잡는 사상최대의 풍어를 기록하고 있다고 하는데, 이 오징어들이 반입될 가을에는 더욱 큰 파동이 일 것으로 예측하고 있다. 여기서 한가지 그냥 지나쳐 버릴 수 없는 사실은 이 와중에서도 91년에 북한에서 487만 달러어치의 오징어를 수입했으니, 정치적 이유가 인정된다 하더라도 이렇게 무책임할 수 있는가 하는 지탄이 이는 것은 당연한 일이다.

둘째로 초현대식 대형어선 및 저인망 어선들은 연근해 채낚기 전업구역인 동경 128도 삼천포 앞 서쪽에서만 조업토록 규정되어 있으나 이를 공공연히 위반하고, 채낚기 어선들이 조업중일 때 배 밑을 마구잡이로 훑어서 낚시를 망가뜨리며 어획물을 싹쓸이하는 강도짓을 서슴없이 저지른다고 연근해 어선들은 분개하고 있다.

대형어선들의 횡포

실제로 동해시에서 만난 20년 경력의 기관장 김미상씨(50세)는 자신이 겪었던 경험담을 다음과 같이 털어놨다.

"그런 강도짓을 한 배를 처벌했다거나 허가를 취소했다는 얘기를 들어본 적이 없어요. 내가 신흥호를 탈 땐데요. 대개 5백톤 정도 되는 그런 배들은 배 이름도 없어요. 어장에 나올 때 페인트로 아예 없애버리거든요. 그런 배들은 부산에 제일 많은데, 대개 양력 12~1월에 가장 많이 보이지요. 우리 배를 거의 받다시피 스치며 채낚기를 싸그리 훑더라구요. 그 배가 도망가자 우리가 부산 무선국에 연락을 했죠. 우리 배가 계속 추적을 했어요. 배 이름은 다 지워지고 '100' 자만 보이더라구요. 그런데 해경에선 못나온다고 해요. 그래 우리 선장이 '그렇담 좋다. 앞으로 우리 배는 위치보고도 못해주겠다. 해적선을 신고했는데 잡질 않는다니 우리도 우리 의무를 안하겠다.' 이랬죠. 항구에 입항하니까 그땐 배에다 이미 조그맣게 이름을 다 써놓았더라구요. 선장이 억울해서 이리 뛰고 저리 뛰며 사방에

오징어잡이 배엔
이렇게 집어등이
빼곡히 달려 있다

호소했으나 차비만 솔찮히 들이고 별무소득이었죠."

어떤 때는 큰 배가 '신사적 강도짓'을 하는 경우도 있다고 한다. "집어등을 끄고 조업을 포기해라. 그대신 너희 배 하루 어획량을 (또는 현금으로) 주겠다"고 음성거래를 강요한다. 말을 안 들으면 그물로 싹쓸이를 할 게 뻔하니 울며 겨자먹기로 거래에 응할 수밖에 없는 경우도 종종 있다고 한다.

연근해 자그마한 배를 부리는 사람들은 당국이 소형어선의 출입규제 및 불법어로 감독에 들이는 노력의 10분의 1만 제대로 기울여도 대형어선들의 횡포는 격감될 것이라며 그 불공평함을 호소하고 있다.

셋째는 유통의 문제다. 경락가격과 소비자 가격의 차이가 지는 것은 비단 오징어에만 해당하는 사항은 아닐 것이며, 이는 살아있는 생산물을 취급하는 농 · 축 · 수산물의 공통된 유통과제로 남아 있다. 하지만

울릉도를 비롯한 연안발이 어민들이 갖고 있는 고통은 생각보다 크다.

명태도 거의 비슷하지만, 오징어는 잡은 즉시(기껏 길어야 12시간 이내) 배를 따서 태양 건조시켜야 제맛이 살아 있다. 그런데 울릉도 오징어 하면 누구나 다 알아주니까, 원양산 냉동 오징어를 재건조시켜 갖고는 울릉도 오징어라고 속여 파는 바람에 울릉도 오징어의 제맛을 착각하게 만든다는 것이다.

실제로 울릉도 오징어의 어획량은 작년의 경우 연근해 생산량의 10분의 1, 원양까지 포함하면 40분의 1에 불과한 1만톤 정도밖에 안된다. 그러니까 소비자들도 유명세가 붙은 특산물로서의 울릉도 오징어는 웬만해선 구경하기 힘들다고 생각하는 게 정확하다.

더군다나 오징어회나 한치회의 경우는 울릉도에서 직접 수송하는 건 거의 전무하다고 보아도 틀림없다. 대개는 동해안 속초 방면이나 동해시 부근에서 물탱크차로 운반되는 게 보통이다.

위기의 울릉도 오징어

이와 함께 동해안 지역 수협이 공통적으로 앓고 있는 골머리는 냉동창고의 저장능력이 한계에 이르렀고, 이젠 보관기간(1년이 지나면 오징어맛이 사라짐)이 거의 다 차서 풀 수도 없고 안풀 수도 없는 진퇴양난에 처해 있다고 한다. 그러니 새로 조업을 해서 오징어가 반입돼도 창고를 차지하기 위한 경쟁이 심해지고, 퇴짜를 맞을 경우에는 포항이나 부산으로 가야하니 그 부담은 더 커지게 마련이다.

그들은 울릉도 오징어는 역시 연안발이 오징어가 활기를 띠어야 진가를 발휘할 게 아니겠느냐고 되묻는다. 그런 울릉도 오징어가 지금 사멸의 위기에 놓여 있으며, 울릉도 자체가 관광휴양지로나 버틸지 모르겠다며 걱정들을 한다.

소박한 대책으로는 국민 모두가 오징어의 어려움을 함께 나누기로 하는 것이다. 하루 한마리씩만 먹기로 하자.

그리고 6월 7일 발표한 대책을 훨씬 더 확대 · 강화시키고, 수매 · 비축자금을 확대하는 것밖에 별 수가 없다.

"아니 농민들의 생산물은 70% 수매를 해주면서 어민들의 경우 4%밖에 안되니 이게 어디 말이나 됩니까. 그러니 동해안 지역에서 여당 국회의원들이 거의 다 떨어진게 당연하지 않습니까?"

나리분지의
꼬맹이들

울릉선주협회 대의원이자 경북 J.C 농어촌연구실장이기도 한 이홍수씨(36세)의 얘기다.

소비촉진 문제에선 현재 수협중앙회가 요청한 군납 물량 확대(1천 246톤에서 3천 240톤으로)가 협의 진행중이고, 필자의 소견으론 가공 · 보관(통조림 또는 쥐포식으로) 방법의 개발도 그 한가지 해결책이 될 수 있으리란 생각이다.

오징어를 즐겨 먹는 나라가 일본 · 스페인 · 이탈리아 정도인데, 일본은 이미 자가 소화 능력이 있고, 나머지 나라도 소비물량이 그리 많지 않아 수출에도 큰 기대를 걸 수 없다고 한다. 그러니 소비촉진은 국내 소비확대밖에 별다른 도리가 없는 실정이라 하겠다.

울릉도 입도설화의
오누이를 뫼신
제당의 신위

뱀과 도둑 · 거지가 없고, 물과 향나무 · 오징어가 풍부하며, 산이 높고, 파도가 높고, 물가가 높다는 동해의 진주 울릉도. 필자가 둘러본 울릉도는 아직도 아름다운 섬이다. 그러나 그 어디에서도 들려오는 소리는 오징어로 인한 비명이었다.

양수발전소와 백두대간, 그리고 연어

온나라가 '노태우씨의 비자금 5천억'으로 들끓고 있다. 세상 사람 모두들 분노와 허탈로 몸부림치며, 누구나 한마디 내뱉지 않고는 못배기는 고열과 신열에 신음하고 있다.

허지만 이와 전혀 상관이 없는 것도 아닌, 또 하나의 5천억에 끙얼끙얼 가슴을 앓고 있는 사람들이 있다.

어찌보면 '비자금 5천억' 못지 않게 매우 엄청난 일일 수도 있는 이 일은, 비자금 5천억에 가리워져 아직 세상 사람들의 깊은 관심사가 되고 있진 못하지만, 우리 모두가 살아숨쉬는 육신의 목숨줄과 직결돼 있는 문제이기에, 이제 서서히 많은 사람들의 폭넓은 공감대를 얻게 될 것으로 여겨지고 있다.

생태계의 보고, 설악권

점봉산 하면 사람들은 잘 모르지만, 설악산 하면 그 누가 모르겠는가. 이 설악산 국립공원지역 바로 코 밑에 한국전력(주)이 (양수)발전소를 세우겠다는데, 여기 들어가는 예산이 무려 5,270억이라 한다.

도무지 이해가 가지 않는 게, 얼마전 지리산 중턱에다도 양수발전소를 세운다고 난리법석을 떨더니(94. 6 진주시민들이 환경처장관, 한전 사장을 고발해놓은 상태임) 이제는 백두대간의 중추, 온 국민들의 사랑받는 명산 설악산 허리에까지 쳐들어오겠다니, 이 양수발전소라는 괴물은 저 일제의 쇠말뚝보다 훨씬 더 흉칙한 심보를 간직하고 있음이 틀림없는 것이렷다.

남한에 남은 마지막 처녀림 남설악의 점봉산(1,424m)과 가칠봉
(1,165m), 그리고 단목령에 둘러싸인 진동리 계곡 일대는 몇 백년 동
안 사람의 손때가 묻지 않은 원시림의 모습을 그대로 간직하고 있다.

어른 두 명이 가까스로 끌어안을 만큼 굵은 전나무와 신갈나무의
거목들, 푸른 이끼를 뒤집어 쓴 채 곳곳에 넘어져 있는 고사목들, 개
울가에 무더기로 자라고 있는 희귀식물들. 전문 연구가들이 훼손을
우려해 일반에 알려지는 것을 한사코 거부해온 곳이다.

계곡에 들어서면 아름드리 전나무숲이 앞을 가로막고 지름 1m가
넘는 전나무와 신갈나무가 뒤섞여 하늘을 찌른다. 이 정도 굵기로 자
라려면 적어도 2백년은 걸린다는 것이 학자들의 설명이다. 원로 식물
학자인 강원대 이우철 교수(식물분류학)는 "국내에서 자연생 전나무
가 여기처럼 큰 곳은 보지 못했다"고 말한다.

거목의 가지에는 다래 덩굴이 길게 늘어져 있고, 이끼가 바위와 쓰
러진 고목을 뒤덮고 있다. 여름철이면 컴컴할 정도로 수풀이 우거져

모데미풀

열대지방의 정글을 방불케 한다.

개울가에는 거대한 모데미풀 밭이 펼쳐져 있다. 매년 5월이면 무리로 피어나는 흰꽃이 장관을 이룬다. 모데미풀은 우리나라에서만 나는 희귀종으로 다른 지역에서는 한 포기도 발견하기 힘든 식물이다. 이곳은 모데미풀이 자라는 남한의 최북단이기도 해 학술적 가치가 크다.

진동계곡의 원시림은 우리나라 중부지방의 기후와 토양조건 아래서 생태계가 3백~4백년 사람의 손길이나 대규모 산불 등으로 인한 훼손이 전혀 없을 때 이룩되는 안정된 극상의 모습을 잘 보여주고 있다.

극상 생태계에는 종이 다양하다. 이우철 교수팀은 지난 90년 이 일대에 대한 조사에서 우리나라 전체 식물종의 20%에 해당하는 854종이 사는 사실을 밝혀냈다.

한국자연보존협회는 지난 83년 점봉산 일대 종합학술조사에서 "중부지역 특유의 원시림을 이룬 이곳을 설악산국립공원에 포함시켜야 한다"는 결론을 내렸다.

진동계곡 일대가 이렇게 보존될 수 있었던 이유는 간단하다. 그 동안 사람들이 찾아들지 않았기 때문이다. 설악산국립공원 경계선 밖에 자리잡아 관광객의 관심을 끌지 못한 데다 산세가 험해 접근이 쉽지 않았기 때문이다. 실제로 진동계곡은 잘못 발을 들여놓았다가는 길을 잃기 십상일 정도로 숲이 우거져 있고, 살갗 깊숙이 파고들어 피를 빠는 진드기가 많아 등산객도 접근을 피하는 곳이다.

위의 내용은 「한겨레신문」에 실린 '이곳만은 지키자, 마지막 원시림 진동계곡'을 요약한 것이다.

긴말 필요없이 이 일대는 '남한의 마지막 원시림'으로 불리울만큼 사람들의 손때가 묻지 않은 울창한 숲으로, 하늘을 찌르는 전나무, 신갈나무, 사스레나무, 주목, 서어나무, 졸참나무, 당단풍, 까치박달, 물푸레, 고로쇠, 피나무, 소나무, 복장나무, 분비나무 등 온대 중부의 대부분의 나무와 북부의 주요 군락들이 빼곡이 들어찬(93년, 李炳天 경북대 석사논문. 91. 4~93. 10 총 12회에 걸친 植生 조사) 함부로 범접하기 외경스러운 지대이다.

다시 말해 점봉산, 가칠봉, 정족산(869m), 구룡덕봉(1,388m), 약수

한계령풀

산(1,306m), 응복산(1,359m) 등 험준한 봉우리들로 둘러싸인 우리들의 허파이자 생태계의 보고, 설악산의 남쪽 심장부이다.

그 누가 말했던가. 이 지역이 결단나면 남한 땅은 끝장이라고. 오대와 설악을 잇는 이 지역은 우리 모두의 목숨줄이나 마찬가지라고.

이 지역에 서식하고 있는, 환경처가 이미 지정한 특정 야생 동·식물을 살펴보자면, 제1호인 꼬리치레 도롱뇽을 비롯하여, 등대시호,

솜다리, 섬말나리, 솜새, 애기앉은부채, 점봉산 엉겅퀴 등 10여 종 이상의 법정 보호식물의 군락, 도라지모시대, 벌개미취, 금강애기나리, 모데미풀, 금꿩의다리, 만병초, 병풍쌈 등 30여 종의 한국 특산 식물, 세계적인 희귀식물로 알려진 한계령풀도 확인되고 있다.

이와 함께 남한에서는 유일하게 표범이 살며, 멸종위기 동물인 삵, 늑대, 목도리담비 등 4종과 천연기념물인 하늘다람쥐, 반달곰, 사향노루, 산양, 수달의 5종 총 31종의 야생동물과 큰 오색딱따구리 등 43종의 희귀 조류의 서식도 확인되었으며, 어류로는 금강모치, 참종개, 연어, 산천어, 열목어, 은어, 황어, 꺽지, 검정망둑, 날망둑, 칠성장어 등 10종의 한국 특산종과 2종의 천연기념물이 살고 있다.

또한 점봉산 남쪽 강선리 일대에서만도 지리산 전역에 살고 있는 곤충의 1.5배에 달하는 종이 채집되어 국내 최고의 생물 다양성을 단적으로 입증시키고 있기도 하다.

생태학적인 측면에서 볼 때, 이 곳은 천연기념물 제171호로 지정되어 온갖 사람들의 발길에 시달리고 있는 설악산보다 눈길을 덜

수달

끌고, 워낙 험준한 지역이라 훨씬 더 생물 다양성을 간직할 수 있었던 남쪽땅의 마지막 생태계의 보고인 것이다.

참으로 쓴웃음을 지을 수밖에 없는 일이 있다. 1989년 환경청은 양양 남대천 일대의 생태계 조사를 실시하였다. 식생(植生), 조수, 어류, 곤충, 수질 등 10개 분야로 나누어 정밀조사한 이 보고서는 "양양군 서면 일대는 시급히 보호지역으로 지정돼야 한다"는 결론을 내린 바 있으며, 1993년 환경처는 〈자연 생태계 지역 정밀 조사 보고서 ―점봉

산 진동계곡 일대)에서 "진동리 지역은 북한강의 완류수역으로 남한에서 유일한 원시림 지역"이라 규정하고 있다는 사실이다.

환경부의 직무유기

문민정부 후반기에 들어서서도 쉽게 고쳐지지 않는 행정관행중 무엇보다 가장 아쉬운 점은 '공개를 통한 신뢰구축'이다. 심지어 한전은 89년 한전기술(주)에 용역을 주어 실시했다는 이른바 환경영향평가 과정에서, 참여한 자문위원(강릉대, 강원대 교수들)들에게조차 조사 목적을 정확히 알리지 않았다(태백 수력 발전 계획을 위한 준비자료 수집이라고 했다 함). 관계자들과 일반인들에게 제대로 알리고 충분히 의견개진을 할 수 있는 설명회·공청회 등 당연히 거쳐야 할 토의·의견 수렴과정을 '수박 겉할기식 얼렁뚱땅 요식행위'로 꿰어맞춤으로써 절차의 정당성을 갖추지 않았음은 주지의 사실인 것이다.

아무튼 한전이 환경부와 협의하여 절차를 완료했다고 하는 환경영향평가(협의완료 90. 12. 5)는, 지금까지의 많은 문제제기에도 불구하고 95년 7월 6일 통상산업부의 최종승인에 이르는 추진과정의 근거이자 필수적인 절차이므로 '소잃고 외양간 고치기'가 될지라도 그냥 지나칠 수 없는 중차대한 문제라 하겠다.

① 앞서 언급했듯이 자문위원에게조차 목적을 분명히 밝히지 않은 감추기 작업이었던 점.

② 조사기간 자체가 89년 7월과 11월 단 2회였던 점(봄·겨울이 빠졌다).

③ 참여한 전문가가 89년 환경청이 조사했던 식생, 조수, 어류 등 10개 분야도 못된 극히 제한된 분야였던 점.

④ 따라서 당연한 결과로 "수몰지역에는 희귀식물이 분포하고 있지 않은 것으로 조사되었다"는 엉터리 보고가 작성 된 것.(상부댐이 들어설 진동계곡엔 '열목어 포획금지'라는 팻말을 덩그러니 세워놓고는

이 보고서엔 열목어란 세 글자조차 보이지 않는다)

⑤ 침수지역의 녹지자연도도 8등급인데 5등급 이하의 일반 초원지대로 기술한 점.

이상과 같은 내용상의 잘못된 점이 너무도 많이, 너무도 번거롭게 드러나게 되자 한전은, 95년 10월 환경영향평가의 재조사가 아닌 자체 조사를 실시하였다고 하나, 아직 그 결과는 나오지 않은 상태이다.

이는 한전 스스로도 89~90년의 조사가(4명의 교수가 2회 둘러보고 탁상 자료로 날림으로 만든) 엉터리였음을 인정한 것으로 볼 수밖에 없으나, 95년 5월 8~17일에 실시했던 공동조사반의 '연어 해외 실태 조사'와 마찬가지로, 정당성 확보의 수순을 꿰맞추기 위한 눈가리기 작업이 될 공산이 크다는 점에서 심각한 우려를 자아내게 하고 있는 것이다.

또한 95년 8월 한전 양양 양수건설처가 내놓은「주요 환경 영향 및 보호대책」에서도 역시 그럴듯한 미사여구의 형식적 보완책으로 일관하고 있음을 역력히 드러내고 있다.

보호대책으로 나열한 항목들이 어떻게 이루어질 것인지, 이 또한 탁상용 서류처리가 되어 버릴 거라는 게 관심있는 이들의 중론이다. 갖은 보호대책을 눈가리기식으로 나열해논 서류만을 작성한다고 산천이 보호되겠는가 말이다. 애초에 첫 단추부터 잘못 꿰어졌으니, 아무리 사후 대비책이니 사후 약방문이니 해 봐야 소용이 없다.

가장 최상의 대책은 "건드리지 말고 그냥 놔두는 것"이다(77년 미 텔리코 댐 사건 때 연방법원 법정공방에서 나온 얘기). "댐 건설로 인한 상·하류의 환경변화는 이제까지 축적된 모든 생태학적 지식과 경험상의 기술로도 막아내거나 문제의 해결이 불가능한 것이다"(*Bio Science*, 1995. 5) 정녕코 지금이라도 늦지 않았으니 전기 만들어 팔아먹는 일이 발등의 불처럼 화급하다 할지라도 환경영향평가를 다시 시작하는 수밖에 없다.

이 지역 일대에 관심있는 연구자들의 자발적 참여 하에(돈 들일 필요도 없다), 적어도 2~3년간의 기간으로 모든 분야에 걸쳐 생태계 조사가 이루어지도록 해야 한다. 그래야 하다못해 동·식물 표본이라도 만들어 놓을 게 아닌가 말이다.

그러한 기초조사가 충실히 이루어지고 난 후에도 양수댐 건설이 불가피하다는 설명·공청회의 의견수렴이 이루어진다 할지라도, 구체적인 보호대책을 서류로 작성하는 것보다 먼저 착수해야만 할 일이 있다. 그건 바로 희귀 동·식물의 이전작업(?)이다.

도대체가 이런 작업이 이 땅에서 이루어진 적이 한번도 없었기에, 이 땅의 귀중한 토종자원들은 날이 모르게 사라져 버렸던 것이다. 이 이전작업엔 관련 분야의 고도의 숙련된 전문인력이 필요하고, 이 때의 경비야말로 아끼지 말아야 한다(엉터리 '환경영향평가'나 '해외실태조사' 같은 데 들이는 돈이면 충분하다).

이러한 이전작업이 완료될 시점에 가서야 댐 건설 이후의 빈틈없는 보호대책이 기초조사와 이전작업에 참여했던 전문가들 중심으로 논의되고, 이 보호대책의 실시를 감시할 중앙·현장의 조사·감시·관리기구가 만들어져야 할 일이다.

다시 정리하자면 일의 순서가 이렇게 돼야 한다는 얘기다.

① 환경영향평가를 위한 충실한 기초조사
② 모든 이들에게 알려진 '열린 설명회'
③ 모든 이들에게 알려진 '열린 공청회'
④ 희귀 동·식물 이전 작업
⑤ 사후 보호대책 수립
⑥ 건설 승인 및 착수

하여튼 이 사업의 추진과정에서 환경부는 당연히 취했어야 할 직무상의 엄밀성과 성실성(아니 솔직성이라 표현함이 더 옳겠지만)과 대안 제시의 부재 등, 부처 이기주의와는 또다른 본질적 의미에서의 최소한의 기초사안조차 제대로 짚고 넘어가지 않음으로써, 심지어는 89년 자체 조사한 보고서와 180도 틀린 보고서에 동의(협의 완료)해 줌으로써 국가 중요 사업에 엄청난 잘못을 저지르는 직무유기를 한 것에 대해 어떤 식으로든 책임을 져야 할 일이다.

이같은 지적은 한전이나 통상산업부, 심지어 청와대에서도 주 공략 대상이 환경부가 아닌 수산청과 양양내수면연구소였다는 사실에서도 확연히 반증되고 있다 하겠으며, 95년 3월 22일 청와대 중재회의(?) 결과 구성된 중앙협의회 · 현장협의회의 구성에서도 수산청 · 한전 관계자만 있을 뿐 환경부 관계자는 전혀 언급조차 되어 있지 않은 것에서도 쉽게 간파될 수 있다.

기실 지금까지 누차 지적되어 왔고 세간에 회자되어 왔듯이 환경영향평가란 법적장치조차 이즈음엔 대형공사의 면죄부로 악용되는 사례가 점증하고 있음은 우리 모두가 익히 알고 있는 터이다.

차제에 자연환경보존법의 하위법인 환경영향평가법을 대폭 강화 · 개정하여, 이런 못된 관행에 쐐기를 박는 전화위복의 계기가 된다면 대다수의 국민들이 열렬히 박수를 보내게 되지 않겠는가 싶다.

연어의 삶과 죽음

연어 하면 보통사람들은 고급호텔이나 뷔페같은 특정한 곳에서나 구경할 수 있는 이색적인 수입어종으로들 알고 있으나, 옛날부터 강원 · 경북 일대 동해안에서 잡아 임금께 진상올리던 이 지역 특산물이었음은 각종 문헌에도 나와 있고, "특히 연어알은 음력 8월이 가장 맛있다"는 기록도 발견된 우리의 토종 바다고기임에 틀

연어 치어 방류에 참여하여 즐거워 하는 양양지역 초등학생들

림없다.

전세계에 32종류가 있는데, 한반도 일대에선 연어, 송어를 비롯하여 낙연어, 곱사송어, 홍송어, 자치, 정장어, 곤돌맥이, 열기, 산천어, 우러기, 열목어 등 12종이 발견된 바 있다.

러시아에서는 '황제고기'라 하여 아주 고급 어종으로 우대를 받고 있는 이 연어는, 다만 분포지역이 꽤 넓은 냉수성 어종이어서 동해 북부, 일본, 러시아, 캐나다, 미국 등에서 주로 대량으로 잡아왔기에 외국 어종으로들 잘못 알아 왔던 것이다.

암놈의 알 위에 수컷의 정자를 뿌리는 인공수정 작업

연어 '체포' 작업은 대개 동튼직 후 새벽녘에 이루어진다

상기 4개국은 일찍부터 연어 대량 남획으로부터 연어자원을 보호하기 위해 북태평양 소회성 어족회의(NPAFC)를 발족시키고, 인공양식·방류 등의 사업을 시작하여온 바, 미 콜롬비아강 연어 소멸과는 대조되는 알라스카에서의 연어자원 증대 등 괄목할 만한 활동을 벌여왔던 것이다.

이 사업의 기득권 확보에 한자리 차지하기 위해 각종 노력을 기울여온 우리나라는, 아직 연근해에서의 어획고는 비교적 적은 편이지만, 그간의 인공 방류 등을 통한 자원조성 실적이 인정되어 NPAFC의 정식회원국 가입이 긍정적으로 검토되고 있는 상태이다.

84년부터 양양에 내수면연구소를 세워(수산청 산하 수산진흥원 소속) 본격적인 인공수정·증식·방류 사업을 시작한 이래, 차츰 새로운 수산자원으로서의 가치가 주목받는 단계라 할 수 있겠다.

근 10년간 막대한 예산을 들여가며 추진해온 이 사업이 어느 정도 성공단계에 들어선 지금, 우리 국민들의 일상 식탁에 연어가 오를 수 있는 대중 어종이 될 날도 얼마 남지 않은 지금(작년 포획량 1억 3,620만 마리, 회귀율 1.14%) 연어의 모천이자 우리나라에서 손꼽히는 청정수역인 남대천(오십천, 주수천, 왕피천 다 합쳐도 30% 밖에 안됨)에 댐이 들어선다는 것은 참으로 갑갑하고 안타까운 일이며, 지금까지 들인 노력과 예산은 밑빠진 독에 물붓기 격이 되어버릴 공산이 크다.

연어 인공방류사업의 정착에 힘입어 북태평양에서의 여타 어종 원양어획의 쿼타를 따내는 일도 거의 불가능해질 것이다. 이것이야말로 현 정부의 정책인 세계화에도 완전 역행하는 것이 아니고 무엇이겠는가 말이다.

여기서 잠시 장엄하고도 신비한 연어의 세계를 들여다보기로 하자. 길이 60~100cm, 몸무게 2~6kg의 엄청 큰 연어는 알의 크기도 직경 0.7cm에 이르며, 작은 앵두알 빛깔이다. 약 2개월 가량 성숙하면 바다로 나가 한류를 타고 이동하여 3~4년 동안 수심 2천m까지 오르내리며 알래스카 부근과 베링해역에서 자란다.

완전히 성숙하여 알을 밴 연어는 시속 100km로 1만 6천여 km에 이르는 멀고 먼 항해를 약 15일에 걸쳐 한 후 모천의 냄새, 자력, 태양(정확히 아직 모름) 등의 영향으로 방향감각을 살려(비늘 밑의 '신경주'로 불리는 감각기관의 제 육감이 뇌에 전달된다고 함) 자기가 태어난 모천으로 귀향한다. 급류와 폭포도 뛰어오르며, 아무 것도 먹지 않는 그야말로 필사의 산란·귀향 작전이다.

상류에서 산란을 마친 뒤엔 기진하여 둥둥 강물에 흘러 떠내려가며 바다에 이르기 전 장엄하고도 슬픈 일생을 마감한다. 약 3천개의 알

중에서 300개만이 치어가 되고, 그
중에서도 4~5 마리만이 두살바기가
되어 바다로 향한다.

이런 라이프 사이클을 지녔기에
인공수정 · 증식 · 방류사업의 중요
성은 아무리 강조해도 지나치지 않
는다. 체포량, 방류량, 회귀율도 점
차 높아져 가는 추세이며, 이제는 알
을 짜낸 연어피와, 정치망으로 바다

연어 체포작업에 참가하여
신나는 시간을 보내는
가족들의 모습

에서 잡은(회귀율 파악을 위해 허가하고 있음) 연어의 가공 · 저장 사
업까지 고려해야 될 이 시점에서 모천에 댐이 만들어진다는 것은 그
결과가 어떻게 될지 삼척동자도 불을 보듯 뻔한 일 아니겠는가.

현재 연어사업으로 인한 수입이 연간 약 20억, 2000년에는 30~40억
으로 늘어날 전망이며, 이는 연근해에서의 단순어획만 따진 것이고,
국제 시장성의 측면에서 보더라도 연어포(7백원/kg) 등은 경쟁력이
있어 수출 유망품종으로 기대되고 있기도 하다.

한편 환경부가 아닌 수산청이 너무 끝까지 반대하니까, 한전은 민
물고기 연구의 상징으로 알려진 최기철 박사를 단장으로 내세운데다,
추가로 8명의 교수들과 연구진들을 95년 5월 중순 미국 콜롬비아강 일
대와 일본 북해도 일원에 파견하여 실태조사를 한 바 있다.

하지만(실지로 최기철 박사는 해외조사에 직접 참여하지 않았음)
보고서를 살펴보면, 그 기간도 턱없이 짧은 데다가(5. 8~17), 실태조
사라기보다는 당국자들과의 만남 자체만을 강조하고자 했음인지, 현
지의 엄연한 '실태'는 덮어둔채 면담자 명단으로 그 권위를 대신 인정
받으려는 의도를 명백히 드러내고 있고, 관련 증빙자료를 통한 명징
성 확보에는 실패한 것으로 여겨진다.

△콜롬비아강 한국 조사단의 보고가 허위임을 반증하는 보도

① 세계 최대의 경제 월간지 *Forbes* (94년 11월 20일자)

「연어는 모두 어디로 갔는가(Where Have All the Salmon Gone)」에서 정부 소유의 Bonneville Power Administration 수력발전소가 미국 최대의 연어 서식지인 콜롬비아강(캐나다 브리티시 콜롬비아주, 미국 워싱턴 오리건주)의 연어 어족을 감소시킨 실상보도. 해당 발전소는 태평양 연안 미 북서부 지역의 전력 수요의 절반을 공급.

② *Newsweek* (94년 12월 19일자)

「죽은 연어보다는 붉은 연어가 올라오는게 좋지 않은가(Better Red Than Dead)」에서 콜롬비아강 유역의 연어 소멸을 지적하면서 알라스카에서 번창하는 연어 어족과 대비, 어떤 대책을 강구하여야 되는지 당국의 뒤늦은 관심을 보도.

③ 미국 최대의 자연보존 잡지 *Audubon* (94년 7월)

「연어를 어떻게 구할 것인가(How to Save A Salmon)」에서 콜롬비아강에서 고기를 죽이는 최대의 적은 수력 댐임을 지적하면서, 한 생물학자의 연어 보호운동 소개.

④ 이외에도 30년대 이전에 건설된 댐의 환경문제와 관련 가동중지 등 선진국 사례와 아시아 개발도상국가들의 댐 축조로 인한 생태 파괴와 환경파괴 사례에 관한 국제적 보도 및 논문이 다수 있음.(말레이지아 바쿤댐은 2020년대의 전력 수요를 위해서 69,000hr의 열대우림 제거)

⑤ 「조선일보」(1995년 7월 5일자)

알래스카 전해안에는 4월부터 11월까지 연어들이 알을 낳으러 수천 마리씩 떼를 지어 강으로 거슬러온다. 하지만 북극지방에서부터 중부 캘리포니아 몬트레이만에 이르기까지 광범위하게 발견되던 북태평양 연어가 남쪽으로부터 서서히 사라지기 시작하고 있다. 알래스카 향토

학자 잰 로스는 "주법(州法)에 따라 부화중인 연어를 괴롭히는 행위를 금하는 것만으로는 해결되지 않는다"고 말했다. 당국이나 민간단체들은 낚시꾼이나 여울목을 지키는 불곰, 흰머리독수리 따위보다 훨씬 큰 위협 요인으로 강 상류 얕은 개울의 훼손·파괴를 꼽고 있다.

개울들은 연어들의 최종 목적지이자 부화터 겸 성장터다. 하지만 벌채, 채광, 댐 건설, 목축, 관개수로 건설같은 산업화가 상류 실개울을 망치고 있다. 벌채는 수온을 높인다. 광산에서 나온 침전물들은 연어의 아가미를 질식시키고 부화터를 메운다. 지나친 목축은 동 식물들을 없앤다.

지역경제와 지자체

경제적 측면을 얘기하자면 빼놓을 수 없는 게 지역경제와 지방자치체 사이의 갖가지 애증과 고민이다. 강원도의 경제력은 전국에서 거의 바닥권이다. 1인당 총생산액도 487만 6천원으로 전국 평균인 607만 2천원에 훨씬 못 미치는 전국에서 두번째로 낮은 액수이다.

한전측이 내세우는 지역경제에 대한 기여는 대체로 2가지이다.

하나는 지역주민 고용과 소규모 공사 입찰 참여 및 물품구입 등으로 솔찮은 돈이 지역사회에 뿌려질 것이라 큰소리치고 있다. 하지만 지금까지의 무수한 유사 공사에서 그래왔듯이, 실지로 지역 경제가 혜택을 입는 경우란 아주 미미한 잔 공사나 일상용품의 구입(심지어 어떤 곳에선 한전 직원들만의 쇼핑을 위한 셔틀 버스가 운행되고 있는 곳도 있을 정도다)에 그칠 공산이 크다. 상주 인원도 100여명 미만이며, 관광소득원 증가 운운은 일반인 출입금지 지역이니 말도 되지 않는 소리이며, 관련있는 사람들만의 은밀한 위락지로 전락할 가능성이 더 크다고 보아야 할 것이다.

둘째는 세입 증대이다. 취득세·등록세 200억원 가량이 도세로 징수되어 발전소 주변 지역인 양양에 10억, 인제에 4억이 지급될 것이라

한다. 따라서 강원도(도지사 최각규)나 양양군(군수 신영섭)의 행정담당자들은 드러내 놓고(양양), 또는 은근히(강원도) 발전소 건립을 찬성하는 편이나, 이 지역 국회위원인 최욱철 의원은 반대 입장을 분명히 밝히고 있다.

여기서 우리는 진부한 '개발논리와 환경논리의 갈등'을 재론하려는 게 아니다. 도대체가 정책 책임자들의 '발상의 출발'에서의 본질적 전환을 기대한다는 것은, 이 국제화·개방화·세계화의 시대에 나무에서 바다고기를 구하려는 연목구어의 헛된 꿈일 뿐일까.

예를 들면 농업분야에서의 관광농업진흥책도 마찬가지다. 농업으로만 먹고 살기 어렵다는 확고한 바탕에서 출발, "술장사, 밥장사 하고 농작물과 자연은 눈요기용으로 유지하시오"라는 생각이 그 골간을 이루고 있는 것이다.

이에 대한 필자의 대안은 이렇다. 지금 매년 2,000억이 지원돼 200군데씩 유기농 단지가 만들어지고 있다. 이와 함께 각 지역 특산물 단지도 중앙 또는 지역단위로 적극 지원·육성되고 있다. 이들 단지와 관광농업 진흥을 연결시키라는 얘기다. 그 발상의 출발은 이렇다.

"우리는 이렇게 특산물, 유기농작물을 열심히 힘들여 짓고 있소. 직접 와서 견학·실습 하시고, 이의 소비·유통·개발에 함께 힘을 기울여 봅시다."

전국 최하위 경제권인 강원도와 설악권의 인제·양양도 마찬가지다. 제주도와 더불어 국내 최대의 관광잠재력을 보유하고 있는 곳이 이 지역임을 부인할 사람은 아무도 없으리라. 이 잠재력을 가시화시키는 일이 꼭 온 산천을 불도저로 밀어버리는 식의 양수발전소 프로젝트일까. 대안을 만들어내는 발상의 부족이 더 문제가 아닐까.

"그럼 당신이 대안을 얘기해 보시오"라고 한다면 굳이 못할 것도 없다. 양수발전소에 투입되는 돈의 10분의 1, 아니 100분의 1만 가지고도 얼마든지 지역경제와 지역주민들의 삶의 질을 향상시킬 수 있는 방법을 생각할 수 있다. 정책 담당자들이 좋아하는 선진외국의 예를 들어 보자.

① 일본의 산지개발 사례   거의 손을 대지 않은 일본의 산악지대들 중에서 일반 국민들이 누구나 와서 흠뻑 즐길 수 있는 개발지도 얼마든지 있다. 이곳들의 공통된 모습은, 우리나라의 '자연휴양림'에 보태기와 빼기를 가한 것이라 보면 된다.

다시말해 쓸데없는 시설물들은 빼버리고, 사람들이 산에 들어오는 순간부터 일거수 일투족 자연을 아끼고, 보호하고, 그 가운데 호흡하며 즐기는 '자연의 체험화'에 온갖 세부적 정성이 다 쏟아진 '자연 시설물'들로 꽉 채워놓고, 이의 사용에도 일정한 사용료를 받는 식이다.

개발 하면 제일 먼저 기초단계 공사가 아스팔트 도로 아니겠는가. 왜 아스팔트·콘크리트여야 하는가. 그 지역에서 나는 돌과 나무만 가지고도 얼마든지 차도를 깔 수 있는 것 아닌가. 그러면 하다못해 야생 동·식물도 지금까지의 수난보다는 훨씬 덜 피해를 입지 않겠는가.

농·수산물, 특산물의 채취·재배도 앞서 언급한 특산·가공 단지와 함께 생산 현장의 상품화에 주력하여 꼼꼼히 신경을 쓴다면 얼마든지 가능하리라 본다.

② 프랑스의 포도농장 얘기를 TV에서 본 기억이 새롭다. 한집(농장), 아니 그 마을이나 지역 전체가 관광단지요 생산현장이다. 도시 사람들이 버스로 몰려들면, 자연 그 자체, 거기 숨쉬고 있는 농작물, 그것을 채취·재배하는 사람들의 일거수일투족 모든게 관광·견학거리이다. 일에 방해가 되지 않는 범위 내에서(현지 주민들의 지혜도 필요하다) 도시인들은 조심스럽게, 나중에는 아주 즐거이(특히 어린이들은 더욱 더) 일을 거들어주며 체험을 만끽한다(어거지 농사체험장이 왜 실패했는가 검토해보자). 그렇게 스스로 호흡하며, 손수 생산에 참여해본 '신뢰와 즐거움'은 귀가길의 안심하고 흔쾌한 농산물 구입

으로 이어지는 걸 보고 필자는 정말 너무도 기뻐했던 적이 있었다.

①②의 예를 바탕으로 하여, 더 나아가선 조금 더 큰 규모로 지역 단위의 송이버섯 축제, 연어 축제, 옥수수·감자 캐기 대회, 산나물 캐기 대회 등 얼마든지 발전시킬 수 있을 것이다.

체험하고, 소중하게 여기고, 함께 즐기며, 그러면서도 경제적으로 줄 것은 주고 받을 것은 받는 자연스런 넘나듦의 모습들은 매스컴을 자연스레 타게 되고, 이는 또 저절로 선전이 되어 소득향상도 꾸준히 이루어진다. 이것은 과연 신기루같은 분홍빛 대형 프로젝트——당장이라도 몇백 억이 떨어질 것 같으나 결국은 문어 제팔 잘라 먹기인——에 비해 부질없이 꾸어보는 헛된 꿈속의 그림에 지나지 않는 것일까.

원전과 백두대간

도대체 양수발전소란 무엇일까. 양수발전소란 어렵게 얘기할 것 없이 수력발전과 거의 같은 원리로 발전을 하나, 댐에 고인 물만 갖고 이용하는게 아니라, 물을 퍼 올려놨다가 필요할 때에 발전을 한다는 얘기다. 그럼 우선 이런 의문이 생길 것이다. 물을 퍼 올리는 짓을 뭐하러 돈을 들여가며 따로 하느냐, 그건 낭비요 쓸데없는 짓 아닌가. 그렇다. 바로 이게 양수발전의 아킬레스건이다.

양수발전소란 이름을 평소에 잘 들어보지 못한 국민들은 첨단 과학기술로 새로 생겨난 발전소인가보다 할테지만 천

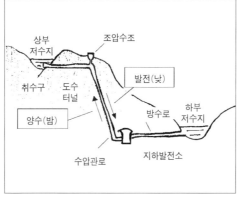

양양
양수발전소
단면도

상부
저수지
조압수조
취수구
도수터널
발전(낮)
양수(밤)
방수로
하부
저수지
수입관로
지하발전소

만의 말씀이다. 역사가 100년이나 된, 이를테면 구닥다리 발전 기술의 하나인 것이다.

옛 경세서에도 나와 있듯이, 물을 잘 다스리는게 나라(國)의 근본이다. 물 관리를 잘 하라고 천지사방에 저수지며 발전용 댐이며 만들어 놓지 않았는가.

최첨단 홍수통제 시스템으로 올 여름도 한강 범람의 위기를 가까스로 넘겼던 기억이 새롭다. 설사 갈수기에 온 나라 물이 바닥이 났다고 치자. 그러면 유연탄, 무연탄, 중유, 액화 천연가스에 원자력 발전까지 가동 중인데 무슨 걱정인가. 그렇다. 양수발전소는 한마디로 원전의 사생아라고 해도 과언이 아니다.

원전의 치명적 결함을 우린 보통 안전성(첨단과학으로도 내부폭발 등에 대한 완벽한 대책은 없다)과 경제성(92년 당시 안병화 한전 사장은 "[원전이] 반드시 경제적으로 유리하다고 단언할 수 없다"고 실토한 바 있음)으로 알고들 있으나, 실지 발전과정의 측면에서 보자면 원전은 발전량을 조절할 수 없는, 즉 일정한 발전을 계속 유지해야 하는 또다른 약점을 지니고 있음을 국민들이 모르고 있다.

그러니까 전력의 50% 이상을 원전에 의존하고 있는 현실에서 파생되는 이런저런(가장 골치아픈 한여름 2~4시 피크타임 대의 최대 전력 수요) 문제들을 해결하려니, 어쩔수 없는 궁여지책으로 양수발전소를 많이 세우는 수밖에. 말하자면 밑빠진 독에 물붓기이다. 이를테면 안전성과 경제성을 무시한 '전력 수급정책'의 출발부터 '발상의 전환'이 있지 않으면, 우린 모두 계속 이 고통의 늪 속에서 허우적거릴 것이며, 이쪽 둑이 터지면 저쪽 둑을 틀어 막아야 되는 다람쥐 체바퀴돌기를 끊임없이 계속해 가야만 하게 돼 있다.

통상산업부가 건설 승인을 내준 시점도 그냥 무심코 지나쳐버릴 일이 아니다. 95년 7월 6일. 지방자치 선거가 6월 27일이었으니 각 지자체가 새로운 민선 단체장을 맞아 업무 파악·정비도 하기 전, 아주 교묘한 시점에서 합동작전으로 밀어 붙였다고 보지 않을 수 없다.

한전 주식의 상당량을 보유하고 있는 통산부로서는 "원전 관련 사업엔 차관을 주지 않기로" 한 IRBD(세계은행) 등 국제적 공인 금융의 길도 점점 어려워져 가는 판국이라, 끊임없는 사업의 확대재생산을 통해 그나마 여타 다국적 은행의 돈이라도 끌어들이지 않을 수 없는 형편. 한전도 한정된 독점이윤에 묶여 있기 땜에 쉴새없이 사업을 확장해야 이윤의 양이 커지는 것이고.

한가지만 더 언급하기로 하자. 지금의 전력 생산량의 3분의 1 가량이 송·배전에 쓰여지고 있다는 사실. 각 지역사정에 맞는 대체 에너지와 최첨단 수요예측과 발전설비에 발맞추는 진정한 의미의 전력지방자치는 제○공화국에 가서나 정녕 이루어지기 시작할 것인가.

각설하고, 그렇게 시작된 양수발전소가 청평, 삼랑진, 무주 덕유산, 산청 지리산을 거쳐 바야흐로 백두간두의 허리 설악산(점봉산)까지 쳐들어오고 있다.

백보를 양보해서 지금 당장은 어쩔 도리가 없으니, 어딘가에 양수발전소를 시급히 세워야 한다는 데 동의하기로 하자. 그런데 왜 하필 지금 남한에서 사람들이 가장 많이 찾고 좋아하는 설악산인가. 왜 하필 국내 1급 청정수역으로 가녀리게 남아있는 남대천인가.

한전은 이렇게 주장한다. 입지가 최적이라고. 상·하부 저수지간 낙차가 크고, 직선거리는 짧을 것. 댐 높이는 가능한 낮되 저수가능량은 많은 곳. 유역면적은 클 것. 공사비가 적게 들 것. 그러면서 양양 양수발전소 낙차는 776m로 세계 양수발전소 가운데 최대로 크다고.

이 말은 거꾸로 해석하면 세계에서 가장 잔인하고 무지막지하게, 다른 나라에선 감히 엄두도 못낼 아름답고 경이로운 고산지대를 가차없이 작살내는 '마귀같은 돌심장'을 지녔다고. 그렇게 표현하면 너무 지나친 것일까.

상부댐의 위치는 유네스코가 지정한 생물권 보호구역에서 불과

500m 밖에 떨어져 있지 않다. 전 지구적 차원에서 인류 전체를 위해 국제기구가 정해놓은 권역에서 반경 약 10㎞ 이내는 '완충·전이지대'로 보호됨이 옳다는 것은 상식에 속하는 얘기가 아닌가.

설악산~오대산~태백산으로 이어지는 이 지역은 한반도 전체로서도 척추 부분에 해당된다. 지구가 온통 몸살을 앓고 있는 이 시대, 산성비와 황사와 온갖 오염덩어리들을 그나마 중화시켜주고, 가끔씩이나마 심신에 지친 우리들 모두의 쉼터이자 재충전의 터전이기도 한 이곳마저도 개발에 아픈 상처를 껴안고 버텨내고 있는 실정이기도 하다.

- 양양·홍천군간의 구룡령을 통과하는 46번 국도 포장
- 오대산 북쪽 명개리에서 살둔을 경유 상남에 이르는 내린천 상류 도로포장 공사로 인해 이 지역 천연 활엽수림과 천연기념물인 어름치·열목어 서식처 파괴
- 동해 자병산의 석회광 채굴
- 오대산 북대도로
- 필례약수에서 한계령간의 도로포장 등등

강원도 곳곳 심부의 도로 포장·개설로 인한 생태계 파괴와 녹지분할 현상은 필자가 일일이 언급하기조차 어려울 정도로 너무 많고 끝이 없을 지경이다.

이 땅의 산맥을 우리들 인간의 삶과 어우러지는 지기(地氣)의 흐름으로 파악했던 우리네 선조들의 유기체적 백두대간이란 개념 자체를 이들은 도무지 한번만이라도 생각해 보았는지 의심스럽다.

우리는 우리 모두가 매일매일 사용하는 전기 만드는 발전소 짓는 일을 반대하는 게 아니다. 백두대간의 척추에 구멍을 뚫어, 우리들의 허파에 구멍을 뚫어, 결국은 또다른 성수대교의 붕괴, 삼풍백화점의 붕괴, 유조선의 기름유출, 입 밖으로 내기조차 역겨운 그 숱한 재앙들을

불러올 또다른 인재만큼은 우리 모두가 금수가 아닌 다음에야 당연히 없게 해야 할 것 아니겠는가.

한전과 정책 책임자들에게 묻고자 한다. 그대들은 이 땅의 아들딸인가 아닌가. 그대들의 아들딸들에게 백두대간의 허리에 구멍을 뚫어놓은 일이 "정말 그때 잘한 일이었다"라고 두 눈 똑바로 뜨고 말할 수 있겠는가?

국민들의 전력수요를 위해 세계에서 가장 큰 낙차를 지닌 기념비적 양수발전소를 설악산에 세운 일이 살아생전 정녕 기억에 남는 훌륭한 일이었다고 눈감으며 생을 마감할 수 있겠는가?

인간이면 누구나 지니고 있게 마련인 자그마한 생활상의 이기심을 말하고자 함이 아니라, 그대들은 5천억 비자금과 정녕코 티끌만치도 상관이 없는가? 자신이 있는가?

94년 11월 24일, 양양 내수면연구소 백국기 소장(53세)은 청와대 농수산 수석비서관실로 불려갔다. "국가적으로 중요한 사업이니 보완해서 합의해 주라". 강한 압박성 지시에 일개 지방 공무원이 맞대놓고 반대의견을 개진할 수 있겠는가?

95년 3월 22일, 백소장은 또다시 호출되어 양수 발전에 관한 배경 설명을 듣고, "보고서를 토대로 공동협의회를 구성해 시행토록 하라"는 최종지시를 들었다. 이는 최고 권력자의 일개 지방 현장실무자에 대한 압력행사로 해석될 수밖에 없는 것 아닌가. 청와대가 중재에 나섰다는 사실 자체가 매우 석연치 않은 구석이다. 장관도 있고, 총리도 있고, 필자가 알기엔 행정조정실이나 행정조정위같은 것도 있을 텐데 왜 청와대가 나서나? 그것도 농수산 수석 비서관이. 이 일의 중재 적임 위치라는 명확한 해석이 가능한 터도 아니다.

이상의 모든 의문점과 의혹의 눈초리에 깨끗하고 분명히 답변할 수 있는가? 그렇다면 좋다. 산중회의를 소집하라. 그리고 이를 TV로 생중계하라. 그 판에서 어느 쪽이 더 폭넓은 설득력을 지니는 가는 담박에 판가름이 날 테니까.

그럴 자신이 없다면 지금까지의 모든 잔꾀를 부린 것을 취소·사과하고, 이 사업을 원점으로부터 다시 시작하라.

항상 제기되곤 하는 문제로서, 대형공사 확정시엔 으레 지역이기주의와 님비 현상이 고개를 들어 사회 전체의 갑론을박으로 시끄러워지곤 하는게 상례이다. 그러나 양양 양수발전소의 경우엔 그 여파가 그리 커지지 않은 현상을 보이고 있다. 그것은 한전의 계획서에 "인구밀도가 매우 낮은 편이고, 주민들은 주로 농업에 종사하고 있다. 27세대 40명의 이주민이 발생하므로 관련법에 의해 적정 보상·이주대책 등을 강구하고…"라는 구절에서 보듯, 대수롭지 않은 자잘한 문제로 취급하고 있는 것처럼, 기실 세상의 큰 이목을 끌고 있진 못한 형편이다.

사실 27세대 40명의 이주민은 얼마 되지 않는 숫자이다(굴업도 핵폐기장의 경우 겨우 5~6가구였으니). 또한 산간마을 중에서도 오지에 가까운 산골에 처박혀서, 세상이야 어찌 미쳐 돌아가든 한 골짜기 갈아먹으며 대대로 살아온 토박이 지역민들로서는 적정한 보상과 이주대책이 마련된다면 훌훌 떠나 대처로 나가 살고 싶은 마음이 왜 없겠는가.

하지만 이들 주민들도 한전의 약속만으로는 믿을 수 없다며, 양양읍 내현리 관동다방 부지를 매입, 종합상가 및 숙박시설 신축 대책이 마련된 뒤에라야 보상액 산출 근거를 마련할 토지감정에 응하겠다는 태도를 보이고 있다.

문제를 명료하게 살펴보기로 하자. 굴업도 핵폐기장은 5~6가구의 문제였던가? 바로 그 주민 5~6 가구의 반대로 이 계획은 취소되었는가? 따라서 양양 양수발전소는 27가구의 문제만이 아니다. 양양군민, 강원도민, 아니 이 땅에서 살아가고 있는 우리 모두의 문제이기도 한 것이다.

제4부
이 땅의 지킴이들

노거수회(老巨樹會) 이삼우의 나무 사랑

우리 주변에서부터 지구촌 곳곳에 이르도록 조상으로부터 이어받은 노거수들을 보호하면서 그 존재 가치를 이웃에 알리며, 때로는 내 고장의 문화유적지를 답사하면서 향토사를 섭렵하여 실천적 향토사랑, 지구사랑의 길을 걸어가려 함이다.

조금은 이색적이라 할 '활동지표'를 갖고 지난 91년 3월 발족한 노거수회(老巨樹會)는, 지금까지 오래되고 희귀한 나무를 조사하고 보호하는 일을 비롯해 보이지 않는 숱한 일을 해왔다. 나무들을 살리는 일, 한 회사가 한 상징나무를 갖는 운동인 1사1목 운동, 향토유적 답사, 자생 희귀생물 발굴·보급작업 등등. 아마 이런 뜻으로 생겨난 전국 최초의 단체일 이 모임을 그 동안 이끌어 온 이삼우(56세) 회장.

이삼우 회장

'영일향토사연구소' 소장이기도 한 이씨는 87년부터 『영일군사』 편찬을 위해 군내 문화유적지를 찾아다니다가, 곳곳의 당산나무가 관리소홀과 무관심으로 철저하게 내팽개쳐져 홀대받고 있는 것에 안타까움을 느끼고 주위 사람들을 끌어모으기 시작했다고 한다.

그뒤 33명이 국내에선 처음으로 '노거수 사진전'을 열면서 본격적인 활동에 들어가게 됐다. 지금까지 확인된 군내 노거수(수령 1백년 이상)만도 약 3백여 그루. 그 가운데 가장 위기에 처한 것부터 구명·보호작업을 해왔고, 특별한 대책이 필요한 경우엔 당국에 건의해 조치를 취하게 하기도 했다.

4325년(이 모임에선 단기를 고집한다) 칠월 칠석날엔 현대산업사회의 상징처럼 꼽히는 어느 기업체와 650살 먹은 한 당산나무의 결연식, 곧 1사1목 운동의 첫 결실이 이뤄지기도 했다. '인간과 자연의 훈훈한 만남'으로 기록될 이런 결연은, 기업체 구성원들에겐 남다른 향토애를 고취시키고, 마을 주민들에겐 '훌륭한 사위를 본 듯한' 가슴 뿌듯함으로 서로의 정성을 주고받게 했다는 평을 들었다.

지금은 약 1백여 명으로 불어난 회원들의 직업은 저마다 다르다. 회사원, 교사, 공무원, 문화예술인. 나이도 20대부터 70대까지 노거수의 넓은 가지로 품어안고 있다. 어느 단체보다도 '자유스럽고 멋스러운' 이 모임에서 가장 멋스러운 행사는 일년에 4번씩 '향토 순례'라 이름 붙인 온가족 모임이다.

올 첫번째 순례지는 포항시 남구 구룡포읍 성동3리 뇌성산 자락에 있는 광남서원. 이조 문종 때의 영의정이던 충정공 황보인 선생을 모신 곳이다. 계유정난(1453년) 때 일가족이 화를 입자, 충비 '단량'이 선생의 손자 단을 항아리 속에 넣고 한양에서 이곳까지 피하여 손을 잇게 하였다는 애절한 사연이 묻혀 있는 곳이기도 하다.

다음 순례지는 장기곶 등대. 구룡반도 끄트머리의 우리나라 최초의 등대와 등대박물관이 있는 바닷가. 이곳 등대 주변 해송숲 가장자리

장기곶 등대박물관

에 천연기념물이기도 한 모감주나무 묘목을 심고 종자도 뿌려주는 작업을 벌였다. 이 작업엔 영일군 대보면의 같은 뜻을 지닌 모임 호미수회(虎尾樹會 : 92년 발족. 회장 서상은. 일본인들이 장기곶을 '토끼꼬리'라 붙인 것을 음흉한 속셈이라 여겨 '호(虎)'자로 이름했다 함)가 나서 갖가지 준비를 맡아 치렀다. 마침 식목일도 가까운 터에 영일이 자랑할 만한 모감주나무를 곳곳에 심어놓아, 누군가 캐어가는 못된 짓이 더이상 일어나지 않게 하자는 뜻도 숨어 있다고 한다.

꼬맹이들은 엄마와 함께 호미질을 하며 종자심기에 재미난 듯 열심이고, 남정네들은 땀을 뻘뻘 흘리며 땅을 파서 묘목을 심고 비료까지 듬뿍 주느라 정신이 없다. 그 동안 회원 가운데 차량 지원팀은 각기 차에다 너댓 그루의 묘목을 싣고 군내 각급학교에 나눠주기 위해 돌아다니고 있었다. 작업이 얼추 끝나자 삼삼오오 둘러앉아 호미수회에서 준비한 전어회에 소주잔을 들며 들밥을 먹는다. 자연스럽게 야유회가 되는 셈이다. 자리는 그대로 이어져 그 동안 있었던 여러 사항이 보고되고, 심지뽑기도 하여 상품도 시상되는 회의이자 놀이시간이 되곤 한다. 회원들은 포항시의 시목 · 시화 선정에 노거수회가 추천한 이 고장 천혜의 자연자원인 모감주나무와 해국 대신에 소나무 곰솔(옛 소련과 페루의 국화나)이 선정됐다는 소식에 아쉬워한다.

마지막 순례지는 장기곶에서 10분 거리의 바닷가에 세워져 있는 일본인 위령탑. 일제시대 대보 항구와 장기곶 일대를 탐사하던 일본인 측량대원이 이곳 '까꾸리개'에서 몰살당해 일인들이 세운 위령탑인데, 마을 주민들이 동네 어귀에 있던 것을 바닷가로 버리면서 비문에 새겨진 '소화'란 글자를 시멘트로 지워버린 흔적이 그대로 드러나 있다. 눈가리고 아웅하는 식의 옹졸한 마음이라는 지적에 회원들은 고개를 끄덕이며, 위령탑 바로 앞바다의 기묘한 형상을 한 코끼리바위 근처에서 기념사진도 찍으며, 구만리(이곳 지명) 바닷바람에 흠뻑 젖어 본다.

노거수회는 노거수 보호와 향토 순례뿐 아니라, 망개나무, 모감주나무, 해국 등 자생 희귀수목의 발굴 작업에도 한몫 해왔다. 특히 92년 7월 군내 여섯 군데에서 모감주나무 군락지를 발견하곤 조사보고서를 당국에 제출해 그해 12월 문화재관리국에서 천연기념물 제371호로 지정 고시하게 하는 개가를 올리기도 했다.

이렇듯 노거수회는 아무도 돌보지 않는 노거수들, 향토 유적들, 자생수목 등에 깊은 애정을 갖고 보살피면서, 자연사랑 · 향토사랑 · 지구사랑의 정신을 스스로 닦아 나가며 대중적으로도 확산되는 일에 은은한 신바람을 불러 일으키고 있는 셈이다.

"가지, 잎, 줄기, 열매, 꽃들만이 아니라 그속에 깃드는 새들과 서리와 이슬까지도 나무의 일부요, 나무 위에서 노는 어린이와 그 그늘에서 쉬고 있는 촌로들의 노랫소리와 인생의 경륜까지도 나무의 일부다"(이삼우 수필집 『나는 나무요 새요 구름이요』에서)라는 이 회장의 지적처럼, 온나라 각 마을들이 잃어버린 건 단순히 당산나무와 마을굿뿐이 아닐 것이다. 조상 대대로 물려져 오며 다듬어져 쌓여온 온갖 삶의 지혜들이 고스란히 폐기처분되기 전에 어떤 식으로든 본원적으로 회복시켜야 할 필요가 크다.

노거수회는 노거수 보호를 위한 필수상식을 이렇게 전한다.

첫째, 나무뿌리부터 건강하게 육성할 것.

둘째, 시멘트로 구조물을 세우거나 바닥 포장을 하지 말 것.

셋째, 객토를 해야 할 경

회원들과 함께 모감주나무를, 심는 이 회장

장기곶 등대앞
바닷가 공터에서의
나무심기는 철마다 한번씩
갖는 노거수회의
큰 행사이기도 하다

우 3㎝ 이상을 초과하지
말 것.

넷째, 울타리를 설치하
려거든 범위를 넓직하게,
나무의 수관 폭보다 훨씬
넓게 잡아 줄 것.

다섯째, 그늘이 좋다고
자동차를 주차하거나 많
은 사람들이 자주 들어가
지 못하게 할 것.

이삼우 회장의 아호는 아촌(芽村)이다. 나무눈처럼 지극히 작지만
신비로운 생명력을 품고 있는 촌부로 살고 싶다는 뜻이 담긴 듯하다.
그는 1만 7천여 평의 농장에서 식물을 가꾸고 있는 농부이다. 이번 향
토순례 때 쓰여진 모감주나무 묘목도 자신의 농장에서 발아시켜 키워
낸 작품이다. 그의 농장 이름은 기청산식물원. '기'자는 키(곡식을 까
부는 데 쓰임) 기. 알곡만 거두고 찌꺼기는 버린다는 뜻이다. 서울대
농대를 졸업하고 현재 한국문인협회 포항지부 고문, 새단법인 청하중
학교 재단이사장, 한국식물원협회 회장직을 맡고 있기도 한 선비이다.
이 고장의 동화작가 손춘익씨는 이렇게 말한다.

"그의 언행, 사고, 경영 그 어느 것도 일찍이 정도에 어긋남이 없다.
그는 안분지족을 벗어나려 하지 않는다."

그에게선 아무리 세상이 혼탁하고 어지러워도 이 땅 어느 지역이나
한 두분 있게 마련인 진국 선비들의 향기가 느껴진다.

"이제 나부터라도 자연을 향해 존대말을 써야겠어요."

이 다짐은 자연을 잊고 살아가는 현대의 도시인들에게 신선한 화두
가 될 법하다.

신라의 미소, 윤경렬 할아버지

여진족의 후예, 경주의 터줏대감, 남산의 수문장, 풍속 토우(土偶) 작가, 향토사학자, 현대를 사는 신라인.

이런 수식어들이 윤경렬(82세) 선생님을 늘상 따라 다닌다. 하지만 필자는 그냥 '남산 할아버지'로 부르기로 한다. 왜냐하면 원래 어느 분야든 한 방면에 통하면 두루두루 다른 분야에도 상통하게 마련이고, 그런 경우 번잡한 설명이나 수식어란 애시당초 쓸데없는 군더더기이기 때문이다.

우리나라의 문화ㆍ예술계 인사들 치고 남산 할아버지를 모르는 이는 거의 없을 것이다. 하지만 내노라 하는 굵직굵직한 인사들보다 '덜 알려지게' 된건, 아마도 경주 지역에만 오랫동안 뿌리박고 살아오신 지역성과 이렇다 할 '북소리 나는 일'에 관여치 않고 조용히 지내오신 삶 그 때문이 아닌가 싶다.

성성한 백발에 흰 두루마기, 그리고 하얀 고무신

남산 할아버지는 올해 연세가 82세인데도 정정하시기 이를 데 없다. 게다가 거의 매일 고량주 한 두 병은 넉근히 비워 찾는 이들을 놀라게 하신다. 아드님 윤광주 형은 이런 건강유지 비결을 두 가지로 풀이한다. 하나는 새벽 6시면 매일 어김없이 행하셨던 냉수마찰(최근 들어 온수마찰로 바꾸셨다), 또 하나는 항상 즐겨 드시는 녹차(綠茶).

아무튼 할아버지를 처음 본 분들은 누구나 우선 그 풍모에 눈이 휘둥그레진다. 휘날리는 성성한 백발, 늘 입고 계시는 흰색 한복, 외출하실 때는 언제나 흰 두루마기에 하얀 고무신. 어찌 시정의 보통 사람들이 긴장하지 않을 수 있겠는가.

하지만 한 두 마디 대화를 해나가면 그런 긴장감은 봄눈 녹듯 스르르 풀어지게 마련이다. 부드럽고 온화하고 그러면서도 대쪽같은 기개가 곳곳하게 어려 있고. 그렇다고 무슨 산중 암자에 칩거한 선승(禪僧)에게서 풍기는 도도함과는 또 거리가 멀다.

농담도 잘 하고 일상잡사에도 거침없이 관여하신다. 흥이 나면 노랫가락도 잘 부르고 피리를 불기도 하신다.

고 인산(仁山) 김일훈(金一勳) 선생이 써주신 '古靑精舍' 현판이 걸린 자그마한 서재에서 글을 쓰실 때는 이 시대 마지막 남은 옛 선비의 전형적인 모습같아 보이기도 하고, 남산에 올라 바위턱에 앉아 피리를 불 땐 옛 화랑의 모습을 보는 듯도 하다. 필자와 동행했던 한 후배는 "마치 타임머신을 타고 삼국시대에 와 있는 듯 하군요" 하며 그윽한 눈망울로 좌우를 두리번거린다.

"곧은 마음으로 일을 하지 않고, 잘만 보일려구"

경주 시내에서 택시를 타고 '남산 밑 양지마을 윤선생님 댁' 하면 모르는 이가 없는 남산 할아버지 댁은 무엇보다 우선 입구부터가 진솔한 것이 은근하기 그지없다. 요즈음엔 활짝 핀 개나리와 매화 향기가 "이 집이지. 다른 집일 턱이 없지" 하며 손짓하여 부르고 있는 듯하다.

회색 벽돌로 단아하게 올린 대문을 들어서면 예의 그 서재가 막바로 눈에 들어오고, 마당 한 켠에 오밀조밀하면서도 전혀 꾸민 것같지 않은 분수대 · 연못이 있고, 'ㄷ자' 형의 허름한 한옥이 오붓이 자리하고 있다.

우리 일행이 방문한 날, 할아버지는 어느 모임엘 다녀 왔는지 약주가 조금 과하셨나 보다. 잠시 누워 계신다는 할머니 말씀에 서재에서 차맛을 음미하며, 이 댁의 모든 내음을 다소곳이 온몸의 기로 받아들였다. 잠시후 기침한 할아버지는 다녀온 모임이 어쩐지 성에 차지 않으셨던지, 그때 한 '한 말씀'을 우리에게 두세 번 반복하신다.

고돈마ㅅ의 명을 부리옵기에
미륵좌주(座主)를 모셔라
(곧은 마음으로 부리는 바 되어
멀리 도솔천의 大仙家〔미륵〕를 맞이하라)

『삼국유사』에 수록되어 있는 월명(月明) 스님의 「도솔가」 한 구절이다.

"사람들이 말이야, 고돈 마ㅅ에~, 곧은 마음으로 무슨 일을 하려 하지 않고, 그저 근사하게 잘만 보일려구…, 눈에 빤히 보이는 맴으루다… 고돈 마ㅅ에~, 그게 바로 신라 정신이요, 우리 민족의 정신인데 말이야."

고량주 두어 순배가 돌자 할아버지는 북에 두고 온 누님을 그리는 노래를 한 자락 뽑으신다. 일행은 서서히 '황홀하게' 취하기 시작했다. "이봐, 당신도 한 자락 해야지" 하며, 이제는 할머니께 강권하신다.

"내는 술도 안 먹었는데 우째 노래가 되노?"

"그럼 마, 같이 부르지 뭐" 하며 두 분은 '삼수갑산(三水甲山)'을 읊조리기 시작하신다.

삼수갑산
얼크레 설크레졌는데
가지가지 산새들이 서로 쌍쌍이 나누나
어랑 어랑 어랑~ 어~야 디여 니가 내사랑이로다

잠시 신명을 낸 할아버지는 다시 자리에 누우시고, 우리는 할머니와 함께 나머지 '살맛나는' 고량주를 비워나갔다.

"나보고 자서전 쓰라 하면 술장사 한 것밖에 없을 거여. 그러니까 내가 이런 할망구지만 일류 기생인기라. 허허허(그만큼 술판 치닥거리가 일상사였다는 뜻일 것이다). 술따르는 실력은 참기름 장수 경력 덕이라. 이 양반이 성공 · 출세 그런 걸 생각했음 지금의 저만큼도 못됐을 기구만. 참말 저 양반은 행복한 사나이지. 하고 싶은 일 다 하시고 그 좋은 많은 분들과 어우러 지내시고……. 아, 저 나이에 지금도 강사료 내고 소리 배우러 다니는 이는 저 양반밖에 또 누가 있겠누? 거저 지금 소원이 있담 어뜨케 자식한테 폐 안 끼치고 퍼뜩 죽느냐 그거지, 또 뭐가 있갔서."

(할머니는 1995년에 작고하셨다.)

일행은 하룻밤을 이 댁에서 묵었다. 도저히 다른 곳으로 발길을 옮겨 놓기가 싫었다. 그냥 이렇게 이 댁에서 가만히 살아가시는 모습을 보는 것만으로도 행복했다. 그러면서 마음 속으로 굳게 다짐했다. 언젠가 기회봐서 할아버지 곁에서 적어도 몇 달간은 같이 모시고 지내야겠다고.

사실 할아버지 댁엔 손님이 끊이지 않는다. 찾아오는 모든 이들이 무슨 특별한 용무가 있는 경우는 극히 드물다. 그저 찾아 뵙고 인사 드리고, 하시는 말씀 몇 마디 주워 듣고 차나 술 한 잔 함께 나누고.

그러면서도 찾아뵙는 뜻은 다른 데 있는 것이 아니다. 이 댁에서는 그윽한 향기가 풍겨나오기 때문일 것이다. 이 댁 안에 존재하는 모든 것들에서 느껴지는 무언의 감동들. 그것을 무엇이라고 말해야 할까? 줄여서 말하자면 그건 '남산 할아버지의 남산 정신'이라고나 할까.

함경도 '아바이'에서 남산골 할아버지로

할아버지는 원래 함경도 '아바이'이시다. 함경북도 주을면 중량리, 백두산 산자락의 관모봉 기슭이 고향이다. 여담이지만 이 관모봉 일대에 광활한 벚꽃나무 숲이 있다.

"외국인 식물학자가 제주도 왕벚나무 몇 그루 조사해가지고 '자생지이다' 하니까 모두들 우르르 제주도가 원산지인 것으로들 알고 있지만, 관모봉 기슭에 가보라. 아름드리 기둥의 벚나무가 늙어서 넘어진 것, 쓰러진 토막에서 새로 싹이 난 것, 하늘을 뒤덮은 벚꽃 산엘 가본 뒤에 그런 말씀들을 하시라."

할아버지는 초등학교밖에 안 나오셨다. 하지만 박사학위 가진 쟁쟁한 학자들보다 더 많은 책을 읽으셨고, 더 많은 고뇌와 결단을 통해 '마음자락'의 수련을 거치셨고, 아름다움의 본줄기를 찾아 헤매셨다.

할아버지의 고향 주을은 원래 '주을 온천'으로 유명한 관광지였다. 토우(土偶: 흙으로 빚은 인형)와의 인연이 맺어진 것도 따지고 보면 고향 주을 사람들이 일본 관광객들을 상대로 토우를 많이 만들어 팔았기 때문.

초등학교 시절 유난히 이 흙인형에 관심이 많았다. 이곳저곳 가게라는 가게는 다 헤집고 다니며 구경도 하고, 구할 수 있는 것은 모조리 집으로 가져와 똑같이 만들어 보기도 하고. 학교 친구들 사이에선 '조각하는 아이'로 불려질 정도였다고 한다. 중학교에 진학하지 못하고 몇 년간 집안 농삿일을 거들던 할아버지는 일생 최초의 결단을 내린다. 일본 '하까다다미 조소인형연구소'에서 4년간 도제 생활을 하며, 본격적인 인형 작가의 길로 들어서기 시작한 것이다.

매일 만드는 것이 일본 사람의 모습이라는 데 염증을 느낀 할아버지는 이 연구소에서 터득한 제작 기술을 바탕으로 '이제 우리나라 사람의 혼이 어린 아름다운 모습의 인형을 만들자'는 생각과 함께 귀향하셨다. 젊은 시절 할아버지께 결정적 영향을 준 두 분 어른을 만날 수 있었던 건 큰 행운이었다. 한 분은 나비 연구가 석주명 선생이고, 또 한 분은 고고학자 고유섭 선생이다. 석주명 선생이 "우리 민족의 고유한 풍속을 토우로 만들고 싶으면 개성으로 가는 것이 좋다"고 권하여서 작업장을 옮기는 계기가 되었고, 고유섭 선생은 익히 알려진 바대로 그 예리한 혜안으로 젊은이(할아버지)에게 일갈! 경주로 내려오게 만든 결정적 조언을 해주었다.

1941년 당시 개성박물관장이었던 고유섭 선생의 방.

"민속 토우를 공부하는 사람인데, 아직 공부가 부족하니 많이 깨우쳐 주십시오."

"좋은 일을 하는군요. 지금까지 무슨 공부를 어떻게 하셨는지……"

"일본 하까다다미 조소연구소에서 4년간 배웠습니다."

"이봐요, 젊은이! 일찌감치 포기하시오! 왜놈 독소가 당신 몸뚱이에 4년 간이나 뿌리박혔으니, 그걸 다시 뽑아내는 데만도 족히 10년은 걸릴 거요."

얼마 후 청천벽력같은, '뒤통수를 얻어 맞은' 충격을 추스리고 다시 찾은 윤경렬에게 고유섭 선생은 친절히 박물관 유물 전시실을 안내해주며 "조선의 아름다움은 조선의 땅에서 피어난 독창적인 것만이 진짜이다"라고 설파하였다.

1949년 당시 33세의 패기만만한 함경도 출신 인형연구가 윤경렬은 그리하여 민족의 정신적 유산이 너무나도 많이 스며있는 경주에 정착하게 된다.

경주 박물관학교의 사연

1954년 여름, 경주박물관의 2대 원장으로 진홍섭 선생이 부임하자,

오랜 지기인 터라 1년 반을 할아버지 댁에 기거하게 된다. 지금까지 40년간 약 4,000여 명의 졸업생을 배출한 '박물관학교'의 태동 사연은 그렇게 시작된다.

"거의 매일 모이던 친구 네 명이 정기적으로 목요일에 만나 고문화에 대해 발표를 하고 토론도 하던 목요회란 게 있었지. 하루는 목책(木柵)에 대한 주제를 놓고 이런 저런 얘기 끝에 경주 시민 모두가 문화재의 참뜻을 바로 알고 아낀다면 목책이고 철책이고 다 필요없는 것 아닌가. 그렇게 되기 위해선 무엇보다 먼저 때묻지 않고 생활에 부담이 없는 어린이들부터 가르치자. 시일은 좀 걸리겠지만, 이들이 자라 어른이 되었을 때는 큰 보람이 있겠지."

첫째, 문은 언제나 열려 있다. 입·퇴학은 어린이의 자유이다. 둘째, 어떤 명목으로든 돈을 받지 않는다. 셋째, 수업은 존대말로 한다. 이러한 세 가지 원칙으로 '한 사람의 지혜가 아니고 대대손손 물려 받으며 다듬어 온, 오랜 경험으로 이어져온 겨레의 지혜를 바르게 알리는' 작업이 본격적으로 시작되었다. 할아버지는 그 때를 이렇게 회상한다.

"30여 년간 박물관에 빠진 일이 없었지. 눈보라 치고 찬바람 부는 날, 누가 나왔으려나 하고 나가보면 한 두 사람은 꼭 와 있었거든. 병아리들처럼 담 아래 떨고 있는 모습을 보면 도저히 수업을 안할 수가 없었지. 어린이들과의 약속은 꼭 지켜야 했지. 까맣던 머리가 백발이 되도록 어린이들과 사귈 수 있었던 것, 내 마음이 어린이들 마음 가까이 가게 될 수 있었던 것은 오직 박물관학교 덕이었어. 참으로 감사드리는 마음이지."

깨진 기왓장에 그려진 '신라인의 미소'

섣부른 단정일는지는 몰라도 그렇게 지난 40년간 갖은 사연으로 축적된 '지혜의 전수작업'은 지금도 면면히 경주 사람들에게 '곧은 마음을 기리며' 유지되고 있다. 또한 지금까지 4,000여 수료생을 배출한 이

학교의 교재들은 지난 90년, 두 권의 종합교본으로 완성되어 발간된 바도 있다.

그러나 뭐니뭐니 해도 윤경렬 할아버지의 대표작은 '신라의 미소'이다. 경주로 수학여행온 학생들이 가장 많이 사가는 깨진 기왓장에 그려진 신라인의 미소. 어찌 '모나리자의 미소' 따위와 비교가 되랴. 바로 이것을 목걸이로 만들어 보급한 장본인이다.

그리고 할아버지는 지금까지 『경주 남산고적 순례』, 『신라의 아름다움』, 『불교 동화집(신라편)』, 『신라 이야기』, 『겨레의 땅, 부처님 땅』, 『경주 남산』 등의 책을 펴내기도 하였다.

그러다 보니 상도 여러 번 받았다며 쑥스러워 하신다. 그 동안 윤경렬 할아버지가 수상한 상은 25년 전의 상록수상, 향토문화상을 비롯하여 외솔상, 동아 햇님 어린이 보호상, 대한민국 문화예술상 등이다.

신라의 미소

그렇지만 할아버지 당신 자신이 가장 행복해 하는 건 그 동안 소중하게 그리운 벗들을 만날 수 있었던 것. 모두들 타계하였지만 윤극영, 유치환, 김인태, 오지호 등의 좋은 벗들을 생각하면 지금도 가슴이 촉촉해지고, 어떤 경우엔 마음이 아파 '산소에도 못갈' 정도이지만, 아무튼 인복(人福) 하나는 끝내주게 타고난 사람이라고 생각하신단다.

사람이 사람에 대해서 이러쿵 저러쿵 입방아를 찧는다는 것 자체가 면목없는 짓이다. 게다가 살아계신 큰 어른에 대해 한 두번 뵙고나서 불경스럽게…… 하지만 토종문화를 탐색하는 작업을 하면서 인간 그 자체가 토종인 남산골 할아버지를 정녕코 찾아뵙지 않을 순 없는 노릇 아니든가.

"신을 울리는 건 시밖에 없다 하였지. 남산에 올라 술 한 잔에 시 한 수 읊다 가면 남산의 가랑잎이 되는 것 아니겠나. 남은 사람들 와서 눈물 두어 방울 흘리면 그 또한 행복인 것이고…"

경주 남산골 할아버지 윤경렬. 오래 오래 사셔서 이 땅을 살아가는 많은 사람들에게 무수한 '무언의 가르침'을 끊임없이 흠뻑 베풀어 주시기를 기원할 따름이다.

단청장 이인섭

1만 장 그려 찢고, 불상 그려

　이화여대 후문 건너편, 그러니까 연세대학교 뒷산쪽은 금화터널이 뚫리기 전까지만 해도 시내에선 제법 그윽했던 야산이었다. 이 무악산 (母岳山)에 이른바 대처승단인 태고종(太古宗)의 총본산 봉원사(奉元寺)가 있다는 것도 알 만한 사람은 다 아는 일이고.

　그 근방에서 이인섭(李仁燮: 52세, 무형문화재 제48호 佛畵·丹靑 기능 전수자)씨 댁을 찾는 것은 그리 어렵지 않았다. 봉원사 주위의 집들이 대부분 스님들의 사가(私家)로 형성된 사하촌(寺下村)을 이루고 있기 때문에 물어 물어 쉽게 찾을 수 있었다.

　본집은 고색이 창연한 한옥인데 작업실은 뒤꼍에서 조금 더 올라가 외따로 떨어진 곳에 있었다. 우선 겉보기에 녹이 슨 철문 하며, 슬레이트로 얹은 지붕 하며 초라하기 그지없다. 인섭씨의 개인 작업실이겠거니 하고 문을 연 순간, 이내 확 트이는 거대한(18평이나 된다) 방안 풍경에 압도되었고, 한쪽 구석에서 낮잠을 즐기는 분이 만봉(萬奉)스님 (인섭씨의 부친, 무형문화재)임을 금방 알아차리곤 다소곳이 마음을 모두어 앉았다.

　몇 가지 질문을 쏜살같이 해댔다.

　"글쎄, 뭐 이렇다 하게 내세울 게 없는데……"

　한참만에, 이렇게 취조하듯이 인터뷰를 할 게 아니라, 저녁에 소주나 한 잔 걸치며 자연스레 대화를 나누자는 말씀으로 대담을 끊어 버렸다. 봉원사 경내를 둘러보며 사진을 몇 장 찍고는 저녁에 다시 시내에서 만나기로 약속하고 서둘러 짐을 챙겼다.

불화·단청예술의 용어에 흔히 '금어(金魚)'라고들 하는 게 있다. 고도의 경지에 이른 장인(匠人)을 일컬음인데, 스승에게서 독립해도 능히 혼자 힘으로 일을 맡아 할 수 있게 되면 '금어'라는 별칭으로 높여 부르게 된다.

금어가 되기 위해선 오랜 기간에 걸친 꾸준한 수련과 정진을 쌓아야 된다. 보통 15~20년 걸리는데, 이 습작 훈련기는 대략 3기로 나누어진다.

제1기는 십왕초(十王草). 염국(閻國)의 십대왕(十大王)을 공부하는 초등 과정으로 다시 3단계로 나눌 수 있다. 첫째 '등긁기'라 하여 불화의 원본 위에 한지를 놓고 그대로 선을 따라 그리는 과정. 이것은 무엇보다 먼저 필력(筆力)을 기르기 위한 과정으로 약 1천장을 그려야 한다. 둘째 단계는 모사(模寫) 과정인데, 그림을 보아가면서 그대로 그려보는 것이다. 셋째는 자초(自草)로서 자신이 그림의 규격을 정해 그리고 싶은대로 그려보는 과정. 이상의 제1기 3단계 과정에서 각 1천장씩 3천장 정도를 그려야 한다.

제2기는 천왕초(天王草). 불가의 사천왕을 그리는 과정인데, 사천왕은 모두 갑옷 차림을 하고 있고 몸의 장식품 등 여러가지가 찬란하고 복잡하기 이를 데 없다. 이 사천왕상을 또한 3천 장 그려야 한다.

제3기는 여래초(如來草). 본존 불상, 보살을 그리는 고등 과정이다.

이렇게 9천장 정도는 그려야 금어가 될 수 있었으나, 요즈음은 많이 변한 세상 탓인지, 인지의 발달로 능력이 높아진 때문인지 각 과정을 몇 백장씩 그리는 정도로 하면 일단 수습과정을 마친 것으로 여기게 된다고 한다.

1년 걸려 탱화 13폭 완성

이날 저녁 7시. 인사동의 허름한 밥집에서 재차 인터뷰를 가졌다. 그는 원래 말이 많지 않은 사람이다. 그와 만나기 전에 같은 동네에 사는 그의 후배가 하던 말이 생각났다. 원체 얘기를 잘 안하는 사람이라 인터뷰하기가 곤란할 거라고. 그러니 그냥 느낌으로 기사를 써야 할 거라고.

어렵게 더듬더듬 얘기한 내용을 요약하면 대충 이렇다.

그는 지금 살고 있는 곳에서 2남2녀의 차남으로 태어났다. 장남인 형님도 부친의 일을 계승하다가(후계자임) 지금은 로스앤젤레스에서 사원(寺院)을 개척해 운영하고 있고, 누님들은 모두 출가했다.

어렸을 땐 심한 열등감에 시달렸다고 한다. 불교계의 분쟁이 매일 신문 지면에 대서특필되는 와중에서 동네 친구들이 '중의 아들'이라 손가락질하는 설움을 밥먹듯이 겪어야 했으니까. 고등학교를 마치고 군대에 갔다와선 처음엔 양화(洋畵)를 공부했다. 지금은 덴마크에 가 있는 한봉덕씨 화실에 출입하며 '불교'와 '예술' 사이에서의 방황이 시작되었다고나 할까.

그는 지금까지도 '창작'과 '전수(專修)'의 문제로 씨름하기는 마찬가지라며, 다만 부친의 건강이 악화되어(백내장) 돌아가시기 전에 부지런히 배워두어야겠다는 책임감이 최근 1~2년 사이에 생겼을 뿐이라고 겸손해 한다.

월남전이 한창일 때, 사이공에 세워진 팔각정 단청 작업 때에 알게 된 몇몇 화가들과 인연이 되어 '밖의 사람들'과의 교유가 시작되었고, 80년도 시청앞 지하철 전시장에서 열렸던 '3·1로 전시회'에 출품했던 작품이 처음이자 마지막 창작품이었다고 한다.

△보통 하루 일과(日課)가 어떻습니까?

"밤 늦게까지 작업을 하기 때문에 아침엔 좀 늦잠을 자지요. 보통 밤 12시까지, 어떤 때는 새벽 2,3시까지 할 때도 있구요. 특별한 약속이 없는 한 작업하다 밥먹고, 또 작업하다 밥먹고 하는 게 하루 일과지요.

지방으로 출장을 가서 일할 때도 마찬가지구요."

△ 지방에는 자주 가시나요?

"요즈음엔 그리 자주 가지 않았는데, 어디든지 한 번 일을 맡아 가게 되면 적어도 1주일이든 2,3달이든 작업을 하게 되지요."

△ 제일 깊은 산골이라고 할까요. 외진 절에 가셨던 곳은 어디였습니까?

"순천에 있는 선암사(仙岩寺)지요. 송광사에서 조금 더 올라가지요."

△ 가장 최근에 다녀오신 데는 어딥니까?

"의정부 근교에 명덕사라고 있습니다. 거기 단청과 탱화 일을 하러 다녀왔습니다."

△ 지금까지 하셨던 일 중에서 가장 고생스러웠던 기억은?

"고생이랄 게 뭐 있겠습니까? 남들 하는 고생에 비하면 고생이라고 얘기하기도 쑥스럽고……."

△ 제일 시간이 많이 걸렸던 작업은?

"충북 단양에 있는 구인사(九仁寺)의 시왕탱화 그리는 데 약 1년 걸렸지요. 폭이 5자, 길이가 6자 짜리 탱화 13폭을 맡아 했는데, 작업은 현지에서 한 게 아니고 여기 작업실에서 해서 갖고 간 거지요."

△ 어떻게 생활은 되십니까?

"워낙 아버님께서 일가를 이룬 분이라, 전 그 덕을 톡톡히 보고 있는 셈이지요."

△ 전수자에게 특별히 보조해 주는 걸로 알고 있는데요.

"한 달에 2만 5천원씩 문화재관리국에서 나오다가, 이제는 서울시에서 줍디다. 아예 주지를 말든지…… 생색내며 이거 해와라, 저거 해와라 하는 데 그거 참 성가시더군요."

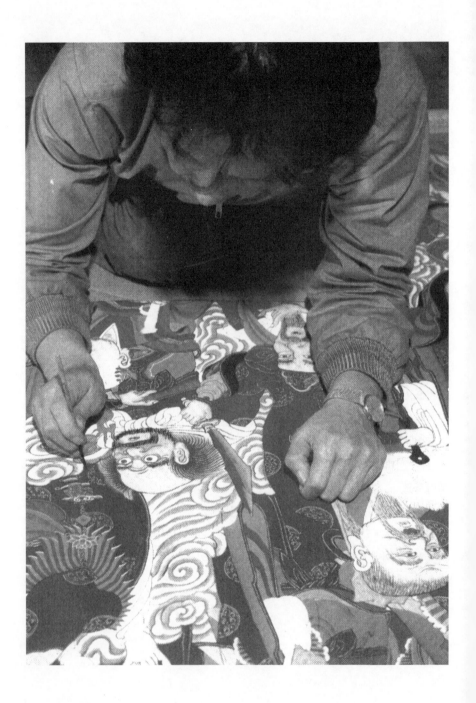

지금이라도 '머리를 깎기만 하면' 얻을 수 있는 빤히 내다보이는 갖가지 세속적인 의미에서의 편리한 이익(?)을 그는 아직까지는 흔쾌히 받아들이지 않고 있다. 말하자면 그것이 오히려 불교 정신에 배치된다고 굳게 믿고 있는 셈이다. 말주변도 없고, 겉보기엔 어딘가 좀 모자라는 듯한 그의 모습 저 깊은 곳엔, 이렇게 맵찬 '맑은 마음' 이 자리하고 있음을 주위 사람들은 정녕 아끼는 것이라 생각된다.

고궁이나 절에 가보면 우리는 불화 · 단청의 현란함에 조금은 당혹하기도 하고, 조금 더 유심히 살피다가 그 오색영롱함에 넋을 잃게 되기도 한다. 그중에서도 단청은 더욱 그 문양이나 색의 다양함이 세인의 눈길을 끌게 마련이다.

말하자면 단청은 일반적인 건축물이 아닌 특별한 건축물을 아름답게 장식하기 위한 장식 미술에 속한다. 그렇다고 실용성이 없는 것도 아니다. 그것은 특히 나무를 많이 사용했던 옛 건축물의 풍화(風化)를 막아 수명을 오래 유지시키는 구실도 해왔던 터이다. 경북 영주에 있는 부석사의 무량수전은 우리나라에서 제일 오래된 목조 건물인데, 1천여 년이 지난 지금까지 버티고 있는 것은 바로 단청 덕택이라고 해도 과언이 아니다.

단청의 기원에 관한 정설은 아직 없다. 다만 중국에서 낙랑 이전에 들어온 것으로 추측되고 있을 뿐. 중국의 단청이 질박(質朴)하고 듬직한 맛이 있는 반면에 우리나라의 단청은 날씬하고 섬세하다. 일본과 태국 등 다른 불교국에선 단청 대신 주로 금박(金箔)을 입힌다.

한국의 단청도 고려 때의 것과 조선 때의 것이 전혀 다르다. 고려 때의 단청은 은은한 맛이 있고, 조선 시대에는 화려한 무늬로 변화되었다. 현재의 단청은 조선 시대의 양식이 그대로 전승되고 있다.

건물의 종류에 따라 입히는 방식이 다르다. 사찰에는 가장 화려하고 정교한 '비단 단청(錦丹靑)' 을 올리고 비각이나 사당(祠堂)에는 '얼음

단청'을 한다. 궁전이나 성곽에는 무늬가 크고 대범하며 소박한 '모루 단청'이나 '얼머리 단청', 또는 '긋기 단청'을 올린다. 남대문의 단청이 바로 '모루 단청'이다.

또한 건물의 품위에 따라서도 명칭이 달라지는데, 건물에 새로 올리는 것은 '신 단청'이라 하고, 건물을 중수(重修)할 때 주변의 낡은 단청과 같은 모양으로 퇴색한 색깔을 올릴 경우에는 '땜 단청'이라 한다.

건물의 옛스런 멋을 내려면 풍화된 색조를 올리게 되는데 이를 '물 단청'이라 한다.

단청의 문양도 다양하다. 금문(錦文)을 비롯하여 기화(奇花), 운학(雲鶴), 신선(神仙) 등으로 분류된다. 구름 문양에도 운문(雲文), 점운(点雲), 유운(流雲), 기운(起雲), 풍운(風雲), 민운(卍雲), 비운(飛雲), 사운(絲雲), 채운(彩雲), 오색운(五色雲)으로 나뉜다.

단청에 쓰이는 색채는 한마디로 자연색 그대로이다. 이는 우리의 전통 예술의 기본을 이루는 정신이 '자연과의 일체'였다는 점을 다시 한번 생각케 해 준다. 숲속의 나무 줄기는 적색 계통이며, 잎은 녹색 계통인데 이 둘은 서로 조화를 잘 이루고 있다. 건물의 단청에서 기둥은 노송(老松)의 줄기색을 본떴으며, 도리·창방 등은 청록색으로 하니 이는 바로 나뭇잎을 본뜬 것이라 하겠다. 또한 음양오행 사상에서 영향받은 오색의 조화야말로 단청 색채미의 요체라 할 수 있다.

하염없이 끓이는 창조의 열성

삼국시대 이전부터 단청의 주원료로 쓰여온 암채(岩彩), 양록(洋綠) 은 금(金)과 함께 오늘에 이르기까지 세계에서 발견된 도료(塗料)중 가장 영구성을 지닌 광물질이다.

극약성(劇藥性)이 강해 만지면 피부가 상한다. 오늘날까지 고궁의 문살에 남아 있는 진록색 도료는 거의 이 '양록' 이다. 요즘은 이 재래 의 암채를 구하기 힘들어 외국에서 수입한 안료(顏料)를 섞고 있으나 주토(朱土)·석간주(石間朱) 등 동양의 예전 암채들과는 그 색과 보존 성에서 비교가 안된다고 한다.

단청 과정도 복잡하기 이를 데 없다. 맨처음 건물의 단청할 범위와 규정을 정하는 '마름개질', 그 다음에 가칠(假漆)을 한다. 벽이나 기둥 등 본바탕에 기본색을 전부 입히는 것, 보통 '뇌록' 이라 하여 녹색을 칠한다.

한편에선 한지에 먹으로 무늬나 그림을 그려, 그 선을 따라 바늘 구 멍을 낸다. 이것을 초(草)라고 한다.

이 초를 단청할 곳에 대고(가칠한 위에) 흰색 횟가루(胡粉)를 타분 하면, 구멍을 통해 호분이 흘러나와 종이에 그린 무늬를 그대로 벽에 그려준다.

이렇게 해서 무늬의 윤곽이 벽에 그려지면 안료를 칠하게 되는데, 원래는 아교에 녹여서 칠하는 게 원칙이나 요즘은 합성 접착제를 사용 하기도 한다(이를 골채라 한다).

안료를 칠한 뒤에는 문양의 윤곽을 돋보이게 하는 기화(起畵), 빈 공간에 착색하는 공터넣기, 인물이나 화조를 그려넣는 별화(別畵)의 순서로 진행된다.

보는 사람이야 잘 모르지만, 단청(丹靑)은 작업을 하는 사람들에겐 꽤나 공력이 드는 일이고, 단순 노동을 하는 일꾼들을 통솔해야 하는 번거로움도 있어 일종의 '노가다 십장' 에 가깝기도 하다고 이인섭씨는 털털 웃는다.

인섭씨의 부친 만봉 스님께 아들의 능력을 어느 정도로 평가하고 계신지 여쭈어 보았다.

"글쎄요. 아마 한 15년 했을 겁니다. 인간문화재 전수자가 된 것은 재작년이지요. 제 생각엔 온전히 수료했다고 보기는 어렵고, 그래두 한 8할 정도는 자신이 있다고 볼 수 있지요."

△ 성격에 문제가 있다거나 자라면서 특별히 말썽을 피웠던 적도 있을 법 한 데요?

"아닙니다. 전혀 그런 일이 없어요. 성격도 꽤 무던한 편이지요."

△ 앞으로의 정진에 당부하시고 싶은 말씀은 없는지요.

"그저 열심히 하는 거고, 진실성있게 해라 하는 그것밖에 뭐 다른 게 있겠어요."

불교 미술이 전통 예술 가운데서 차지하는 비중은 상당히 큰 것임에도 불구하고, 창조의 원천적 수원지로 각광받아야 할 불교 미술의 광대한 영역은 그리 큰 관심과 천착의 대상이 되어오지 못한 감이 짙다.

그리고 그나마 몇 사람에 의해 그 맥이 겨우 이어져 내려오고 있는 실정이다. 이인섭씨도 그런 몇 사람 가운데 한 사람이다.

그는 젊은 시절, 하염없이 단조롭고 가없는 '수련(修練)'에서 떨쳐나와 불타는 젊음을 표현하고픈 몸부림에서 헤어날 수 없었을 때도 있었다. 그러나 이제는 '거울 앞에 돌아와 선' 50대의 차분함으로 이 세상과 대면하며 광막한 불화·단청의 세계에 몰입하고 있다.

그를 사귄 지 10여년이 넘는 친구들은 그를 '하염씨'라고 부른다. 모든 일에 '하염없다' —— 법 없이도 살 사람 —— 라는 뜻으로 붙인 애칭이다.(그는 장가도 38살에야 겨우 가서 초등학교 다니는 아들을 하나 두고 있다) 그는 세상에 알려질 만큼 그리 특출한 일을 해오지 않았다고 생각한다.

사실 그럴지도 모른다. 그러나 그는 가슴 속에 언젠가는 용암처럼 흘러 넘칠 창작욕이 꿈틀거리고 있음을 숨기려 하지 않는다.

모든 전통예술이 그렇듯이 전통의 '전수' 자체도 매우 중요하다. 그러나 더욱 중요한 것은 재창조이다. '보전' 그 자체만을 말한다면 우리는 박물관 운영적 측면에서 철저함을 기해야 한다고 생각한다. 그러나 인간문화재의 경우, 사람의 맥이 핵심이다. 그런 면에서 그는 부친이 스님이자 인간문화재라는 '행운'을 타고 난 셈이라고 볼 수도 있다.

그 행운이 진정 빛나는 재창조에 이를 수 있는지는 지금은 아무도 모른다. 원자력 사고나 전지구적 생태계의 재앙으로 우리 모두가 사라져 버릴지도 모르는 시대, 사회적 갈등의 심화로 불교의 근본 뿌리조차 백안시당하는 시대, 불화든 단청이든 모든 것이 화폐로 환산되는 혼돈과 아수라의 도가니 속에서 하염없이 부처의 정신과 예도의 진정한 뜻을 따르려는 한 이름없는 전수자 —— 이것이 현재 그의 모습일는지도 모른다.

그러나 이 점만은 확신해도 좋은 듯하다. 10년이든 20년이 걸리든 언젠가는 그의 창조력이 우리를 경악시킬 때가 있으리라고. 그 전까지 그는 지금까지 살아온대로 그렇게 '하염없이' 살아갈 것이다.

태백 광산지역의 문화일꾼들

가을이다. 낙엽이 우수수 떨어지면 우리는 보통 인생의 덧없음과 뭔가 되는 일은 하나도 없는 듯 싶은 이 세상에 대해 정녕 허망함과 아울러 체념어린 분노를 곰삭이기도 하게 마련이다.

가을이다. 수확의 계절이다. 갖가지 문화행사가 벌어져 우리들 삶을 좀더 의미깊고 풍성하게 하는 마당(판)이 여기저기 벌어지기도 하는 예술과 축제의 계절이기도 하다. 겨울에 대비하여 곡식을 걷어들이고, 저장하고, 활동하기에 가장 편한 봄 가을에 열심히 일해 겨울날 준비를 하면서, 사람이 산다는 것, 우리들이 서로 모두어 인간관계를 맺으며 살아가는 갖가지 기쁨과 어려움을 풀어헤치며 신명을 내보는 인간과 역사의 매듭짓기 계절이다 .

이 가을에 우수수 떨어지는 낙엽과 단풍구경은 아닐지라도, 복닥거리며 옴짝달싹 못하는 도시에 그냥 주서앉는다는 것은 참으로 갑갑한 일이다.

떠날지어다 시골로. 어디로 떠날 것인가. 배낭족처럼 훌쩍 무전여행이라도 할꺼나? 아니지. 어림도 없는 소리다. 각박해진 인심과 흉흉해진 세상 덕에 돈없으면 옴치고 뛸 수도 없게 되어버린 게 어디 한 두 해 전 일이던가.

산이면 산마다 일손이 없어서 지천으로 널브러져 있다는 밤이며 잣, 감이나 따러 갈꺼나. 아니다. 한여름이나 한겨울이나 날씨와는 상관없이 밤낮으로 개미처럼 일하는 우리 일꾼들. 가장 풍성해야 할 이 가을에 어떤 의미로는 가장 겨울을 예비하는 최전선에 있는 사람들, 광부들이 사는 곳으로 떠나보기로 한다.

강원도 산간지대는 참으로 귀중한 지역이다. 무엇보다
도 먼저 거기엔 산이 '남아 있는' 곳이다. 이 지저분하고
악마같은 문명이 아직은 범접하지 못한, 대지의 처녀막같
은 순결함이 가녀리게 숨쉬고 있는 강원도 산간지대는 남
쪽의 보물같은 대자연, 우리들의 마지막 안식처일는지도
모른다.

그렇지만 이곳을 '바라보는' 사람들과(지키고 사랑하
는 시선일지라도) 이곳에 뿌리박고 '살아가는' 사람들과는 엄청난 차

흉측한 몰골을
드러내고 있는
한성광업소
혈암사택의 집들

이가 있다. 시쳇말로 '강원도 비탈××'라는 쌍소리에서 보듯이, 험준
한 산간지대에선 대자연과 한몸이 되어 살아남지 않으면 안되기에 이
곳의 삶은 '강파른 비탈 삶' 그 한 마디로 요약된다.

지금은 시가 된 태백을 중심으로 한 사북, 고한, 도계, 철암 등의 광
산지역도 마찬가지다.

우선 날씨부터가 다르다. 일기예보엔 흔히 '영동지방'으로 뭉뚱그
려 나오지만, 태백간두(太白幹頭)를 가운데로 그 좌우가 다를 것은 뻔
한 이치, 그 한가운데 들어있는 태백지역은 평균잡아 1주일에 맑은 날
이 2~3일 되기 힘들고, 봄·가을이 극히 짧다. 추석이 지나면 막바로
초겨울에 진입하게 된다. 한 여름을 빼놓곤 이 지역을 오가는 사람들
은 항상 '옷'에 관한 일화를 한번쯤은 지니고 있게 마련이다.

두번째로는 '광산지역'이라는 말 속에 포함된 갖가지 의미망들이
다. 특히 여러 광산들 중에서도 석탄이 가장 질이 좋고 많이 난다. 석
탄의 검정색, 그리고 막장은 인생의 마지막 벼랑, 비탈 끝, 어둠의 끝
── 죽음, 인생 막장에 흔히 비유되곤 하듯이 이 세상 피라미드 '바닥
삶'에 다름아니다.

따라서 이 지역엔 강파른 계층의 대치가 항상 잠복하고 있는 화산지

대이기도 하다. 수년 전 동유럽에서의 광부들의 움직임, 80년 5월의 사북사태, 이 두가지만 떠올려도 '잠복성 화약고' 의 이미지는 우리의 심장에 즉각적으로 파고 들어오게 된다.

그렇지만 이러한 광산지역이라고 해서 살벌함만이 존재하고 있는 것은 아니다. 어찌 사람이 호흡하며 살아 꿈틀거리고, 아이들이 뛰놀며 커가고 있는데 문화와 예술이 존재하지 않겠는가. 다만 이곳은 나름대로의 특징이 있고, 다른 곳과 조금은 성격이 다른 특유의 절박함을 지닌 끈적함이 면면히 흘러왔고 흘러갈 것인즉, 필자가 소개하려는 몇몇 사람들도 실은 그 일부분에 지나지 않음을 미리 밝혀 두고 얘기를 시작해 보기로 하자.

사진쟁이 이석필씨(44세)

사진찍는 사람. '토박이 꼴통 도사' 라고나 불러야 할 괴짜.

이 분 얘기를 하기 전에 필자의 경험담 한 토막을 잠깐 풀어보기로 하자. 필자가 젊은 시절 친구들과 '떼지어 몰려다니며' 술퍼 마시고 이 세상에 대해 여러모로 독기품고 대들며 살아가던 때, 한번은 우리 민중세계의 '어르신' 으로 널리 알려진 노선배를 찾아뵈었다. 이 분한테 세상 돌아가는 이 얘기 저 얘기를 듣고, 우리들의 관심사와 궁금증도 이것저것 여쭤보고 나서 막 헤어질 무렵이었다. 대문까지 따라 나오신 이 어른이 마지막으로 던진 한마디. "이 세상 역사는 말이야. 괴짜들이 만들어 나가는 것이야. 열심히 괴짜들다 살아들 가시라구!"

순간 우리들은 모두 멈칫, 동작이 정지됐다. '우리들이 이 분께 괴짜로 보였나보구나' 하는 죄송한 생각과 함께, '괴짜로 열심히 살아가라' 는 그 말씀이 은근한 격려의 뜻이 포함된 말이기도 해서, 우리는 서로를 쳐다보면 빙그레 염화시중의 미소를 짓기도 했을 것이다.

각설하고. '사진쟁이 이석필' 씨는 보통 사람이 만나면 지극히 불편함이 많은 '특별한 괴짜' 임에 틀림없다. 우선 외모가 볼쌍사납다. 장발에다 마구잡이 수염 터럭에 딱부리눈 하며, 맨발에 신은 헌 워카 구두짝하며, 얼굴, 손과 발에 드러난 피부만 봐도 담박에 맡아지는 산사나이 냄새하며, 도계, 삼척, 태백으로 이어지는 그의 성장지대를 그는 한시도 떠난 적이 없기에 말 그대로 알짜 본토박이다.

학력은 중학교 3학년 중퇴이지만, 혼자 무척 많은 책을 읽었다. 그리곤 자신의 육화된 삶의 경험에 녹여서 그 자신의 철학을 세워나갔다. 따라서 그는 도사라 불려 마땅할 정도의 식견을 간직하고 있는 알짜 토박이 도사다.

그러면서 그는 이 세상이 여러가지로 잘못돼 있다는데 분노하며 갖가지 꼴통을 부리게 되는데, 그 내력을 몇가지만 들어보기로 하자.

1. 그는 술 · 담배를 전혀 입에 대지 않는다. 어렸을 적 단칸방에서 여덟 식구가 복작복작 살다보니 어른들의 술냄새, 담배연기가 그렇게도 싫었단다. 아이인 그로서 할 수 있는 일은 단 한가지를 빼놓고 하나도 없었다. '내가 어른이 되면 술 · 담배완 상종을 말아야지' 하고 속으로 골백번도 더 다짐하는 일 외에는 .

2. 시계수리공이었던 그는 결혼하고 나서 한때는 당구장을 경영했었다. 전무후무하게 사장님 소리도 들어가며. 그러다가 사진에 미쳐서 열흘이고 보름이고 훌러덩 자리를 비워버리질 않나, 공무원들이 점심 먹고 '한 큐' 즐기러 와서 시간이 길어지기라고 할라치면 "당신들 우리가 낸 세금으로 먹구 사는 건데, 고만 들어가 일들 보시라"고 아주 가배얍게 호통을 치곤 하니, 그 당구장이 망하지 않고 배겨나.

3. 한번은 우연히 딸의 숙제를 도와주다가 공책이나 책받침, 필통 등에 온통 백합, 장미, 로보트, 외국 만화 주인공, 외국 연예인 사진 등 뿐인 것을 보곤 아연실색 '이럴 수가! 아 이건 정말 이대로 놔둬선 안된다' 싶어 깊이 깨닫는 바가 있었다. 이렇게 '우리 것에의 눈뜸'은 이후 지금까지 그의 삶과 사진을 지탱해주는 토대로 작용하게 된다. 남의 눈길이 미치지 않는 곳, 그런데 사는 사람들, 순수 토종을 찾아 그

의 하염없는 기행은 그렇게 시작되었다.

1980. 장성병원, 황지연못(태백) ― 〈태백풍물 가두전〉
1989. 11 한불,에 사는 동안(童顔)(태백)
1990. 2 온다라 미술관(전주) ― 〈태백기행중 '들꽃' 전〉

토박이 꼴통도사
사진쟁이 이석필씨

서양꽃들은 그저 관상용이 대부분인데 반해 우리나라 들꽃들은 대부분 식용, 약용으로 사람의 건강을 유지하는데 더 많이 쓰여졌다.

"그건 짐승들이 더 잘 압니다. 토끼가 다칠 때면 먹는 풀이 있는데 그 풀에는 틀림없이 지혈제 성분이 들어있고, 뱀이 속이 거북할 때 먹는 풀은 분명 소화제죠. 그런 풀을 눈여겨 봤다가 필요할 때 먹으면 즉방이지요."

4. 그는 지금까지 자신의 생일은 물론이고, 아이들(1남2녀) 생일잔치를 한번도 차려먹거나 차려준 적이 없다. '울음같은' 이 인생에 그날까지도 북치고 장구치고 헤헤벌벌 발광지랄들이냐 말이다. 게다가 옛날에는 한집의 생일잔치가 그 동네 전체와 함께 아우러지는 넉넉함이라도 있었지만, 요즘에야 케익에다 촛불 켜놓고 그 무슨 요상한 노래나 불러주는 게 어디 생일 잔치의 본모습이냐 말이다.

5. 그는 한달이 되든 반년이 되든 여간해선 머리를 잘 감지 않고 살고, 양말은 전혀 신지 않는다. 한겨울 영하 20도의 눈덩이 속을 그는 맨발에 워카짝을 신고 걷는다.

"처음에야 우리들 육체가 반응을 하지요. 하지만 차근차근 익숙하다 보면 동상에도 걸리지 않게 된답니다."

그는 또 하루 두 끼 식사를 꾸준히 지키고 있다.

"두끼만 먹어도 충분합니다. 산속을 헤맬 때는 한끼로 건너뛸 때도 있구요. 맑은 물이 나오면 한모금 목추기고, 좋은 공기 마시면 산기(山氣)가 우리 몸에 들어와 충분히 견딜만 합니다."

이렇게 그는 어찌보면 소설에나 나오는 옛날 '도튼 스님' 같기도 하다. 철저히 대자연과 동화되어 살려는 그의 뚝심은 오히려 부인과 아이들의 넉넉한 보살핌을 받고 있는 듯 싶기도 하다.

6. 그는 '한볕 사진동우회'의 창립회원이면서 2·3대 회장을 맡았었다. '사진집단 사실'의 회원이기도 하며, 588사진으로 알려진 조문호 씨와 그래도 자주 보는 편이고, 몇몇 잡지에 사진을 넘겨 겨우겨우 필름값과 생활비를 해결하고 있으나, 그가 그렇게 컸듯이 여전히 다 큰 애들과(큰애가 고2) 15평 아파트에서 복작거리며 살고 있다. 그의 오직 한가지 꿈은 '태백기행' 사진전을 언젠가는 그럴듯하게 여는 것. '들꽃'은 이미 시작했고, 태백의 풍물, 무속, 광산을 소재로 한 이 전시회도, 그러나 그 누구의 도움을 받아서가 아니라 자신의 힘으로만 꾸려내야 한다는 신념으로 차근차근 준비해 나갈 뿐이다.

7. 그는 환경문제와 교육문제에 지대한 관심을 갖고 있다. 그러면서 그는 내노라 하는 ××가, ○○가에 대해 온몸으로 거부하는 혐오감을 스스럼없이 읊어댄다. 특히 자신을 비롯한 문화예술인들이 '이 세상과 사람들을 잔인하게 만드는 데 크게 기여한 것'이라며 증오한다.

"우리가 누리고 있는 것, 찾아 쟁취해야 되는 것, 그것을 누리고 찾으려면 우리가 가진 3분의 2 이상 버려야 됩니다. 그러지 않고 입으로만 찢어대는 것, 거기엔 꼭 거짓이 끼게 마련입니다."

그와의 세번째 만남을 마치고 (그의 집에서) 소변을 보고 화장실을 나오던 필자는 마지막으로 뒤통수를 한대 얻어 맞았다.

"물을 왜 트셨지요? 우리 식구들은 소변을 4~5번 눈 뒤에야 물을 트는데요, 물이 얼마나 귀중한 겁니까. 아껴 써야지요!"

향토사 연구가 김강산씨(42세)

만약 지금 웬만한 도시의 거리를 백색 두루마기를 입고 활보하는 사람이 있다면 나이가 많은 할아버지든 아니든 어쨌든 그 사람은 저자 사람들의 시선을 끌게 마련이다. 그런데 김강산, 이 사람은 지금도 씩씩하게 '전통 우리옷 입기'를 몸소 실현하는 '젊은 할아버지'다. 그만큼 김강산씨의 전통문화에 대한 애착과 관심은 남다르고, 유별나고, 지나칠만큼 단단한 자부심을 지니고 있다.

그 뿌리는 기실 그의 선조로부터 물려받은 바 크다. 5대째 태백서만 살아온 삼척 김씨인 그의 선조는 『정감록』을 신봉하는 비결파(秘訣派)였고, 그의 부친은 스님이었다. 그는 중·고교를 마친 뒤 69년(만 18세)에 부친의 뜻에 따라 양산 통도사 전문강원에 입교, 승려가 된다. (먹고살기 힘든 것도 중요한 이유의 하나였다)

지금은 환속해서 불교에 대한 생각도 많이 달라졌지만, 어쨌든 이때 3년간의 불경 공부가 지금의 그를 있게 한 토대가 된 것만은 확실하다. 그 후 군대에 입대, 만기제대 후 절에서 배운 18기(공인 6단)로 도장을 차리고는 숱한 제자들을 길러내면서, 귀찮게만 여겨지던 선조로부터 물려받은 '고서더미'를 새롭게 대하며 심취하게 된다. 슬슬 토박이 기인(奇人)으로서의 위치를 확실히 잡아가게 되고, '태백의 뿌리'를 훑어내는 일에도 흠뻑 빠져들어 이 마을 저 마을, 이 노인 저 노인을 찾아다니는 일에도 신명을 내면서 '산타면 잰걸음'이란 별명도 얻게 되고, 그만큼 그는 유격대원 못지않은 산사나이였단다.

그러나 결혼하고(77년) 애가 생기게 되자 생활고가 그를 압박, 83년엔 사우디로 달려가 현장 사무보조원으로 근무하기도 하는 등, 그의 젊은 시절은 나름대로 파란만장했다.

그런데 그에게 천재일우의 호기가 찾아온다. 84년 10월 태백문화원이 생기면서 사무국장 일을 보게 된 것이다.(그의 말로는 자신이 직접 나서서 "적임자가 바로 나다"라고 일종의 구직운동을 했다고 서슴없

이 털어놓는다. 주위에서도 99%가 고개를 끄덕끄덕했다고 한다)

보통 각 지역의 군단위 문화원이란 게 속된 말로 별볼일 없는 사람들이나 하는 관변 문화기구이긴 하다. 하지만 필자가 과문한 탓이기도 하겠지만, 그 나이에 그 정도의 식견을 지니고 민족·전통문화에 대한 무한한 긍지와 정열을 가진 사람을 난 아직 보지 못했다.

▲『태백의 지명유래』(1989, 태백문화원) 김강산씨가 지은 첫 책인데, 한마디로 경이로운 작업의 결실임을 한눈에 알 수 있다. 5년간에 걸쳐 100여 명의 노인들과의 대담으로 수집·정리하여 1,900여 지명의 유래를 기록하여 놓았는데, 그의 말로는 "그 책 속에 보물단지가 들어 있다. 돈벌 일, 각종 예술작품의 소재가 녹아있는 책"이라고. 백문이 불여일견. 몇가지 지명유래를 아무렇게나 뽑아보자.

• 통리 강삭철도: 사연도 많고 곡절도 많은 이 1.1km의 비탈길은 단기 4296년 영동선 철도의 완전 개통으로 인하여 역사의 저편으로 사라지고, 지금도 화차를 끌어올리던 강삭철도 자리와 그 옆으로 나 있던 비탈길이 남아 있어 옛 일을 증언하고 있다.

• 대문다리골: 번지당으로 들어가서 연당지가 있는 연화산 유원지로 가는 골짜기 전체를 대문다리골이라 한다. 옛날 의병들이 골짜기 안에 주둔하면서 골짜기 중간 신선바위 아래 개천에 목책을 설치하고 큰 대문을 세웠기에 대문다리골이라 부르게 되었다.

• 당골: 골짜기 안쪽에 용담과 장군바위 등 경치가 뛰어난 곳이 많고 유원지 조성의 일환으로 주차장도 닦아 놓았으며, 앞으로 태백산 도립공원의 주된 시설이 들어설 골짜기이다. 당골이라는 말은 태백산 꼭대기에 하늘에 제를 올리는 천왕당(天王堂)이 있어서 당골〔堂谷〕이라 한다.

• 천평: 내뜨리라고 부르는 마을이다. 여평과 함께 혈리에 속해

있는 자연부락이다. 구한말에는 동학당과 의병들과 우국지사들이
이 땅으로 몰려와 신분을 숨기고 살았고, 관리의 횡포와 과중한 세
금에 쫓겨온 선량한 백성들이 보따리를 푼 곳이다. 그들은 무지한
백성들이 아니었다. 일제의 핍박 속에서도 그들은 조국의 독립을 바
라는 간절한 우국충정을 한데 모아 태백산 천제단이 허물어진 것을
다시 쌓고 대한독립기원제를 지냈다. 천평의 당골에 살던 윤상명,
최익한, 유형호, 가는골에 살던 이낙림 등 천평 마을 사람 50여 명이
단기 4273년 음력 상달에 천제를 지낸 것이다. 모두 소복을 하고 갓
을 쓰고 한밤중에 태백산에 올라 천제를 지내는데, 제사를 마치자
뇌성을 하며 소나기가 왔다고 한다. 그후 그들은 모두가 국가보안법
에 연루되어 주모자 20여 명이 서대문 형무소에서 옥고를 치루었고,
그 가운데 몇 명은 옥사를 하는 비운을 겪었다.

▲ 갈풀썰이 등 민속놀이의 발굴　김강산씨는 화전농경문화의 꽃이라
할 만큼 그 가치가 높이 평가되는 태백시 창죽마을의 '갈풀썰이'를 발
굴·재현해 냈다. 갈풀썰이는 86년 민속예술경연대회에서 우수상을
받았으며, 89년에는 지게싸움놀이로 우수상을 받았다. 또한 90년엔
'사시랭이', 91년엔 멧돼지 사냥놀이를 발굴·재현했다.
　갈풀썰이는 음력 7월 경 추수기 전에 내년 농사를 위해 마을사람들
이 힘을 합쳐서 품앗이(두레) 형식으로 집집마다 돌아가며 무성하게
자란 2~3년생 초목을 베어와서 작두로 썰어 큰 풀가리(퇴비더미)를
만드는 것으로, 여기서 중요한 것은 풀을 썰 때 풀아시(풀놓는 사람)
가 선소리를 하는 내용이 나무나 풀의 이름을 해학적으로 묘사하여 부
르는데, 갈풀썰이에서 가장 핵심이 될 뿐만 아니라 문화적 가치가 큰
기능요적 노동요이다. 그리고 이 선소리는 작두꾼과 풀모시, 풀아시가
삼위일체가 되어, 힘든 노동을 해학과 풍자로 극복하는 슬기로움을 보
이며, 작두꾼의 체력 안배에도 중요한 역할을 한다.

▲ 『호식장(虎食葬)』(1988, 태백문화원) 사람이 죽어 땅에 묻으면 '매장'이요, 불에 태우면 '화장'이며, 물에 넣어 고기밥이 되게 하면 '수장'이다. 새에게 뜯어먹히게 하는 것은 '조장'이라 하며, 자연에 방치하여 비바람에 썩게 하는 것을 '풍장'이라고 한다.

범은 사람을 잡아 먹고 나서 머리를 남겨두며, 때로는 머리 외에 신체의 일부를 남기기도 한다. 그것을 유족이 발견하여 발견한 장소에서 화장을 하고, 재만 남은 위에 돌무덤을 만들고 그 위에 시루를 엎어 놓고, 그 시루 구멍에 가락을 꽂아 놓는 특이한 형태의 무덤이 '호식장'이다. 가락은 물레를 자아 실톳(실꾸리)을 감는데 쓰는 길고 둥근 쇠꼬챙이를 말한다.

화장은 모든 사악함을 태워 완전 소멸시키고자 하는 뜻이 있고,

돌무덤은 성황당의 돌무덤이나 조산(造山)처럼 신성한 지역을 뜻하고, 귀신(창귀: 범에게 잡혀먹힌 사람의 영혼)을 꼼짝 못하게 가두어 놓는 금역을 뜻하며,

시루는 하늘을 뜻하고, 산 것을 죽이는 무서운 그릇이며 철통같이 창귀를 가두는 뜻이 있고,

가락은 무기를 뜻하고, 벼락을 뜻하며, 가락의 용도처럼 맴돌기만 하고 빠져 나오지 말라는 뜻이 있다.

위의 네 가지 요인이 복합적으로 작용하여 무서운 창귀를 제압하는 것이다. 창귀는 물귀신과 같이 다리(혹은 사다리)를 놓는데, 이건 다른 사람을 하나 집어 넣고(잡아 먹히게 하고) 자기는 그곳을 빠져나와 좋은 곳으로 가는 것을 말한다. 그러기 위해서 창귀는 또 다른 창귀를 만들어야 하고, 필연적으로 어느 누군가가 범에게 잡혀 먹혀야 된다는 것이다.

이러한 악순환을 막고자 호식장을 치른다.

태백산을 중심으로 한 수백리 지역 안에 있었던 독특한 장례 풍속인 호식장. 이름없이 죽어간 수많은 사람들의 범과 싸우며 먹고 먹혔던

처절한 숨은 이야기는 선인들의 원초적인 삶의 이면을 보여준 것이며, 거기에는 우리 선조들의 처절하다 못해 숭고한 삶이 숨어있다 하겠다.

▲ 태백산 제천대회　태백은 자비로운 어머니같은 땅으로 무한히 베푸는 땅이다. 산 주고, 물도 주고 그것도 모자라 제몸까지 파서 주는 곳이다. 한국판 프론티어 정신이 모여 사는 곳. 그래서 신천지를 찾아 팔도에서 모여왔고, 그 이름도 찬란한 크고도 밝은 땅〔太白〕을 이루어 놓았다.

하늘을 상징하는 것은 태양이며, 태양은 밝은 빛을 의미하니 천자신손인 우리 민족을 밝은 민족〔白民〕이라 하였고, 하늘에 제사하는 밝은 산〔白山〕이라 하였으며, 우리 민족을 배달겨레라 하였다. 태백산은 많은 밝은 산 가운데 가장 큰 밝은 산〔太白山〕이란 뜻으로 '한붉달' 또는 '한배달' 로 부르는 것이다.

나라가 위급할 때 이곳에 와서 하늘에 기도하며 국난을 극복하였고, 태평시대에는 뜻있는 학자들이 모여 학문을 연구하였으니, 구한말 의병장 신돌석 장군은 태백산 천제단에서 백마를 잡아 하늘에 맹세 기도하니 하늘이 감응하여 한겨울인데도 뇌성을 하였다고 하며, 그후 신장군은 도서에서 일본군을 무찌르는 선공을 세운 바 있었다.

일제 때는 태백시 천평 땅에 살던 윤상명, 유형호, 이낙림 등이 주동이 되어 대한독립기원제를 올렸는데, 최모 밀고자에 의해 참제인 전원이 서대문 형무소에서 옥고를 치른 일이 있었다.

낙동강과 한강의 발원지요, 한강 이남의 모든 산과 강이 태백산에서 발원 시작되지 않은 것이 없으며, 태백산에서 뻗어내린 산줄기는 전라도 해남 땅끝까지 이어지고, 북으로 뻗어간 산줄기는 백두산까지 이어지니, 그 힘찬 줄기의 남과 북을 이어주는 고리와 같은 곳이 바로 태백산이며, 그 꼭대기에 있는 천제단은 우리 민족 통일의 제단이요, 무한히 뻗어가는 진취적 민족기상이며, 세계로 뻗어갈 수 있는 민족정기가 샘솟는 터전인 것이다.(김강산씨가 앞장 서서 매해 10월 3일〔개천절〕 태백산 정상 천제단에서 드리는 제천대회 취지문에서 참조)

광부시인 이청리씨(36세)

전남 완도가 고향인 이청리씨도 대부분의 광부들이 그렇듯 36년간의 삶이 구구절절 숱한 사연으로 점철되어 있다. 중농 집안에서 태어나 남부럽지 않게 성장했던 그는 중·고등학교를 광주로 유학, 광주에서 조선공업전문대까지 다니게 되나, 이때부터 '질풍과 노도' 같은 청춘의 방황시절을 보낸다.

유신독재가 기승을 부리던 70년대 후반. 그는 학교를 내팽개치고 등록금을 하루 이틀에 다 써버리곤 노가다, 배달원, 마찌꼬바 공원 등 안 해본 일이 없을 정도로 생활전선에 나서게 된다. 암울한 이 세상의 모습과 허무한 인생에 끝없이 절망하며 '지가 벌어서 지 앞가림' 하는 게 그래도 제일 속편한 거라 다짐하면서.

그러다가 그는 영화에 눈뜨게 되고 한없이 넓은 예술의 세계에 몰입, 이 친구 저 친구 영화에 관계되는 사람들과 어울리며 급기야는 한국 영화의 메카 '충무로'로 진출하게까지 된다. 정인엽 감독이 경영하던 술집(명륜동 성대 입구 농심가 옆골목에 있었음)의 지배인을 겸하면서, 이때부터 '조감독 이청리 시대'가 열리게 된 거였다.

조감독이란 걸 필자도 한번 해 보았지만, 좋게 보면 영화가 만들어지는 전과정에 대한 충실한 수업기간이랄 수도 있고, 막말로 얘기하면 가방모찌(감독의 가방을 들고 다니는 비서)라 생각하면 틀림없다. 아무튼 찐득하게 영화에만 전념했으면 지금쯤 입봉(入峰: 감독으로의 데뷔)해서 영화감독이 되었을 그는 그때 일생일대의 '큰 실수'를 저지르게 된다.

돈벌이가 눈에 빤히 보였던 것이다. 사람 나이 40~50쯤 되면 누구나 그런 경험을 한번쯤은 갖고 있게 마련이지만, '틀림없이 확실하게 눈에 보이는' 돈벌이가 그 사람의 모든 것을 휘어잡을 때가 있는 법.

술집 지배인 생활 3년에, 그는 덜커덩 억대의 돈을 끌어다가 영등포에 카페를 차려 명색이 술집 사장님이 되었다. 그렇지만 이노무 자본주의 세상이란 게 그리 호락호락하지가 않아서 빌린 돈의 이자만 열심히 갚아 나가다가 1년도 채 못돼서 덜렁 나자빠지게 된다.

지금도 그렇지만 3년 전의 1억은 자신이 혼자 감당하기엔 너무 큰 돈이었다. 그저 죽고 싶었다. 그는 손가방 하나를 들고 무작정 설악산으로 튀었다. 모든 게 절벽이었고, 모든 것과 인연을 끊고 싶었다. 죽음이 눈앞에 아른거렸다.

그렇게 몇 날을 산속을 헤매고 다녔을까. 우연히 외진 산골 밥집에서 제대로 차려진 밥 한 상에 목이 메어 울컥이고 있을 때, 우연히 신문간지(선전광고지) 한 장이 눈에 뜨였다.

'월수 60만원 보장, 신체건강한 대한민국 남자'

광원 모집 광고였다. 맴이 설레기 시작했다. 벼라별 갈등이 다 일어났다. 다시 한번 살아봐? 맨 밑바닥에서. 아무도 모르게.

전부터 안면이 조금 있던 도서출판 사사연의 강태열 사장에게 편지를 보낸 것은 광부생활 6개월이 지난 88년 1월이었다.

내 서른 두 해는 탄보다 검은 허무였지만, 그 탄의 알맹이 속에 불이 놓여질 때 뜨거워지는 무엇이 가슴을 조여왔습니다. 그것은 나였고, 내 속에 있어야할 가장 아름답고 가장 지순한 참회의 빛을 거쳐 제가 서야 할 땅인 시를 발견했습니다.……

나는 배가 고파 울고 있는데 사람들은 나의 얼굴을 보고 천성적인 에스프리에 젖어 있다고, 버지니아 울프의 아름다움을 담고 있다고 합니다. 단 몇 천원이 없어 이발소를 가지 못하고 머리를 기르고 다니는데 내 머리를 보고 부러워하고, 단벌뿐인 나는 겨우내 입고 다니던 옷을 그대로 입고 있는데 멋과 개성이 강하다고 합니다.……

퇴고를 하면서 볼펜심이 다 떨어졌는데도 단 20원이 없어 새 심을 갈아끼우지 못하고 온밤을 울었는데, 이곳에 출마한 모 국회의원은 20억원을 풀어서 야단법석입니다. 20원과 20억원, 너무나 재미나는 수치입니다.

숟가락 하나, 손바닥만한 냄비 하나, 184원 연탄 하나, 주전자 하나인 저의 가족이 1주일 동안 입에 아무 것도 대지 못하고 탈진해 누워 있는 나를 보고 얼마나 온밤을 지새우며 달래준지 모릅니다. 그 죄인과 같은 내 몸을 이끌고 집에 돌아오면 온밤내 내 등을 녹여주고 용기를 줍니다.

시인 천상병 선생님의 하루의 양식이 막걸리라면 시인 강태열 선생의 하루의 양식은 깡소주일 것입니다. 이제 시는 가슴으로 쓰는 시대를 지나 창자 밑바닥으로 쓰는 시대가 아닐까요.

이렇게 해서 그는 늦깎이 시인으로 다시 태어난다(1988. 5). 이청리 첫시집 『영혼 캐내기』엔 그야말로 온통 '창자가 등짝에 달라붙은' 광부의 분노로 꽉 차 있다.

너희들이 그린 노동의 화선지를
물속에 넣으면 찢어지고 번지고
불속에 넣으면 모두 타 사라져 버리리라.
우리들이 그린 마음의 화선지는
물속에 넣고 불속에 넣어도
지워지지도 태워지지도 않고 남으리라.
썩어서 꿈틀거리는 너희들의
창자 속의 그림이
우리들이 죽고 죽어도 영원히 남게 되리라.

더이상 광부짓을 할 수가 없다. 몸에 배지 않은 일도 힘들거니와, 가슴이 터질 것만 같은 그 강파른 억눌림을 더 이상 곁에서 보고 있기도 힘들었다. 그는 거처 가까이에 있는 교회를 다니기 시작했다. 하루에 한끼 식사를 하면 다행이었다. 먹을 것도 없었지만 먹는다는 일 자체도 귀찮은 일이었고, 사람 자체가 싫어졌다.

이렇게 저렇게 알게 된 태백지역의 선후배들도 섬약한 '룸펜 시인'으로나 치부해 버리고 찐득하게 상대해 주려 하지 않았다. 교회의 집사, 장로, 목사분들과도 자주 다퉜다. 심지어 광산지역이라 그렇게 인력난에 허덕이면서도 주일학교 선생조차 맡기길 꺼려 했다. 근 1년 가까이 철저한 소외 속에서 비렁뱅이나 다름없는 외톨이 생활을 했다.

지난 여름, 그는 독심을 품고 다시 갱 속으로 들어갔다. 대한석탄공사 도계광업소 막장 후산부로. '죽기 아니면 까무러치기' 가 즉 예수의 삶이라 확신하면서. 그는 지금도 예수님을 믿는다. 그리고 유일하게 존경하는 사람은 개명한 시골노인인 그의 부친이다. 그러나 교회엔 절대 나가지 않기로 결심했다.

그는 지금도 시를 쓴다. 그러나 절대 '창자의 분노' 나 '사람의 절규' 가 빠진 시는 쓰지 않기로 굳게 결심했다. 그는 지금도 돈이 필요하다. 먹고 살아가야 하고, 시를 써야 할 볼펜과 갱지와 음악과 책이 필요하니까. 그러나 절대 돈의 노예가 되지 않기로 골백번도 더 결심했다.

그는 지금도 선후배들과 만난다. 왜냐하면 너무도 그 동안 처절하게 외로웠으니까. 그러나 절대 그를 휘어잡으려는 친구, 선후배와는 상종하지 않기로 결심했다. 왜냐하면 그는 이 우주의, 이 지구상의, 이 땅덩어리의, 이 광부들의 시인이 되기로 예수님과 아버님께 맹세했으니까.

그는 33살에 새로 태어나 새 삶을 시작한 늦깎이 탄갱부 시인이다. 이 참회와 고통의 '검은 막장' 을 그는 한없이 소중한 그의 '갈길' 로 온전히 받아들이며 정갈하게 연마하고 있을 뿐이다.

하룻밤을 자고 일어나면
또 하나의 막장문이
닫혀지고
또 하나의 낡은 사택에서 이사짐을 꾸려야 하는
광부 가족들을 통해서
이 나라 정책이
자본가의 편인가 우리 노동자의 편인가
곤히 잠들어 있는 내 아내와
아이들과 이웃들을
다 잠깨어 똑똑히 보게 한다.

규폐병동에 누워 있는
또 하나의 광부가 한맺힌 세상을
떠메고 저승으로 떠나고
또 하나의 광부 아내가
한 가정을 버리고 탈선해 가는 것을 통해서
이 나라의 도덕이
자본가의 손에 의해서 파괴되고 있는가
우리 노동자의 손에 의해서 파괴되고 있는가

두 눈에서 핏방울이
뚝뚝 떨어질 때면
그 핏방울이 불길로 번져
온 가슴의 두려움을 다 태우고
우리
노동자가
이 땅에서 살아있는

사람, 사람인 것을

소리칠 때까지 똑똑히 보게 한다

'태백마당'의 젊은이들

전통문화의 창조적 계승과 서구문화의 비판적 수용이라는 커다란 과제를 감싸안고 70년대부터 일어나기 시작했던 마당굿은 지난 70~80년대에 비단 연행예술뿐 아니라 이 땅의 문화적 흐름 전반에 걸쳐서 나름대로 크낙한 문제제기와 아울러, 특히 비문학 장르에서 올바른 방향제시로 여타 장르를 선도해 왔다고 해도 과언이 아닐 터이다.

이에 맞물려서 노래와 미술쪽이 급성장했으며, 이제는 그 관련 문화소집단의 류와 양도 방대해지고, 종사자들도 엄청 많아져서 전국적으로 각도 단위의 '문화공간'도 하나쯤은 확보하고 있다.

그러나 80년대 말부터는 사회 전반의 변화 추세에 따라 많이들 그 기력이 쇠해졌으며, 90년대를 헤쳐나갈 암중 모색기로 내적 진통을 겪고 있는 중이라 보아도 무방하겠다.

'태백마당'의 경우, 이러한 일반적인 흐름과는 다소 차이가 있다. 왠고허니 아예 출발 자체가 86년 3월인고로 신생팀이 지니고 있는 활력과 정열들이 광산지역 특유의 '현장에서 치받아 올라가는 힘'과 맞물려 활기차게 돌아가고 있기 때문이다.

정식으로 창립하기 2~3년 전부터 풍물과 민요를 함께 배우는 '청년문예소모임'으로 시작된 전통은 지금까지 그대로 이어져서 여전히 주축 멤버들은 매우 젊어, 대부분 20대 초반이다. 지금까지의 활동을 큰 행사 중심으로 훑어 보면 다음과 같다.(대표 강순구[29세], 총무 천삼룡[29세])

86년 7월 20일 태백시내 제일극장에서 강원연극제 최우수상을 받은 연극협회 속초지부의 연극 '모닥불 아침이슬'의 초청 공연을 가졌다. 이와 함께 벌인 판이 '창작 씻김굿'인데 이게 재미난 굿판이었다. '박인균 사건' 하면 아마 일반 사람들은 무슨 소린지 모를게다. 그러나 80년대 중반 5공 말기증상이 사회적 소용돌이를 일으킬 무렵 신문지상을 꽤나 오르내렸던 '중대 사건'이었다. 서슬이 시퍼렇던 보안대가 박인균이란 젊은 노동활동가를 험한 산(도계 미인폭포)의 벼랑으로 유인, 타살시키려 했던, 생각만 해도 끔찍스런 사건이었다. 다행히도 그이는 피투성이가 되어 살아나긴 했으나, 그 원한을 달래며 살을 풀어제끼자고 마련된 '씻김굿'이었다.

87년 8월엔 하천부지에 3평 짜리 사무실을 마련하고 판화 전시회를 열었고, 88년 2월에는 이 지역 최초의 본격적 문화활동이랄 수 있는 '광산노동자 문화제'를 개최한다. 미술동인 '임술년 그룹'이 '우리땅 4인전'으로 본격 참여했고, 한밤중 산속에서 가진 마당 풍물 판굿으로 젊은 풍물패들이 모두 모여 그 기세를 태백산 구비구비마다 맘껏 넘쳐 올린다.

89년부터는 각 현장 단위사업장별로 풍물패 소모임이 꾸려져, 교사팀, 학생팀이 생겨나며, 이때부터 여름엔 으레 '성완희 열사 추모제 및 광산노동자대회'를 한데 묶어서 진행하게 된다.

성완희 열사. 87년 동료의 복직을 요구하며 싸우다가 "태백에 나를 묻어다오"라는 유언을 남기고 분신한 노동열사.

이곳에선 '주검'이 너무 가까이 있어왔다. 1주일에 1~2명은 시체로 실려나간다. 1년에 200여 명이 막장에서 스러져 갔으며, 3천~4천여 명이 부상을 당하거나 진·규폐증에 시달린다. 장성병원(규폐센타) 바로 옆에는 장의사 건물이 간판도 큼직하게 붙어 있어, 이 병원이 얼마나 주검들과 친숙했나 실감케 하고 있다.

열사의 정신은 '성완희 추모기념사업회'와 '광산노동자협의회'로 이어져, 오늘도 이곳 젊은이들의 가슴을 저 막막한 '주검의 나라'와 함께 하게 하는 원동력이 되고 있다.

태백마당은 현재 예쁜 이름을 가진 6~7개의 풍물 소모임으로 꾸려지고 있다. 일반 직장인들의 모임인 '한울림', 정선지역교사모임인 '추임새', 태백지역 교사모임 '높새', 고등학생 모임 '어울림', 병원 종사자 모임 '소슬뫼', 노래패인 '횃불', 그리고 태백지역 노동자 풍물 패 연합 등이 종횡으로 서로 유대를 가지며 활동하고 있다.

이와 함께 태백마당은 이번 10월 12일에 한마음신협회관 대강당에서 광산지역사회문제연구소와 합동으로 매우 특이한 문화행사를 준비하고 있다. 일본의 반전·반핵가수 구로사까 마사후미를 초청, 노래공연을 가질 계획이다.

어찌보면 자위대 해외 파병의 법제화까지 서두르고 있는 일본 신군국주의의 음흉한 속셈과 '닙뽄도와 꽃꽂이'로 상징되는 사무라이 문화가 아니 밤중에 홍두깨 격으로 웬 탄광촌에 보무도 당당히 들어오는 거냐 라고 생각할 수도 있겠으나, 그 속내를 들여다 보면 꼭 그렇지만은 않다.

1949년생이니까 필자와 나이가 같은 이 친구는 비교적 '양심적 일본인'에 속한다. 우선 그가 부른 노래들부터 살펴보기로 하자.

- APPOLOGY(사죄) : 일본의 조선인 강제 징용에 대한 사죄의 노래
- YUBARI NO KO (유바리의 한 꼬마) : 막장 사고로 아버지를 잃은 한 아이를 친구들이 위로하기 위해 지은 노래
- WE WANT TO BECOME A TREE : 수은 공해병으로 수많은 주민이 죽어간 미나마따를 위한 노래(반공해 노래)
- I WANT TO BECOME A TREE(환경보호 노래)
- HIROSIMA STUDENT'S APPEAL(반핵 노래)
- I AM WANTING FOR YOU : 아버지와 아들 사이의 문제를 아버지의 심정으로 노래(청소년 문제)

다음으로 그의 약력을 간단히 훑어 보면 대학시절 젊은이들의 우상

이었던 미국의 반전가수 존 바에즈(We shall overcome으로 널리 알려짐)의 영향으로 작사·작곡을 시작, 미나마따병(일본에서 처음 밝혀져 세계적 충격을 준 공해병)의 소녀를 노래한 We can stand로 데뷔, 사회적 반향을 일으킴. 민속학자 고 미야모또씨의 영향으로 "노래는 지역 사람들의 생활과 함께 있다"는 신념으로 일본 전국 방방곡곡 마을을 구석구석 돌아다니며 라이브 콘서트를 가짐(총 1,800여 회). 특히 문제학교, 문제지역에 자진해서 나아가 '노래'를 매개로 소통하며 평화의 희구를 노래함.

지난 가을 조선인 강제노동에 의해 만들어진 나까노시의 미쯔시로 대본영 지하호에서 열린 '사죄' 공연은 희미한 불빛 아래서 50년 전에 강제로 끌려와 중노동으로 피흘리며 죽어간 1천여 조선인들의 고통을 되새기는 진혼굿이었다고 한다.

그의 노래를 직접 들어본 적이 없는 필자로서는 무어라 단정적으로 말할 수는 없겠으나 "현실을 확고히 응시해 양쪽 민중 사이에 가로 놓인 장벽을 넘는 것이 우리들을 해방시킨다"는 그의 말은, 진정한 소통의 첫걸음이 될 것만은 확실하다고 여겨진다.

지금까지 태백지역의 진솔가지 문화일꾼들을 나름대로 소개해 보았다. 참으로 어려운 일은 사람이 사람에 대해서 이러쿵 저러쿵 얘기한다는 일이라는 걸 새삼 느끼게 된다.

이들이 하나의 지향점을 가지고 똘똘 뭉쳐 살아가거나 서로 힘을 합해 일을 해나가고 있는 것도 아니다. 다만 필자의 시각과 관심에 비추어 볼 때 이들 특유의 삶의 축적이, 일반 사람들이 하룻밤쯤은 밤새워 들을 만하게 풍부한 경험량을 지니고 있으며, 그 바탕으로 이들은 지금도 여전히 이 강파른 태백지역에 '진솔한 사람살이'와 함께 가는 문화와 예술을 일구어내기 위해 낑낑거리는 일꾼들('예술가'라는 말조차 쓰길 싫어하는)이라는 점만은 확실하게 언급해도 괜찮겠다.

이름도 그럴듯한 '석탄합리화' 시책의 후속 대안으로 내놓은 것이 관광지로의 개발이라고 한다. 화전농경문화 → 탄광문화 → 관광문화(?)라는 모습이 앞으로의 태백 광산지역의 나아갈 길이냐라는 데 대해서 대부분 이 지역 사람들은 고개를 갸웅뚱하고 있다.

　물론 전 지구적 차원에서의 '화석연료' 사용의 감소 추세라든가, 가스를 비롯한 청정 연료의 간편한 이기(利器)를 마다할 사람은 없다. 따라서 '석탄의 생산을 대형화하여 산업안전시설 확충과 광산 노동자의 처우를 개선한다'는데 반대할 사람이 그 누가 있겠는가. 그렇지만 지금까지 그래왔듯이 3만여 명에 이르는 광부들을 손톱만큼의 아무런 대책도 없이(5백만원 융자도 연대보증인 2인을 세워야 내준 그것이 과연 대책다운 대책이었을까. 그거라도 빌려서 떠난 광부가 과연 몇이나 되는가 말이다) '떠나라'고 밀어낸 당국자들이 어떤 발상을 갖고 관광문화지로 개발할 것인지는 물어보지 않아도 뻔한 노릇이다.

　적어도 앞에 소개한 사람들은 그 발상이 전혀 다르다. 오랜 세월, 우리네 선조들이 살기 어려워 흘러흘러 깊은 골로 찾아든 태백산간지대. 몸뚱이 하나로 버티면서 일구어논 그 '삶의 문화'의 축적된 힘과 긍지를 저버리고는 이 지역에 아무 일도 이루어지지 않으리라는 생각을 이들은 깊게 간직하고 있다.

　관광지로의 개발도 좋다. 하지만 그 경우에도 호텔·콘도 짓고 케이블카 놓고, 골프장 스키장에다 차 다니기 편하라고 아스팔트 길을 이것저것 가리지 않고 펑펑 뚫어놓고, 술집·갈비집 들어서게 하는 일이라면 그건 '절대 아니올시다'이다. 적어도 우리네 선조들이 어떻게 호흡하며, 몸부림치며 지혜를 모아 삶을 헤쳐나왔는지를 후손들에게 가르쳐주어야 할 것 아닌가.

　예를 들면 화전민들의 생활모습을 온전히 보존하는 민속마을이라든가, 여기저기 21세기 공상과학영화에나 나올 것같은 흉물스런 폐광촌을 독특하게 손질해서 광부들의 일터를 우리 아이들의 교육장으로 삼는다든가, 고산지대 특유의 나무나 짐승·약초 등의 재배를 특별지원한다든가, 얼마든지 바람직한 대안을 모아나갈 수 있을 텐데 여전히 모든 정책과 사업의 추진은 '책상물림'과 '상의하달'에서부터 어긋나기 시작한다.

이 글을 쓰고 있는 오늘 아침 신문에 다행스럽게도 동자부에서 태백, 사북, 도계, 하동에 특화경제작물단지를 조성, 감자, 꽃, 산사슴, 토종닭, 약초, 산양 등 6개 작물을 재배케 하겠다고 발표했다. 그런데 정작 실행년도가 96년까지로 되어 있으니 이미 떠난 사람들이나 그때까지 버티지 못할 사람들은 어찌 하란 말인가?

예전엔 군인들에 의해, 요즘엔 관광개발로 마구 훼손되고 있는 태백산 주목과 그 열매

그러면서도 한편으로는 광부 구하기가 심히 어려워졌단다. 떠나랄 때는 버러지 걷어차듯 내팽개쳐 놓고, 이젠 거꾸로 웬만한 사람이면 좋으니 나이가 50이 됐든 20세 미만의 청소년이든 상관없단다. 심지어는 탄광회사 간부직원 3~4명을 1조로 하여 출장비에 차까지 대주어가며 전국 각지로 '인신매매'(라고들 흔히 부른다)를 하러 일주일이고 열흘이고 보낸다. 이들은 갖은 연줄로 시골 각지를 훑어가며 광부들을 꼬드겨 온다.

그것도 여의치 않으니까 이젠 동남아나 연변에서 아예 값싼 노동자를 수입해 오자고까지 들썩이고 있다니 이 무슨 귀신 씨나락 까먹는 소린가 말이다.

기실 광부들뿐 아니라 근년에는 건설인력(노가다)이 모자라 야단법석인 것은 우리 모두가 다 아는 일이다. 그런가 하면 운전사도 모자라 구하기가 어렵다고들 야단이고, 사회 전반적으로 청년층이 제조업이나 힘든 일보다는 서비스업을 더 좋아한다는 풍조 또한 엄연한 사실이다.

문제는 이런 '현상과 풍조' 를 이른바 선진국 진입의 궤도에 들어섰음을 가리키는 당연한 신호로 받아들이는 한심한 태도에 있다. 석탄산업이 사양길로 들어서니까 없애버리고, 광부들은 알아서들 가라고 내쫓고, 또다시 인력이 모자라게 되니까 수입해서 쓰고.

그러나 그러한 현상과 풍조가 왜 생겨났을까, 어떻게 해야 이 그릇된 민심을 올곧게 돌려놓을까는 아예 안중에도 없다.

필자의 생각으론, 그 근본 원인은 지하경제와 불로소득에 있다고 본다. 아무리 뼈빠지게 고생해 봐야 남 좋은 일 시킬 뿐, 힘든 일은 될수록 피하고 머리를 굴려 돈가는 길에 서비스만 잘해야 먹고 살 돈이 벌리는데 뭐 미쳤다고 몸뗑이 버려가며 지하 막장에서, 집짓는 건설현장에서, 공장에서, 시골에서 중노동하느냐 말이다.

어차피 평생 동안 시집 장가 보낼 아이들 집 한 채 사줄 밑천은 고사하고, 10~20년 몸으로 때워봐야 (병신이 돼가면서도) 소득은 맨날 그 모양 아이들 교육비 대기에도 헉헉대는데, 에라 빌어먹을 세상, 그나마 먹고 노는게 남는 거다. 인생 일장춘몽이다.

그러니까 그 맨 밑바닥엔 이 세상에 대한 끝없는 절망과 분노가 깔려있고, 그 외형적 표출이 그러한 '현상과 풍조' 로 나타나는 것이라 봄이 옳겠다.

막장에서 바라본 갱 입구. 밝고 큰빛은 어디에 있을까…

광산들 중에서 하청에 하청으로 내려가면 조그마한 갱 하나를 맡아 파먹는 곳도 생겨 나게 된다. 이곳 사람들은 이걸 '쫄딱 구뎅이(조그만 구멍)' 라 부른다.

그렇다. 광부들을 중심으로 한 이곳 태백지역 사람들은 '우리는 쫄딱구뎅이가 아니다' 라는 긍지를 지니고 산다. 그리고 앞에 소개한 문화일꾼들은 그 긍지를 지키려 혼신의 힘을 기울이고 있는 사람들이다.

강파른 지역에서 비탈삶에 잔뼈가 굵은 검은 빛에 익숙한 사람들이라고, 사람이 사람을 그렇게 깔보는 게 아니라고 이들은 힘주어 되뇌이곤 한다.

항상 그렇듯 역사는 괴짜들의 창조력이 바탕이 되어 이루어져 왔고, 큰빛(태백)은 인간과 역사의 검은 막장 속에서 그 서광이 비쳐진다는 한마디 '진솔함' 을 맴속 깊이 간직한 채.

하월곡동의 건축일꾼 두레와 허병섭

산동네의 조용한 바람

미아 3거리에서 창문여고 · 드림랜드 방향으로 조금 가다보면 농협 직판장 건물이 나오고, 거기서 우회전하여 2차선 도로를 따라 들어가면 흔히들 '밤나무골 시장'이라 부르는 장터가 나온다. 이 시장통은 좁은 길바닥에 온갖 노점상들, 짐을 부리는 트럭들, 시장보러 나온 사람들로 복잡하기가 이루 말할 수 없어, 차들이 이곳을 지나려면 마치 곡예를 하듯, 그것도 최저 주행속도로나 겨우 기어다닐 지경이다.

이 시장통을 지나가게 되면 항상 서울 시내 동북지역에서 이와 비슷

두레의 주축,
노총각 고희석씨

한 곳이 한 군데 더 생각나곤 하는데, 삼양동 4거리에서 25번 버스 종점에 이르는 길이 아마 이 '밤나무골 시장' 과 가장 비슷한 곳일 게다.

하월곡동(下月谷洞). 예전 어느 TV 연속극에서 번드르르하게 써먹었던

'달동네'란 말이 생기기도 훨씬 전에 이 동네 이름은 원래부터 '달 아래 계곡(동네)'이다.

이 동네에 요즈음(정확히는 1년 전부터) 보이지 않는 조용한 바람이 일어나고 있다. 그것은 정치판의 '황색바람'도 아니요, 미친년 널뛰듯 하는 '부동산 바람'도 아니요, 젊은이들 때려죽이는 '백골단·지랄탄 바람'도 아닌 사람이 사람다운 세상에서 살고 싶다는, 사람이 사람답게 변해야 한다는 어찌 보면 사람의 가장 소박하고 절절한 바람들이 조용조용 모여서 이루어내는 '사람의 바람'이다.

이 바람에는 거창한 구호나, 포효하는 설교나, 흑심품고 '마음을 비웠다'는 우스개 말짓 몸짓이나 그런 게 끼여들 여지조차 없는, 그야말로 소리없는 바람이다.

좀더 너스레를 떤다면, 산에서 나무하다 지친 나무꾼의 이마에 흐른 땀을 씻어주는, 따사롭고 시원한, 영혼과 영혼이 소통하는, 맴과 맴이 맺어지는, 목메어 부르짖는 절규조차 가라앉혀 가장 낮은 소리로 소곤거리는, 무언의 사람의 몸짓같은, 사람만이 만들어낼 수 있는 정녕 값진 감동이 조금씩 조금씩 쌓여가는 기쁨의 바람이기도 하다.

그러면 이 '사람의 바람' '소리없는 바람' '기쁨의 바람'을 이루어내는 당사자들은 과연 누구일까? 살며시 들여다 보기로 하자.

전직 망나니들의 이력서

△이옥룡씨(40세. 늙은 총각) 고향 여수를 떠나 객지 막노동꾼으로 전전한지 어언 25년. 남에게 욕먹을 짓을 골라가며 다해봤다는 쟁쟁한 이력의 소유자(물론 감방 경력도 있음). 유일한 기술인 철근 조장일을 잘 할 수 있을까 싶게 작달막한 체구지만, 오랜 기간의 숙달된 경험으로 옹골차게 일머리('노가다'일의 전체적인 체계에 따른 일의 순서)를 풀어가며 종갑씨, 막내 해룡이, 딸기코 설영기씨와 함께 철근·콘크리트팀의 주축을 이루고 있음. 방 한칸 없이 아직도 여관에다 방 하

작업현장에서
잠시 포즈를 취한
두레 일꾼들

나 정해 놓고 사는 늙은 꼴통. 후배인 종갑씨의 간곡한 설득으로 '두레' 일을 늦게 시작했으나 지금은 누구보다 열렬한 '열심당원'이며, '욕지기'와 '꼬장부리기' '농담따먹기'엔 모두들 혀를 내두르는 제일인자. 그에게 한번 걸려들어 말싸움이라도 붙게 되면 어느새 작업량이 단 시간에 사라지고 마는 작업 현장에서의 귀중한 선소리꾼.

△박종갑씨(37세) 원래 동네에서 꽤나 알려졌던 왈짜(어깨). 떡대는 작아도 그의 불같은 성깔에 함부로 대드는 자가 없었던 시절도 있었다. 어눌하고, 더듬거리고, 고지식하긴 해도 오직 한마음으로 밀어붙이는 특유의 저력으로 자칭타칭 두레의 '기율부장'임에 무한한 긍지를 지니고 있음.

불교신자인 그이지만, 두레장 허병섭씨(51세)와의 만남 이후 아들(초등학교 4학년)을 교회에 내보내고, 뒤늦게 올린 결혼식도 대장님(두레장)께 주례를 부탁하게까지 되었듯이, 한번 옳다고 믿는 일은 온 몸으로 열과 성을 다하는 불도저 형.

73년 같이 살기 시작해서 이날 이때까지 갖은 개판치며 헤집고 다니는 남편 뒷바라지에 이골이 났지만, 두레일을 한 뒤부턴 사람이 많이 달라지고 있다는 그의 부인의 말처럼 그는 두레라면 무조건 열심이고, 목숨걸고 하는 일임을 만천하에 떳떳이, 너무도 진지하게 반복하고 또 반복하곤 한다.

△김영곤씨(31세) 경상도 안동이 고향인 기름밥 13년 경력의 운짱(운전수). 두레장의 매제이기도 한 그는 독채 전세는 아닐지라도 그의 식구와 두레장이 함께 살아가는 방 2칸짜리 집이 늘상 이런 일 저런 일에 얽혀 드나드는 사람들로 북적거려도 하나도 싫지가 않다.

"처남과는 대화가 거의 없이 살아왔죠. 물론 여러 가지로 좋은 일을 많이 하며 살아오신 건 어느 정도 얘기를 들어왔지만요. 하루는 절 부르더니 직장이 마음에 드냐 하고 물으시데요. 그때 제가 농협 부회장 자가용을 몰고 있을 땝니다. 불만이 많습니다. 직장 하나 구해주십시오. 뭐가 제일 마음에 안드나. 있는 자와 없는 자의 마음쓰는 게 상당히 불편합니다. 사람을 마구 대하고, 억지로 강요하고, 꼭 노예같이 여깁니다. 사실 전 이날 이때까지 기분내키는 대로 살아왔거든요. 개같은 성깔에 고삐풀린 망아지처럼요. 부모도 마누라도 필요없고, 도대체가 단체생활이란 게 죽기보다 싫었습니다. 오직 의리가 통하면 지키는 거고, 맘에 안들면 부숴버리는 거구요. 두레일을 같이 하게 되면서 제 자신이 변하는 걸 스스로 느낍니다. 이런 '노가다'도 있는가. 서로 아끼고 돌봐주고 생각해 주고, 남이 시키기 전에 더 열심히, 부지런히 쉬지 않고 일하려 하고. 이렇게 아름다운 삶이 있다는 걸 예전에 왜 미처 몰랐을까. 전 지금 어떤 회사 사장도, 권력을 가진 사람도 부럽지 않습니다. 이 사회에서 나도 무엇인가 해야겠다는 자부심, 이 동네가 바로 내 고향이라는 포근한 애정, 한마디로 지옥에서 천국을 맛본 그런 느낌입니다."

△고희석씨(30세 노총각) 두레장이 13년간 목회자로 일했던 동월교회 청년부 출신. 속칭 12제자 중의 한 명. 청년 시절부터 기타 치고 노래부르기 좋아하던 딴따라. 지금도 옛날 처녀처럼 길게 늘어뜨린 머리를 너풀대며 기와일을 한다. 자기 자신은 정직하고 깨끗하게 처신하며, 늘 후배들한테 관심을 갖고 대하며, 참견하고 칭찬하고 어려운 일

생기면 같이 걱정해주고 해서 후배들한테는 단연 인기 1순위. 술을 먹어도 처음이나 끝이나 시종여일하여 무념무상의 도사같기도 하고.

한때 몸이 심히 나빠져 술도 음식도 제대로 못 먹을 지경에 이르렀고, 생의 의욕조차 약해져갈 무렵 '건축 일꾼 두레'에 관한 소식을 듣고 재기하기로 작심, 돈을 빌려 2~3달 동안 투약·투병에 전념, 어느 정도 몸을 추스린 후 두레 일을 하기 시작하여, 지금은 건강을 완전히 회복하고 음식을 보면 뭣이든 먹고 싶을 정도로 튼튼해져서 주위 친구들이 뿌듯한 갈채를 보내고 있다. 동생 범석이도 두레 막내세대의 주춧돌. 목수 아저씨(외삼촌) 서치웅씨를 설득하여 두레 공사국장으로 영입시켰으며, 올해를 넘기기 전에 장가드는 게 홀어머니에 대한 도리요, 인생을 새로 뿌리내리게 하는 지렛대가 될 것임을 자기 자신에게 새삼 다짐하고 있다.

△이한용씨(31세) 희석, 설원씨와 함께 12제자 중의 1인. 또래들 중 유일하게 '노가다' 1급 기술자로 터를 닦아, 먹고 사는 데는 별 지장이 없이 생활해 왔다.

어릴 때부터 거렁뱅이, 넝마주의, 양아치 등 바닥생활에 잔뼈가 굵은 그도 허목사와의 만남이 인생의 새로운 전기가 되었고, 또 청년부 친구들과 13년간 이 동네에서 함께 흐느끼며 뒹굴면서도 스승의 가르침대로 정직하고 성실하게 삶을 꾸려왔다는 무언의 긍지를 지니고 있다. 두레장의 초기 '노가다 허씨 시절' 끈끈하고 자상한 실습 조교 노릇을 톡톡히 해내어 보통 5~7년 걸리는 숙련기간을 1년으로 단축시키는 데 큰 도움이 되었음.

동월교회에서 운영하던 탁아소 '똘배의 집' 교사일을 하던 윤혜숙(29세)씨와 어려운 열애 끝에 결혼, 딸 예슬(3세)을 두고 단란한 가정을 꾸리고 있다.

허우대도 큼직하고, 성격은 차분하고, 기와일엔 서울시내 안 가본

동네가 없을 정도로 이력이 붙은 넓적하고 굳은살 박힌 손 하며, 어디 내놔도 듬직한 노가다판의 '중견 새끼 오야지' 한용씨는 두레 초기 1,2달이 가장 걱정스러웠다고 한다. 누구보다도 노가다의 '떠돌이 기질'을 잘 알지만 자신의 힘으로는 어쩌는 수 없이 늘상 두레의 동지들이 차차 조금씩 모습이 바뀌어가고, 두레의 모든 체계가 차츰 잡혀가고 있는데 저으기 안심이 되고, 이제는 제2의 도약을 하기 위해 좀더 신경을 써야 할 일이 무엇인가 심각하게 고민하고 있다.

△**강설원씨**(31세) 한눈에 보기에도 운동을 했던 친구라는 느낌이 들 정도로 건장한 체격의 우람한 사나이(유도 2단). 또래 친구들 중 신일고등학교 출신이란 간판이 돋보이듯이, 비교적 산동네에선 먹고 살만한 가정환경이긴 했으나, 외아들에 대한 기대를 저버리지 않고 있는 부모들과 약간의 갈등은 여전히 지속중인 애 둘의 아버지.

일반 사회활동, 단체활동에도 친구들 중 가장 많이 접해본 경력도 있고, 87년 대통령 선거시 공명선거감시단으로 고려대생들이 활동했을 때, 이들과 로마 병정들이 대치했던 아슬아슬한 순간, 또 동월교회 증축공사시 쳐부수러 들이닥친 망치부대와의 살벌한 기세싸움이 벌어졌을 때같은 그런 때면 으레 맨 앞에 나서는 협객. 그도 한때는 시장에

강설원씨

서 마음에 맞지 않는 장사를 하며 허랑방탕한 생활을 하기도 했으나, 두레에 자진신고한 이후 편해진 마음으로, 힘든 일은 당연히 제몫으로 알고 '1달 만근에 이상없음'을 자랑으로 아는 두레의 주축 멤버가 되었다.

같은 동월교회 청년부 출신 탁아소 교사 나경희씨(29세)와 사이에

한별(3세), 현(1세)을 두었고, 이제는 어느 새 중견을 바라보는 자신의 삶을 돌아보며, 어느 곳 어느 자리에서건 후배 청년들만 모이면 젖먹던 힘이 새삼 불끈불끈 솟는다고.

바쁘지 않은 두레 식구들 중 아무렇게나 몇몇 사람을 만나 살며시 살아온 얘기들을 듣고보니, 예감했던대로 이 사람들 대부분이 세상의 피라미드 맨 밑에서 노가다로, 일용 노동자로, 날품팔이로, 혹은 임시직 고용원 생활로 젊음을 메꿔나온 청년들임을 담박에 알 수 있었다.

그러면 이들이 지금 신바람나게 혼신의 힘으로 일으키는 바람이란 과연 무엇인가?

우선 이름부터가 꽤나 길다. '하월곡동 건축 일꾼 두레'. 두레란 농촌에서 농삿일, 길쌈 등 서로 협력하여 공동작업을 하기 위한 마을단위의 조직을 가리키는 우리 옛말이다. 그러니까 쉽게 풀이하자면 ① '노가다'의 직거래(건축주와 날일꾼 사이)를 통해 생활의 안정을 꾀해 보자는 것이고, ② 단순한 경제적 이익이나 챙겨보자는 것이 아닌, 서로가 지니고 있는 이기심을 극복해 가는 과정을 통해 새로운 사람으로 거듭나는 전범을 실험해 보자는 것, 이 두 가지로 요약된다.

직거래와 '거듭나기'

건설·건축 관계 일꾼들 하면 우리는 보통 대형 건설·건축 공사장의 인부들을 연상하게 되는데, 그렇게 크게 생각할 것도 없이, 어느 한 집에서건 집수리를 하려 하면 보통 물역가게나 해당 보수센터를 찾게 된다. 이때 한 사람의 대장이 수리할 곳을 직접 살펴 보고는 대략의 견적을 내게 된다. 그리곤 날짜를 잡아 인부들이 와서 뚝딱뚝딱 고치게 되고.

이 인부들을 통칭 '노가다'라고 부르는데, 보통 하루 일당이 3~5만원, 1급 조장(기술자)의 경우 6~7만원 선까지 가는 경우도 있다.

한때 매스컴에서 노가다 일당이 너무 올라 각종 건설현장에서 사람 구하기가 하늘에 별따기라고 난리법석을 떤 적도 있었다.

아무튼 그냥 일당 3~5만원 하면 '최하층 날품팔이 일꾼'이라는 보통 생각으론 꽤 높은 액수로 여기게 십상이다. 3×30일=90. 즉 한달 수입이 100여 만원 된다는 얘기 아닌가 하고. 바로 여기서부터 우리가 쉽게 지나치는 함정이 도사리고 있다. 웬고하니 노가다 일은 일년 사시사철 아무 때나 있는 게 아니기 때문이다. 어느 건축 일이든 한여름과 한겨울엔 일을 안하기 때문이다(그래서 '철일'이라 부르기도 한다).

그건 대충 두가지 이유에서다. 대부분의 건축재료들 자체가 온도에 조금이라도 영향을 받게 마련이고, 두번째는 냉난방이 완비된 상태에서 집을 짓거나 수리하는 경우란 거의 없기 때문이다.

게다가 특별한 기상변화가 있거나 자재 공급이 어려울 경우는 공치는 날이요, 격렬한 육체노동인고로 심한 피로감으로, 또는 만성적 질병으로 쉬는 날도 솔찬히 생기게 된다(노가다 일꾼들의 7, 80%가 항시 주머니에 약은 넣고 다닌다는 사실에 주목해 보기로 하자).

이렇게 줄여나가고 보면 실제로 일하는 날은 연평균 180일 정도밖에 안된다.

일당은 그렇다치고 '노가다 직거래'란 또 무슨 소리냐. 그건 먹이사슬에서의 중간 착취구조가 매우 심하다는 얘기다. 알기쉽게 정리해보면 4단계로 나뉘어진다.

① 건축주(집주인)가 건축업자에게 "집을 지어주시오" 하고 일을 맡기면, 일단 건축업자가 받아챙기는 돈이(프리미엄) 전체 공사비의 15~20%를 차지한다.

② 건축업자는 이른바 '4대마(복수·미장·조적·철근)'의 책임자(오야지)를 골라 각각 일을 맡기게 되는데, 이 '대마오야지'가 또 공사비의 15~20%를 챙긴다.

③ 이 대마오야지는 3,40명 정도의 진짜 노가다를 일시에 구할 수 없

으므로, '핫빠리' '데모도'가 아닌 중간급 기술자격인 '하급 오야지'를 뽑아 쓰는데 여기서 또 일정액이 빠진다.

④ 이 하급 오야지가 '핫빠리' '데모도' '개잡부'를 긁어모아 동원하게 된다.

다시 말해서 전체 공사비의 4, 50%는 자재비, 인건비, 기재사용비 등 실제경비 외에 일을 따내는 먹이사슬에 따라 사라져버리니, 정작 일을 맡긴 건축주나 가장 뼈빠지게 일한 일꾼 모두에게 큰 손해가 가는 건 자명한 이치이다.

그러기에 공사치고 부실공사를 안하는 게 없게 되고, 몇 단계의 하청고리에 따른 무리한 '일 따내기 경쟁'이며, 하자 보수에 대한 책임 미루기 등 각종 폐해가 속출하게 된다. 그래서 경험없고 자재에 대한 전문지식이 없는 일반 시민들도 '어떤 공사든 최초 예산의 2배가 든다' '예정 기일의 2배가 걸린다고 생각하라'는 게 통설로 되어 있고, 건축주는 일 빨리 잘해 달라고 노가다 일꾼들한테 대접이나 잘하면 되는 줄 알게 되는 것이다.

'노가다 직거래'와 비슷한 예를 우리는 농산물 직거래에서도 살펴볼 수 있다. 처음에는 농민운동 단체에서 조심스레 시작한 농산물 직거래는 이제는 상당히 널리 알려지고 퍼져나가 '한살림'이나 '정농회' '늘푸른 두레 먹거리회' '함께하는 생협(여성민우회)' 등 여러 단체가 생겼났고, 농협이나 우체국에서도 취급하는 정부 권장 운동이 되었으며, 심지어는 백화점이나 대형 슈퍼까지 간헐적이나마(상술의 하나이긴 하나) '현지 직송 농산물 특별기획전'이니 뭐니 하는 등 사람들의 관심을 끌고, 그 필요성에 공감하는 분위기가 차츰 확산되고 있는 추세이다.

하여튼 농산물이든 노가다든, 직거래의 핵심은 소비자와 생산자의 직접 만남(거래)에 있다. 또한 중간에 불필요하게 기생하는 못된 구조적 제도적 빼앗김에 분노하는 일반 사람들의 '스스로 살아남으려는'

노력이기도 하기에 그 전망은 사뭇 밝다고 볼 수 있으리라.

어쨌거나 건축 일꾼 두레 사람들은 이미 몇 번의 직거래를 통해 생산자(두레 일꾼들)와 소비자(건축주)가 함께 만족하고, 서로 믿음 속에서 일하고, 생산물을 사고 파는(거래) 뿌듯한 경험을 나누어 가졌다.

그러면 두레 사람들이 일으키고 있는 바람은 경제적 이익이 확보되는 데서 오는 신바람에 그치고 있는 것일까? 두레의 총무격인 업무국장일을 맡아보고 있는 강충원씨(41세)의 말을 들어 보자.

"일꾼 두레에 가면 조건이 좋고 수입이 좋으니까 들어간다고 해서는 곤란합니다. 돈 더 만지기 위한 수단으로 두레가 존재하는 것이 아니고, 생활이 나아지는 만큼 이기심이나 개인주의를 극복하고 '우리 모두가 한 식구다' 하는 마음으로 서로 돕고 사랑하는 아름다운 공동체가 되는 데 있습니다. 수입이 높은 것만 추구하다보면 그야말로 돈의 노예가 되기 쉽습니다. 두레의 목표는 직거래를 해서 생긴 이익금을 나누어 수입을 높이는 것이지만, 막연히 수익금을 나누어먹고 끝내버리자는 것이 아닙니다. 나누되 함께 나누고, 더불어 사는 것이 더욱 중요합니다. 두레의 이익에 대해 말하자면, 두레는 건축의 직거래라는 획기적인 방식을 통하여 건축업계의 모순을 부분적으로나마 극복했다고 봅니다. 아울러 '함께 일한다'는 노동공동체를 통하여 회원들이 노동에 대한 자부심을 갖게 되고 미래에 대한 꿈을 꾸게 됐으며, 인격의 향상까지도 꾀할 수 있게 됐습니다.

직거래를 하다보니 건축주도 믿고 일을 맡기고, 중간 착취가 없어 일꾼들의 수입도 높아졌습니다. 8시간 노동에다 일요일은 꼭 쉬기 때문에 건강한 몸으로 열심히 일하게 됐습니다. 8시간 노동을 하지만 오야지 밑에서처럼 눈치보며 하는 일이 아니기 때문에 능률이 더 오릅니다. 뿐만 아니라 회원들에게 재정을 공개함으로써 상호신뢰를 쌓고, 건축업계의 흔한 비리나 부조리도 극복하고 있습니다. 우리는 품값을 무엇보다 우선하고 있습니다. 땀흘려 일하는 사람을 대우하고, 노동의 가치를 올바로 세워가려 합니다. 그리고 회원들이 두레를 통하여 서로 양보하고 협조하는 한 가족의 정신을 다져나갑니다. 노동에 긍지를 갖고 자신의 삶을 변화시켜나가는 것은 참으로 중요한 일입니다.

회원들은 예전의 절망에서 미래에의 희망으로, 지난 날의 막보기 인생에서 이제는 내일을 설계하는 자세로 바뀌어가고 있습니다. 이런 모습들을 보고 다른 사람들이 우리더러 '당신들이 노가다 하는 사람들이 맞는가' 라고 의아하게 묻습니다. 일하는 사람들은 보통 거칠고 우락부락한데 우리는 어찌 그리 순하냐는 겁니다. 또 일본말 투성이인 건축 용어를 우리말로 순화하는 노력도 하고 있으며, 고운말 쓰기 운동, 술 마시는 태도, 나쁜 버릇 고치기같은 인격 형성에 게을리 하지 않으려 합니다. 이렇게 두레에서 하고 있는 직거래와 '바른삶 살기' 운동의 모습들이 이 세상을 밝고 맑은 사회로 변화시켜나가는 하나의 작은 시발점이 되리라 봅니다."

맘대로 놔두니 너무나 잘하더라

이에 더 이상 무슨 설명이 필요하랴. 그래도 너무 두레 사람들의 얘기만 늘어놓는 게 독자에 대한 도리가 아니다 싶어, 실제로 공사가 벌어지고 있는 현장엘 좇아가서 건축주의 얘기를 직접 들어보았다.

갈현2동, 대지 68평에 건평 50평의 단층 기와집 주인 유아무개씨(52세)는 여러 말이 필요없다며, 동네에서 소문이 나서 이 집 저 집에서 "우리집 수리도 두레에 좀 맡기게 주선해 달라"고 부탁해와 서너 집 소개해줬다고 한다. "참 그분들 모두가 보통 사람이 아닌, 아니 보통 사람이지만 그걸 뛰어넘는 소중한 사람이라는 생각에 한번 두레 사무실로 찾아가 인사드리지 못한 걸 늘 찜찜하게 여기고 있다"고 속내를 털어 놓는다.

방배동 최아무개씨(44세) 집은 지난 봄에 2층 방 2개(10평)를 새로

들였는데, 공사기일(1달 예정)이나 일의 내용, 마무리 등이 매우 만족스럽고, 특히 일이 다 끝나고 조목별로 들어간 경비의 내역서를 복사해서 주고 갔는데, 그런 경우는 처음 보았단다. 그래서 더욱 굳은 신뢰가 생기더라고. 내역서를 읽어보니 주먹구구가 아니라 꼼꼼하고 철저하게 경비지출이 체크되어 있었고, 그 대신 인건비만은 엄격하게 받고 불만이 없게 한다는 강한 느낌이 들었다고 한다.

처음에는 시간도 느슨한 것같고 상당히 자유스럽게 일들을 하는 것같아 조금 걱정도 되었으나, 며칠 살펴보니 서로가 약한 사람을 봐주고 쉬라고 하고, 힘든 일은 덜하게 하고, 쓸데없는 요구는 하지 않으며, 가능한 한 민폐를 끼치지 않으려 하고 미안해 하는 모습 하며, 노가다 일꾼들의 근성·'곤조'를 될수록 자제하려고 노력하는 등 차차로 굳은 믿음이 생겨, 전혀 일에 상관하지 않고 맘대로 하라 하고 내버려뒀더니, 너무나 좋게 일이 끝나게 되어 애 아빠가 쓰던 헌 차를 아예 두레에 선물하기까지 했다고.

한 가지 아이러니라 생각되는 점은 노가다 노임 단가가 많이 오르고 일손 구하기가 어려워지는 시점과 두레의 출발이 시기적으로 일치했다는 행운이다. 이를 어떤 시각으로 어떻게 모두어야 할는지는 독자 여러분의 판단에 맡기기로 하자. 그런데 이와 함께 웃지 못할 넌센스는, 일손 구하기가 힘들어지고 각종 건설공사가 지연되는 사태가 벌어지자, 한때 동남아시아 등지에서 싼값에 노동자까지 수입하려 했다는 엄연한 사실을 놓고 과연 우리는 웃어야 하나 울어도 시원치가 않다.

두레의 뿌리

지금까지 살펴본 두레의 모습과 건축주들의 반응 등 여러가지를 음미하다보면, 이런 일이 과연 하루 아침에 이루어질 수 있었을까 갸우뚱하는 분이 있을는지 모른다.

사실 그렇다. 두레를 소개하는데 두레장 허병섭씨(51세)를 빼놓기는 심히 난감하다. 13년간(76년부터 88년까지) 그는 이 동네에서 갖은 오해와 비방, 칭송과 경의를 동시에 받아오며 주민들과 특이하고도 끈적한 인간관계를 맺어왔고, 그 축적된 힘이 두레 태두의 모태가 되었음은 두말할 필요가 없겠다. 그러나 당신 자신이 그런 호들갑을 떠는 걸 그리 탐탁치 않게 여긴다는 걸 잘 알고 있는 필자로서는, 어디까지 어떻게 얘기하는 게 참 도리일까 며칠 동안 고민했다.

각설하고, 그이는 사회운동권에서는 알 만한 사람은 다 아는, 정확히는 기독교빈민운동권의 대부인 전직 목사다(한국기독교장로회 동월교회, 1976~88년). 전 국회의원 이철용씨(필명 이동철)가 원저자인 『어둠의 자식들』(현암사), 『꼬방동네 사람들』(현암사)에 나오는 공(空)목사가 바로 그 사람이다.

또한 그이는 『스스로 말하게 하라』(한길사)라는 저서도 갖고 있다. 허재호씨가 쓴 『노가다판의 망나니들』(동광출판사)에는, 88년 8월(교단의 사직원 수리는 89년 10월) 한국 최초로 '스스로 목사옷을 벗고'

두레의 정신적 지주, 허병섭 두레장

노가다판에 뛰어드는 초기의 모습이 어느 정도 그려져 있다.

그는 요즈음 조그마한 월간잡지 『살림』(한국신학연구소 발행)에 「민중을 따르는 걸음」이라는 제목으로, 노가다판에 뛰어들면서 지금까지 겪은 삶의 궤적과 갖가지 상념들을 연재하고 있다.

딱 한 마디만 덧붙이기로 하자. 두레가 어느 정도 기반이 마련되고, 그이가 없이도 잘 굴러갈 것이라는 확신이 두레 회원들한테 들 때까지는 그이는 누가 뭐래도 두레의 '정신적 지주' 라는 것.

고통과 소망

이제 두레의 알기(알짜)를 마무리해 보기로 하자. 회원들이 모여 스스로 정리한 '목표와 자세'에 모든 게 정리돼 있다.

△두레의 목표

1. 8시간 일하고 일요일은 쉰다.
2. 생활비를 보장한다.
3. 성실하고 책임있는 공사를 한다.
4. 살림과 재산은 정확히 공개한다.
5. 이익은 공평하게 나눈다.
6. 잘못된 공사장 관행은 바로 잡는다.
7. 건축용어를 바로 잡고 고운말을 쓴다.
8. 서로 상부상조하며, 우리 마을을 살기 좋은 동네로 가꾸어 간다.

△두레 식구들의 자세

· 마지 못해 하는 노가다가 아니라 노동을 자랑스럽게 생각한다.
· 맡은 일에 책임지는 사람이 된다.
· 자재를 아끼고 경비를 절약한다.
· 이기심이나 개인주의를 버리고, 서로 돕고 사랑한다.
· 두레의 명예를 높이고, 두레에 피해를 주어서는 안된다.
· 술먹는 태도나 옛날의 나쁜 버릇을 고친다.
· 어른을 공경하고 선후배의 질서를 지킨다.
· 남는 시간엔 기술을 닦고 공부를 하며, 좋은 대화를 통해 윗사람

의 경험과 지혜를 배운다.

· 가정과 이웃, 마을에 모범이 된다.

'하월곡동 건축 일꾼 두레'는 현재 이 지구상에 존재하는 사회제도 속에서 그 제도를 딛고 일어서려는 독특한 방식의(삶의 질적 변화를 동반하는) 사회갱신운동이라 보아 무방할 터이다. 더구나 그 원초적 힘을 이 사회의 가장 사각지대에서 하루살이 인생으로 살아가는 '노가다' 판의 깔묻힌 잠재력으로부터 시작했다는데 더욱 큰 의미가 있다고 여겨진다.

하여튼 '건축 일꾼 두레'는 이미 시작되었고, 지금도 열심히 굴러가고 있다. 이게 어디로 어떻게 발전돼 나갈지 정확히 예견할 수 있는 사람은 아무도 없다. 다만 현재의 고뇌와 미래에의 간절한 소망이 이리저리 교차하고 있을 뿐.

지금 단계에서 가장 큰 고통은 A급 기술자를 확보하기가 쉽지 않다는 점. A급 기술자로서는 자기 혼자서 뛰어다니는 게 훨씬 유리하기 때문이다. 이를테면 한달 평균 50만원씩 10명 정도를 6개월 정도만 지원한다면(A급 기술자를 묶어두는 기간) 이 문제는 그런대로 확실한 전망이 서는 셈이다. 그렇지만 두레로서는 아직 엄두도 못낼 일이다. 두레가 가지고 있는 재산이란 산꼭대기에 있는 5평짜리 사무실(911-8677)과 봉고차(12인승) 1대, 타이탄(2.5톤) 1대, 중고 승용차 1대, 그리고 회원인 일꾼들 20여 명이 전부다.

지난 겨울 회원 모집 공고를 사무실에 붙이자 귀에서 귀로 전해 듣고 몰려든 동네 일꾼들 10여 명을 억지로 사정사정해서 돌려 보내야 했을 때, 그때의 쓰린 가슴일랑 접어두기로 하자.

어쩌다 공사현장에서 일하다 잘못해서 상처라도 입고 피라도 흘릴 경우, 흘린 피는 바로 쇠고기 한근 값이 사라지는 것이요, 한여름 땡볕에 질통을 메고 6,7층 계단을 오르면서 쏟아뻗치는 땀과 비틀비틀 아차 싶은 현기증은 바로 육신이, 영혼이, 미래에의 소망이 야금야금 닳아 없어져 가는 것이며, 암흑같은 생의 나락으로 굴러떨어지는 절망의 끝이란 것쯤이야 어디 한 두 해 겪는 일이랴.

하지만 이 세상을 밝고 환하게 만드는 첫불씨는 항상 그렇듯 쓰라린 가슴과 안타까움과 밑모를 절망의 끝 속에서 시작되었고, 언젠가는 진 흙탕 속의 연꽃처럼 두둥실 피어날 것이란 목숨같은 믿음이 이들에게 간직되어 있는 한, 또한 우리들 모두가 '우리 자식들만큼은 사람 사는 세상에서 살아가게 해야지' 하는 다짐을 우리 스스로에게 하고 있는 한 두레와 두레 정신은 언제 어디서 어떤 형태로든, 이 땅에서 꿋꿋이 뻗 어 나가리란 예감만큼은 우리 모두 함께 나누어도 좋으리라.

(두레장 허병섭씨는 현재 모든 일을 정리하고 전북 무주에서 농사를 지으며 살고 있다.)

여름지이(농사)는 살아남을 수 있을까

여름이라서가 아니라 요즘은 마음이 자꾸 시골로 가게 된다. 필자의 발길도 시골이라면 어디건 아무데나 달려가고 싶다. 서울에서 만나는 사람들은 웬지 모르게 모두들 지쳐 있다. 아니면 지쳐 있는 속마음을 살포시 숨기고 있거나.

이번에는 본격적인 농민, 농업생산자들 가운데서 조금이라도 '협동'을 지향한다고나 할까, 이 어려운 시대, 몰락해 가고 황폐화되어가는 농촌을 끈질기게 지켜내려는 안간힘같은 거, 그런 사람들을 만나보기로 했다.

여기저기 수소문 끝에 우연히 대전 '한밭살림'의 박봉수씨가 전북 임실에 가면 그런데를 한 군데 알고 있다고 했다. 가을이 오기 전 찌는 무더위 속의 잠시 쉴짬이 농부들에게도 편하겠다 짐작하곤 서둘러 행장을 꾸렸다.

이참에 임실에 사는 한 시인 친구와도 2~3일 펑퍼짐하게 지낼 수 있겠다 싶어 연락을 했더니, 다행히도 집에 있었다. 아 임실. 덕치에서의 꿈속같던 2박 3일이여. 낮에는 마을 앞 섬진강을 코앞에 놓고 100년된 정자나무 밑에서 풀뜯어먹는 소, 염소를 바라보며 이런저런 정담으로 시간을 보내고, 저녁먹고는 투망으로 피리, 빠가사리 서너근 잡아 매운탕 끓여 쐬주 한잔 하고. 강따라 조금 더 내려가서, 대나무 삿대로 건느던 2인승 조각배 하며, 그 앞산 계곡에 허초롬히 서 있는 외딴 집엔 하루 한번씩 꿀치고(한봉) 흑염소 키우는 주인이 다녀간다고 하지. 우리 둘은 멍멍이들만 킹킹거리는 아무도 없는 집앞 계곡에서 무삼없이 훌러덩 옷을 벗고 그 맑고 차가운 물에 멱을 감기도 했다.

이 얘기 저 얘기 하자면 끝이 없으니 그 정도로 하고. 지금도 한 마디 귓가에 쟁쟁하게 들려오는 소리가 있다. 마을사람들(이라야 40~50대 장년들이지만) 너댓이 저녁 무렵 집앞 길바닥에 돗자리를 깔고 길밥(들밥이나 마찬가지렸다)을 먹을 때였다. 앞 논의 벼가 꽤나 실하게 자라 쭉쭉 뻗어 있었다.

"거 꽤나 튼실하게 잘 되었네…"하며 모두들 고개를 끄덕이고 있는데, 정작 그 논주인 한다는 소리 좀 들어보렷다.

"젠장맞을, 이까짓 거 잘되면 뭘혀! 쌀 한가마에 운동화 두 켤렌디."

순간 모두들 얼굴이 싹 굳어버렸다. 그렇지 않아도 누구 뭐 신명날 일이 있어서 (하다못해 누구 생일이라든가) 함께 길밥먹는 것도 아니었던 터라, 골치아픈 수심일랑 가슴속에 묻어두고 앞산 위에 휘영청 뜬 보름달 쳐다보며 밥먹는 즐거움이나마 나눠보자 하는데, 아니나 다를까 영락없이 맴속 대꼬챙이가 불쑥 불거져 나온 거였다.

지금 농촌은 농촌이 아니다. 지금 농민은 농민의 맴을 잃어버렸다. 지금 농업은 '생업'이 아닌지 이미 오래다. 한 마디로 우리의 시골은 '새삶의 텃밭'이 일구어지기는 커녕 절망의 텃밭, 분노의 텃밭, 한숨과 쓰린 너털웃음들이 뒤섞여 흐느적거리는 '시시한 골짜기'로 전락돼 버렸다. 그리고 그 상징적 표현이 '이까짓 거 잘 되면 뭘 혀!'라 한다면 그건 필자의 지나친 독단일까.

아니다! 절대 그렇지 않다. 필자는 학자 나부랭이가 아니니, 당국이나 농민, 소비자의 '맴'이란 측면에서 풀이를 해보기로 하자.

당국의 맴이 꼭 '이까짓 거 잘되면 뭘 혀!'이다. 3공과 유신시대부터 시작된 비교우위론(그까짓 농산물이야 훨씬 값싼 외국서 수입해다 먹고, 수출경쟁력있는 공업제품 발전에 주력해야 나라 전체가 부강해진다는 서양의 경제학설)은 5공 때의 농외소득 증대(농촌공업화)론으로 (이는 결국 농업소득 증대의 포기, 농지의 도시자본 투기장화로 귀결

되었지만), 다시 6공 들어서는 아예 한국농업 불가(포기)론으로 포장을 바꿨을 뿐 그 속맴은 끈질기게 '이 까짓 거 잘되면 뭘혀!' 이다.

농민의 맴에 관해서 이야기하자면 여러 말이 필요없다. 거대한 장벽이 일시에 무너지듯, 시골 청년들의 고향 탈출은 이미 다 끝나 있는 완료형이다. 이러지도 저러지도 못하는 장가못간 총각들은, 사람이 그렇게 살 수는 없는 거라고 자비롭게도 중국 연변에 살고 있는 조선족 처녀와 맺어주자고 왔다갔다 일이 성사되기도 하는 지경이라니, 더 이상 무슨 말이 필요하랴.

이 까짓 거 잘 되면 뭘혀! 소비자의 맴도 마찬가지다. 웬만한 집 가정에서 곡물이나 야채는 이미 우리들 '생명의 양식' '귀한 먹을거리' 취급을 못받고 있다. 조금 먹다가 쓰레기통으로 버려지는 먹을거리, 입맛에 맞지 않으면 과감하게 '버리는 게 돈 버는 거'라는 당치도 않은 사치, 먹을거리는 몸보신을 위해 무한정 탐하면서도 그것의 확보와 소비·보관은 하찮게 생각하는 풍조. 여름지이가 잘돼도 비싸긴 마찬가지. 못되면 품귀에 허덕이며 수입하기 전까진 먹을 생각들 말더라고. 결국 이 모두도 '그 까짓 거 잘 되면 뭘혀!' 나하곤 상관없는 일이다.

임실의 터줏대감들

전주에서 버스로 30~40분 남동쪽으로 가면 곧바로 임실이 나온다. 곧 임실은 전주와 함께 엮여져 서로 불가분의 생활권을 이루고 있다고 해도 과언이 아니다. 하지만 중산간지방(中山間地方)의 오지가 대개 그렇듯이, 임실도 순창과 남원으로 가는 중요한 길목이기에 첩첩산중에 사는 이곳 사람들은 전주, 순창, 남원, 임실읍의 4개 생활권으로 나뉘어 생활하는데 더 익숙해져 있기도 하다.

아무튼 『동국여지승람』에 쓰여있듯 "산과 산이 첩첩 둘러 있어 마치 병풍을 두른 것처럼 아름다운 고장" 임실은 언제 가보아도 산과 산에 폭 파묻혀 있으면서도 그런대로 평지가 아우러져 있는 아늑한 '배산임

수(背山臨水)'형의 시골마을을 이루고 있다. 남도의 산들이 대부분 지닌 남부군의 갖가지 전설들도 그대로 간직한 채.

이 임실에 20~30년 이상 살아온 사람들은 대개 '임실 치즈'의 원조 지정환 신부(벨기에인, 본명 디디에르트 세르스테벤즈)가 무척 고마운 사람이라고 생각하고 있다. 그이의 헌신적 노력 덕택에 우리나라 최초로(66년) 순수 주민자본에 의한 농가공 공장이 현지에 세워져 '임실 치즈'가 전국에 널리 알려지게 되었으니까.

세세한 사연은 모르겠으나, 그이는 지금 '임실 치즈'에선 은퇴하고 완주군 소양에서 지체장애자들과 함께 '무지개 가족'을 꾸려 나가고 있다고 한다. 하여튼 60, 70년대 지신부는 이곳 지역에서 뜻있는 사람들의 훌륭한 스승이자 절친한 친구였다. 항상 헐벗고 노동에 거칠어진 이곳 농투산이들과 함께하며, 이 지역을 어떻게 사람살기에 최소한의 조건을 갖춘 지역으로 만들 것인가 전전긍긍, 지금은 7개로 불어난 신용협동조합 설립에 처음 불을 당긴 것도 바로 그이였다고 한다.

지신부가 가톨릭을 대표한 기둥이었다면 심상봉 목사(55세, 임실제일교회)와 신희은 장로(61세, 시온약방) 두 분은 개신교 쪽에서의 커다란 의지처였다.

숨막히는 70년대의 유신독재 시절에 참으로 어렵게 고통받으면서도 유치원, 야간학교, 주부학교, 신협 등 갖가지 몸부림을 뒤에서 밀어주기도 하고 앞장서서 총대를 메기도 하고. 심목사의 장성한 아들 장섭씨(27세), 신장로의 큰딸 호영씨(34세)와 사위 이진하씨(35세), 큰아들 은채씨(32세)와 며느리 효심씨(28세) 등이 모두 지금의 '바른농사 실천 농민회(바실농)'를 이끌어 가는 튼튼한 일꾼이 된 것은, 바로 두 사람의 뜻과 행동이 얼마나 끈끈한 신심에서 우러나온 것인가를 전적으로 보여준다 하겠다.

또 한 사람, 임실의 진국 터줏대감들이 기억하는 분이 있다. 김종북씨(52세). 거창고등학교와 전북대 수학과를 나온 명석한 농사꾼. 70

년 1월 1일자로 심목사가 부임할 때 "목사님, 여기에 죽으러 오셨습니까?"라고 일갈하여, 심목사의 가슴에 섬뜩한 대못을 심어놓은 양반. 이이는 그후 양주 풀무원 생활에서도 한계를 느껴 분가(分家), 지금은 진도에서 땅 한뙈기 없이 소작만으로도 일가족(3대가 함께 산다)의 생계를 넉근히 꾸려나가고 있어 여러 사람을 놀라게 하고 있다 한다.

지정환 신부와 김종북씨는 지금은 임실을 떠나 있지만, 이들 네 분은 지금의 '바실농'을 이끌어가는 이들의 청년시절에 여름지이와 인생에 대해 크낙한 영향을 끼쳤던 스승들이었다. 어려운 일이 생기면 가서 상의하고, 울분을 토할 일이 있으면 막걸리 사발을 같이 기울이며 주먹을 불끈 쥐기도 하고, 잘못된 일이 있으면 모두들 힘을 합쳐 당당하게 항의하기도 하고. 한마디로 농촌이면 어디나 떡 버티고 있게 마련인 집안 노인들과는 또다른 '진국 어른'들이 바로 이분들이었다.

뼈아팠던 공동체 실습

전북지역이나 농사관계 소식에 어느 정도 밝은 사람들은 '예가원'이란 이름을 한 두번은 들어보았을 것이다. 무공해 농산물을 생산·공급하는 기독교 생산자 팀이라고들 흔히 알고 있다. 예가원이란 도대체 무슨 뜻일까? 그리고 예가원과 바른농사실천농민회는 어떻게 다른가. 그들 회원들은 어떤 사람들인가 살펴보기로 하자.

농촌에서 아직도 버티고 살아가는 청년들 치고 숱한 사연이 없는 친구가 어디 있으랴마는 바실농 회장 일을 보고 있는 이진하·신호영씨 부부와 송기봉·구회자씨 부부, 최영두·이동련씨 부부 등은 특히 남다른 뼈아팠던 경험을 지닌 사람들이다.

85년 겨울 이진하씨와 이씨의 전주농고 2년 후배인 송기봉씨는 의기투합, 어려서부터 농사로 잔뼈가 굵었으나 가지고 있는 땅이 적은 송씨의 여름지이 기술로, 항상 외지로 떠돌아 다니느라고 여름지이 경험이 없는 이씨의 넓은 땅(약 40마지기)에 함께 여름지이를 지어보자고 손가락 걸고 맹세를 하게 된다.
동네 친구들도 괜찮은 일이라
며 격려해 주었고, 아예 이참
에 전주서 고생하고 계신다는
(개척교회) 옛 스승 심상봉 목
사님을 모셔오자고까지 얘기
가 발전되어, 86년 2월 심목사
가 10여년 만에 첫 부임지로
재차 돌아오게 된다.

최을두씨와
최씨의 형수 이동련씨

이때부터 동네 청년들 10여
명이 심목사와 매주 1회 밤샘공부를 하게 되는데, 이때의 교재가 정호
경 신부가 쓴『나눔과 섬김의 공동체』였다. 이들은 농민들의 생활경험
이 성경 구절과 잘 아우러져 있는 이 책의 한장 한장을 놓고 서로들 지
금까지 느껴왔던 삶의 애환도 풀어제끼고 토론도 하고 지혜를 모아가
면서 근 1년 동안 고민들을 주고 받는다. 시골 살림이란 게 옆집의 숟
가락이 몇갠지까지 알고 지내게 마련인 터에 이들은 이제 서로의 속마
음까지 훤히 들여다 보게 되었으며, 정말 바르게 여름지이를 지으며 바
르게 살아야 한다고 굳게 다짐하게 된다.

그러다가 아예 이렇게 입으로만 말로만 서로 형제니 자매니 하지 말
고 함께 살아보자고 한걸음 더 나아간다. 이때 총대를 멘게 이진하씨와
송기봉씨였고, 중국의 혁명과정에서 끈질기게 명맥을 보전했다는 예수
가족원의 이름을 따오기로 합의, 약칭 예가원이라 이름짓는다.

이래서 예가원 경제공동체(오히려 지금에 와선 실습공동체가 적절
한 표현이겠지만)가 87년 봄부터 탄생하게 되는 거였다. 아침에 일어
나면 모여서 같이 밥먹고 들에 나가 일하고, 저녁 땐 하루 일과를 정
리·반성하는 생활을 만 1년간 같이 하게 되는데, 이때 이 두 부부에다
동네 청년 한명이 사세했으니, 1년이 지나자 이 청년이 못하겠다고 두

손 들고 떠나 버리는게 아닌가.

여러가지 자질구레한 갈등이 있긴 했으나, 가장 큰 원인은 역시 총각의 집에서 장가는 언제 갈거냐, 집에 가진 거라곤 쥐뿔도 없는데 언제 돈벌어 늙은 부모 모시고 손자 새끼 구경시켜 줄거냐고 윽박지른 심리적 압박이 가장 컸나 보다. 아무튼 그 청년이 나가고 새로 청년 둘이 들어와 2년을 더 버티었다.

이때 개발한(?) 품목이 무공해 현미를 비롯한 콩나물과 현미쌀가루, 표고버섯 등이었다. 판로 확보를 위해 여기저기 쏘다니며 시장조사도 하고 전주시내 백화점도 뚫고 소비자협동조합 매장에 자그마한 코너도 하나 확보했다. 전주 안디옥교회와 연이 닿아 '한싹모임'이란 소비자 모임도 만들어졌고, 신장로의 시온약국의 방 하나를 빌려서 '내추럴 하우스'란 가판점도 그럴듯하게 차려놓는 등 경제적 수입도 적잖아 그럭저럭 유지는 되게 되었다.

2년 동안 정말 부지런히 움직이자 주위의 인식들도 조금은 달라졌다. "자네 땜에 우리 농사까지 망친다", "얼마나 버틸지 두고 보자. 농약 안치고 비료 안주고 농사 지을려면 3~4배, 아니 10배는 더 힘이 드는 법인디, 겁도 없이 달려든다." "얼마나 오래 살려고 그러느냐. 저 혼자만 죽지 않고 살려고 한다"고 비아냥거리던 사람들도 하나 둘 농약과 공해의 심각성을 깨달아가게 되고, 농약 비료 안치고 여름지이 짓는 사람들도 여기저기서 생겨나게 됐다.

그렇게 2년이 지나자 새로 들어왔던 청년 둘이 또 그만두겠다는 거였다. 한창 나이의 총각들이라 그러려니 이해는 했지만 정말 그럴 수는 없는 거였다. 그러면 남아있는 자는 뭐가 되는 것인가. 우리는 버러지란 말인가. 몸주고 맘주고 버림받은 처녀꼴이었다. 심적 고통이 매우 컸고 번민의 나날이 계속되었다.

게다가 설상가상으로 이제 겨우 경제적 기반이 잡혀가려는 즈음에 새로 유기농 직거래운동을 시작한 광주 광록회(光綠會)에서 이미 확보

돼 있던 광주 화니백화점의 콩나물 납품을 양보해 주었으면 하는 의사를 타진해 왔다. 심목사와 함께 몇날을 토의한 결과 "우리가 이 짓을 우리끼리 돈벌어 잘 먹고 잘 살자고 한 짓이더냐"라고 결론짓고, 과감히 양보해 주기로 했다. 정말 그때로서는 대단히 힘든 결정이었다.

또한 예가원도 일단 해체하기로 했다. 그때는 지정환 신부가 임실에 계실 때라 찾아뵙고 상의드렸더니, "한솥밥만 먹는다고 공동체냐, 좀 더 차분한 준비과정을 거치면서 탄탄한 구조로 새출발함이 옳겠다"는 충고도 있었고.

그런데 90년 봄이 되니 당장 월수입 100만원 정도 되던 콩나물 납품이 중단된고로 생활에 직접 타격이 오기 시작했다. 시골에서의 100만원은 큰 돈이다. 몇명이 모여 이 난국을 어떻게 헤쳐갈까 울상이 되어지지고 볶고 있는데(3월 5일), 그때 자주 교회와 예가원에 드나들며 친교를 맺고 있던 전주예수병원 의사 김경일씨와 원주의 임낙경 목사가 들어 왔다.

자초지종 얘기를 전해 들은 두 사람은 즉석에서 새로운 제안을 내놓는다. "뭘 그런 걸 가지고 고민하느냐. 전주를 중심으로 '한싹모임'을 발전적으로 해체하여 좀 더 큰 단위의 소비자 연대모임을 만들자"면서 그 일에 김경일씨가 발벗고 나서겠다고 자원했다. 모두들 사기가 충천했다. 그렇다. 진인사후에 대천명이라 했것다. 우리가 모두 진심으로 열심히 일하면 하늘이 도울 일이었다.

이야기는 척척 진행되어 김경일씨 주위 사람들을 시작으로 하여 '전북살림(전주시 중화산동 1가 149, 전화 84-0270)이 7월 7일 창립총회를 갖게 되자, 예가원이란 이름이 도마 위에 올랐다. 전라북도의 자연과 여름지이를 살리는 소비자 조직이란 뜻의 '전북살림'에 대응하는 생산자 조직체로서의 예가원이란 너무 협소한 범위와 개념의 이름이란 지적이 많았다. 모두가 기독교 신자가 아님도 고려되어야 했고, 같은 마을에서도 예가원 회원이 아니라서 판로에 고충을 겪는 이웃의 아픔도 한해 두해 갈수록 커지고 있던 터였다. 또한 전북살림이 발족되면서 새로 늘어나게 된 생산자 식구들도 짱짱한 회원들이 7~8가구가 되었으며, 이들 중엔 비신자도 서넛 되었으니 이들에게 심리적 부담을 줄 수도 없는 노릇이었다.

여기서 이진하씨와 송기봉씨는 두번째 큰 '버림'을 행한다. 예가원이란 정든 이름을 포기하기로. 그리하여 탄생된 게 바로 '바른농사실천농민회'인 것이다.

최영두·이동련 부부와 최을두씨네 가족 또한 나름대로의 아픔을 많이 간직하고 있는 가족이지만 소소한 얘기는 생략하기로 하자. 다만 최을두씨와 이동련씨는 양주 풀무원 동기생이라는 것, 그후 풀무원 소장팀 7~8명이 용인 근처에서 1년간의 공동체 실습을 통해 뼈아픈 세상살이와 인간관계의 어려움에 대해 일생일대의 고통을 경험한 후에 예가원 소식을 듣고 합류하기로 결정, 다시 최을두씨의 고향으로 내려오게 된다. 이 과정에서 최을두씨는 이동련씨를 자신의 형인 영두씨와 부부의 연을 맺게 하는 '일대쾌거'를 이룩하게 된다.

김종일씨는 읍에서 조금 떨어진 관촌면에 사는 학사 농사꾼이다. 전북대 농대 4년 동안 싸그리 헛것만 배웠다고 부덜대는 종일씨는 소가 즐겨 먹는 풀이면 사람이 먹어도 되는 것이란 점에 착안, 산에 지천으로 널려있는 왕고들빼기(일명 토끼풀, 씨아똥)를 식품화하는데 성공, '바실농 추천 먹을거리'로 개발(?)해 냈다.(소는 느리고 둔한 것같아도 먹을거리에 있어서만은 영리한 짐승이라, 예를 들면 비닐봉다리에 들었던 음식을 주면 냄새를 맡아 보곤 입에 대지도 않는 지혜로움이 있다는 데 우리는 놀라게 된다!)

그의 왕고들빼기 송가(頌歌)를 잠시 들어보기로 하자.

왕고들빼기는 꽃상치과 식물로 상치 맛과 고들빼기 맛을 겸비한 우수한 야채입니다. 야생상치 원종으로 병충해가 거의 없으며, 그 모양과 맛, 영양면에서 타 야채에 비해 월등합니다.

1. 절단시 나오는 하얀 진액은 지방질의 폐해를 줄여 각종 성인병 예방에 효과적입니다.

2. 특유의 쓴맛은 식욕을 강하게 유발시킵니다.

3. 각종 육류쌈에 쑥갓 대용으로 첨가하여 드시면 한결 고기맛이 살아납니다. 잘게 썰어 비빔밥 재료로 첨가하면 입맛이 꽉꽉 돌아옵니다.

맛도 왕, 모양도 왕, 영양도 왕, 그래서 왕고들빼기! 왕고들빼기 사랑하여 국민건강 회복하자!

1992. 7. 4 남북통일을 기원하면서

'바실농' 생산농민 김종일 드림

바실농과 전북살림

이 사람들이 지금 하고 있는 일들은 구체적으로 무엇인가? 먼저 바실농 회칙 제1장 2·3조를 들여다 보기로 하자.

올바른 농사를 실천하는 생산자 조직으로서 땅의 건강성을 회복하여 안심하고 먹을 수 있는 먹을거리를 생산하고, 유통구조의 개선과 아울러 서로의 삶의 질을 향상시키기 위한 공동의 노력으로, 농민이 살고 나아가 사회구성원 모두의 건강한 삶과 올바른 관계의 형성에 기여하고자 하는데 있다.

1. 바른 농사의 실천

2. 바른 농사에 대한 연구·조사

3. 다른 생산자, 소비자 조직과의 연대 및 공동사업 추진

4. 가공·유통·판매활동

5. 홍보 및 교육

따라서 이들은 절대로 농약을 안친다. 비료도 안준다. 비료는 퇴비를 만들어서 쓴다. 퇴비 만들기가 요즘은 매우 어려운 일이라 이들은 이번 가을에 일본에서 배운 방법으로 대량으로 퇴비를 만들려고 이미 대형 퇴비장을 마련해 놓았다.

9가구 19명의 바실농 식구들은 과채반, 미작(米作)반, 축산반으로 나뉘어 각자 생산에 임하며, 일주일에 세 번씩(두번은 전주, 한번은 이리) 소비자에게 신선한 먹을거리를 공급하는 데 최선을 다하고 있다. 또한 1,000여평의 밭은 공동 경작지로 설정, 최을두씨네 가족이 각종 야채를, 신은채씨 부부가 양계를, 최영두씨가 양돈을 하는 땅으로 활용하고 있다. 9가구 9명이 아니라 19명이라는 데 주목하기로 하자. 이들은 농촌여성이 아이 돌보랴, 밭에서 일하랴, 노인들 치닥거리하며 살림하랴 3중의 고통을 받고 있다는 인식에서 필수적으로 부인들을 정회원으로 정중하게 모시고 있다.

전주, 이리를 합쳐서 약 150가구의 소비자가 전북살림의 회원들이나, 아직도 손익계산서는 40% 이상의 적자이다. 그렇지만 이들은 절대로 실망하지 않는다. 언젠가는 이 경제적 어려움이 극복되어 농촌도 잘 살 수 있다는 자그마한 사례로 남을 것임을 꿋꿋하게 믿으며 오직 최선을 다할 뿐.

전북살림의 회원이 되려는 소비자는 먼저 교육·홍보간사의 방문교육을 받고 필히 생산현장을 방문(전주서 30~40분 거리이므로)해야 한다. 백문이불여일견. 생산지에서의 현장 확인과 생산자와의 직접 만남을 통해 뚜렷한 확신이 섰을 때라야 가입이 가능하다. 이런 과정을 거치지 않으면 "이거 믿어도 되나요?"라는 엉뚱한 소리를 하게 되니까.

직접 밭에서 딴 토마토나 홍당무를 흙만 털어내고 어적어적 씹어먹는 맛도 즐기고, 백만원이면 설치가능한 콩나물 자동재배기를 마다하고 두 시간마다 사랑과 정성어린 손으로 물을 주며 키우는 콩나물도 직접 보고, 이진하 회장집에 붙어있는 교육관에서 바른 여름지이와 바른 유통에 대한 강의도 들어보고, 현미로 지은 밥으로 풋고추에 된장 찍어 한 끼 식사도 하고, 식후엔 야채효소 주스를 한잔 하고.

야채효소 주스는 최영두씨 가족이 만들어 내는데, 이 또한 한 번 먹어 보면 은근한 꿀맛이다. 곡물과는 달리 야채는 반품되어 오면 거름으로 버릴 수밖에 없는데, 이게 늘 안타까운 일이었다. 그래서 생산하기 시작한 게 지금은 솔찬히 팔려가기 시작한다. 각종 야채를 김장독에 넣고 발효시켜 베수건으로 짜내는 야채효소 주스는 온갖 식품 첨가물로 범벅되어 있는 청량음료에 맞서는 농민들의 훌륭한 대안품이 되고 있다. 야채 얘기가 나왔으니 김종일씨의 야채론 강좌를 잠시 들어보기로 하자.

▲ 야채가 밭에서 식탁에 오르는 과정

농촌인구가 줄어들면서 야기된 노동력 부족으로 제초제(가장 많이 쓰인다)가 뿌려지고, 퇴비 대신 화학비료가 뿌려진다. 성장촉진제는 대단한 농약이다. 이렇게 생산된 농산물은 중간상인을 거치면서 이름도 알 수 없는 '시듦 방지 농약'이 살포된다(실제 당신도 경험할 수 있다. 시든 야채를 아스피린 녹인 물에 담가보라).

다음 소비자의 손에 들어간 야채는 합성세제(퐁퐁, 트리오)로 씻어낸다(침투성 살충제는 식물 체내에 흡수되므로 아무리 씻어도 효과가 없다. 야채의 엽록소가 파괴되도록 빡빡 씻어도 40% 정도의 농약이 남아있다).

몇 단계에 걸쳐 뿌려진 농약은 야채에 남아 우리 체내(주로 지방질로 된 피부층)에 축적, 농축된다. 흡수된 화학비료(요소)는 잎에 니트로아민이라는 발암물질로 축적된다. 합성세제는 냇가의 생명체의 존재를 무시하는 오염물질이다. 따라서 잘못 재배된 야채는 독이다. 화학비료와 성장촉진제에 의해 재배된 야채와 겉모양은 비슷하시만 내용물에 있어서는 전혀 달라 진짜 영양소는 5분의 1에 불과하다. 따라서 유기농산물이 다섯 배 비싸지 않는한 싸다고 봐야 한다.

▲ 왜 우리는 야채를 기피하는가

우리의 사랑스런 아이들은 소시지, 햄, 어묵, 아이스크림, 초콜릿, 라면, 사탕 등에 심하게 중독되어 있다. 화학조미료, 지방질 등의 느끼한 맛과 설탕의 달콤한 맛에 중독된 입으로는 야채의 참맛을 알 수 없다.

주부인 당신이 불편하다는 이유로 당신의 가족에게 우수식품인 야채를 제공하는 데 소홀하다면 당신은 가족 건강의 파괴자다. 우리의 입은 교정되어야 한다.

도대체 당신도 그렇지만 당신의 사랑스런 아이들은 통 야채를 먹으려 들지 않는다. 그래서 초조해진 당신은 약국을 통해 각종 비타민제, 영양제 등을 열심히 사다 먹인다. 왜? 왜 당신은 전능하신 하늘이 주신 음식보다 불완전한 인간이 만든 음식을 맹신하는가? (김종일, 「바른 먹을거리 실천운동」, 『전북살림 회보』제6호)

어린이 여름농장의
환경학습

어린이 여름농장

바실농은 작년 가을 메뚜기 잔치를 벌였다. 약 80여 명의 소비자들은 논바닥에 들어가 메뚜기도 잡고, 모두 모여 점차 회복되어 가는 생태계의 현장을 직접 확인하며 풋배기 콩과 신선한 야채로 함께 식사하면서 생산자나 소비자가 모두

잘못된 유통구조와 해로운 농사법의 희생자들임을 새삼 되새겨보는 계기를 삼기도 했다.

이번 여름에는 7월 31일부터 8월 1일까지 전북 어린이들을 대상으로 '전북살림 어린이 여름농장'을 열어 부모들의 좋은 반응을 얻었다. 유치원, 초등학생 25명이 참가한 모임엔 필자도 꼬박 1박 2일 동안 취재한답시고 함께 뒹굴며 뛰놀았다.

아이들은 마을 앞 개울에서 피리, 미꾸라지 등 물고기 잡기에 시간 가는 줄 몰랐다. 그리고는 그렇게 직접 잡은 물고기를 세 개의 유리병에 넣고, 그중 한 병엔 농약을, 또 한병엔 트리오를 넣고, 마지막 병엔 비눗물을 넣어 물고기가 죽어가는 실험을 해본다. 아이들은 농약과 트리오의 엄청난 독성을 눈으로 직접 보고 확인하면서 살아있는 교육을 몸소 체험하는 것이었다.

밤에 자기 전엔 바실농 언니·형들이 봉숭아 물들이기를 해주느라 난리들이다. 어떤 녀석은 열 손가락 다 해달라고 조르기도 하고. 하룻밤 자고 일어나선 논두렁 밭두렁 산책하며 각종 곡식과 채소 이름 익히기 공부를 한다. 아침 먹고 마을을 돌아다니며 여기저기 널려있는 폐가들의 을씨년스런 모습에서 농촌의 어려움을 배우기도 하고.

아이들은 집으로 떠나기 전에 여름농장을 마무리하는 그림 그리기와 글짓기를 하였는데, 그중 한 아이의 천진스런 마음글을 감상해 보도록 하자.

무심코 먹었던 아이스크림 또 초콜릿이 얼마나 우리에게 해를 끼치는 지를 선생님으로부터 들어서 아시겠지요? 또 각종 폐수와 머리 비눗물, 트리오물, 농약물들을 먹고 죽어가는 물고기를 보셨을 겁니다. 또 우리 농부가 일년 내내 피땀흘려 지은 곡식을 놔두고 외국 농산물을 사먹는다는 게 말이나 됩니까. 앞으로 우린, "어머니 설겆이는 밀가루로 하세요. 어머니 비누로 머리를 감으시지요. 어머니 우리 농산물 코너로 가서 사세요." 이렇게 한 마디가 각종 폐수를 줄이고 우리 농부들이 웃으며 열심히 일해 부강한 나라가 되는 지름길이 아닌지요. (강정신/초등 3)

실낱같은 정신운동

그럼 이제 마무리를 해보자. 우리는 지금 중대한 대변환의 위기에 처해 있다. 농민은 살아남을 수 있는가?

아무도 뚜렷한 확신을 갖고 얘기할 사람은 없다. 앞에서 얘기했듯이 정책당국자는 비교우위론을 바탕으로 하는 정책을 그대로 밀고 나갈 게 불을 보듯 뻔하다.

그것은 작년에 국회를 통과한 농어촌발전종합대책, 91년 7월 24일 발표한 '농지소유상한제 폐지(안)'(가구당 9천평에서 6만평으로 확대) 등에서 보듯 시시각각 구체적 힘으로 작용하고 있다. 물론 전국농민회총연맹 등 농업·농민 단체들의 대응도 만만치 않을 것이다. 그러면서 농촌은 이제 눈에 보이게 그 모습이 달라져갈 것이다. 실뿌리처럼 잔명하며 신비스럽게도 우리들의 먹을거리를 '소처럼' 생산해오던 시골 노인들도 하나 둘 이 세상을 뜨게 될 쯤이면 농촌엔 버려진 땅과 버려진 사람들만 남게 될 것이다.

그리고 이를 구제한다는 아름다운 이름 아래 대재벌들이 마수를 숨기고 대형 전업농이 우리들의 먹을거리를 규격상품(속빈강정)으로 조제(粗製)하기 시작하고, 우리는 가끔 잃어버린 산과 들을 찾아보며 그나마 남아 있는 녹색의 공기를 넋을 잃고 관상하게 될 것이고.

식량자급률 34%(하루 두 끼는 수입식량에 의존한다는 얘기), 5%로 줄이려는 농업인구(현재 17~8%), 17~18% 이상 늘어나고 있는 버려진(놀고있는) 땅, 마구 파헤쳐진 골프장의 영향으로 맞은 산사태, 죽어가는 이 땅과 물, 해마다 1,500여 명씩 죽어가고 있는 농약중독 및 자살자, 몰려오는 농산물 수입개방과 UR의 파고! 자, 우리 모두의 맴이 중요하다. '이까짓 거 잘되면 뭘혀' 라니!

하긴 그렇게 생각할 법도 하다. 컴퓨터 시대, 각종 정보처리기술의 발달, 산업 로보트의 발달, 우주정거장과 첨단무기들의 양산, 소똥 주워 땔감하고 거름하며 여름지이 짓던 시대에 매달린다는 것 자체가 우스운 일이 아닌가.

페르시아만 전쟁을 보라. 같지않게 쬐끄만 약소국이 감히 첨단과학 문명대국에 대항해? 그 말로를 보라. 어떻게 되었는가?

좋다. 그런데, 그런데 말이다. 이라크의 사담 후세인이 과연 국민대중 대다수의 지지를 받는 지도자였느냐는 그만두고라도 EC와 미국은 왜 농산물 문제로 UR에서 그렇게 싸우는가.

우리는 그 점을 가장 중요하게 보아야 한다. 생산과잉으로 남아도는 농산물을 몇개씩은 갖고 있는 대부분의 EC 나라들은, UR이 진행중인 91년에 농산물 가격지지예산을 20%나 높였고, 수출보조금을 14% 증대시켰다. 미국도 뒤질세라 농업보조금을 평균 10~15% 늘렸다. 이것이 무엇을 의미하는가는 삼척동자도 다 알 터이다.

미국을 비롯한 일부 농산물 수출국이 우루과이 협상 등으로 기초농산물까지도 개방하라고 요구하는 것은 제3세계 농민들에게 농사를 짓느니 굶어 죽는게 낫다는 자포자기 심리를 안겨주는 것이며, 지구의 많은 지역의 자연이 황폐화하는 것을 촉진하는 것이다. 화학물질과 연료 등의 에너지를 과다하게 쓰는 현재의 농법이 환경에 끼치는 영향과, 자원고갈이나 전쟁같은 비상사태에 따른 가격 앙등이나 생산량 절대부족 상황도 전지구적으로 고려되어야 한다.

한국의 유기농업의 장래는 유기농 기술을 개발하는 것과 소비자들의 협력에 달려 있다. 1950년대까지 행해졌던 한국의 재래식 농법을 활용하는 것도 한 방법이겠다. 이 농업의 새로운 물결이 한국이 당면한 미국의 농산물 수입 개방압력에 따라 예상되는 농업파탄과 같은 어려움에 대한 좋은 대안으로 활용되면 좋겠다.

농어촌발전종합대책, 농지소유상한제의 폐지는 농민의 3분의 2는 농촌을 떠나라는 얘기라고 한다. 그러면 어떻게 할 것인가. 해답은 간단하다. 뭉쳐야 산다. 뭉친 힘으로 맑고 깨끗한 맘으로 밀고나가는 수밖에 없지 않은가. 기술적으로도 마찬가지다. 우리나라처럼 대형 기계농이 가능한 지역이 그리 많지 않은 경우, 마을별·지역별 협업화밖에.

필자가 정책당국자에게 간곡히 권하고 싶은 게 있다. 그나마 실뿌리라도 살릴 생각이 조금이라도 있다면, 지금이라도 늦지 않았으니 군단위, 또는 도단위의 대형퇴비공장을 지어서 최저 생산원가에 농민들에게 공급하라고. 또한, 무공해 자연농약을 국가정책적 지원사업으로 개발, 염가에 널리 보급하면 농민뿐 아니라 국민 대중이 얼마나 정부를 예뻐하게 될까 말이다.

아무튼 바실농은 이 시점의 우리들에게 살아 남을 수 있는 여름지이를 향한 몸부림으로 육박해 들어온다. 이 실험이 어디로 어떻게 향해 나아갈 지는 아무도 모른다. 아마 바실농은 초기 준비단계로 봄이 더 옳을지도 모르겠다. 그래서 이들은 너무 요란스럽게 널리 알려지는 것조차 부담스러워 한다. 하지만 이들은 고된 땀방울 속에서만 길은 열리리라는 우리네 선조 농사꾼들의 소같은 뚝심만큼은 신비롭게도 가슴속 저 밑바닥에 보석처럼 간직하고 있다.

또한 언젠가는 손익분기점을 넘어서 조금은 사람같이 살아 볼 날도 곧 오리라 예감하고 있다. 실은 그때가 아마 더욱 위험한 시점이 될 것이란 예감까지도. 그 대표적 예를 임실 치즈와 양주 풀무원에서 가깝게 보아왔기에 이들은 기술의 개발, 소비자의 확충에 못지 않게 사람의 정신을 부단히 갈고 닦는 일이 그 바탕이 되어야 함을 서로서로 담금질하고 있기도 하다.

지금 바실농 회원들은 괴팍스러운 이 세상의 구조 속에서 바른 여름지이를 지켜내느라 그야말로 사투를 벌이고 있다. 바른 여름지이라는 게 어디 말로만 되는 일인가. 잠시도 쉬지 않고 몸뗑이를 움직여야 실낱이라도 유지되고 건져지는 거 아닌가. 회원들이 한달에 한 번씩 한자리에 모이기로 한 약속마저 6,7월엔 그나마 지켜내지 못했다. 다들 일에 지쳐 곯아 떨어져 버린 것이다. 작년부터 아들과 함께 여름지이를 짓기 시작한 심목사의 말이 생각난다.

"확실히 여름지이를 지어봐야겠습니다. 땀 흘려 일하는 노동의 신성함이 바로 기도라는 확신을 갖게 되었습니다. 지정환 신부님이 일하는 자가 진짜 지도자요, 맑은 정신은 수도원에서 나온다고 하신 말씀이 진리입니다."

그렇다. 바실농 회원들은 돈벌이만을 목적으로 여름지이를 짓진 않는다. 그들은 바실농이 정신운동이라고 단언한다. 목사보다 똑똑한 잠재력을 지닌 농촌 청장년 19명이 한 마을에 한 뜻으로 모여서 그 무슨 짓인들 못할 것이며, 바르게 여름지이를 짓겠다는데 도대체 두려울 게 무엇이 있단 말인가.

다만 한 가지 바램이 있다면 전북 살림의 식구가 지금의 두 배 정도 늘어나 주었으면 하는 것이다. 이는 좁게는 전주를 중심으로 한 전북 소비자의 애정과 관심이 그만큼 늘어나야 한다는 얘기지만, 넓게 보면 바실농의 대안적 모색에 박수를 보내는 우리 모두의 과제이기도 하리라는 생각을 하면서, 바실농을 여러분께 고달픈 이 시대 이 땅을 살아가는 모든 사람들이 한번은 필히 고민해야 될 걸림돌로 감히 권하고자 한다.

이 땅을 살리는 사람들

죽어가는 땅! 공기와 물과 땅이 모두 병들어 죽어가고 있음을 우리는 모두 잘 알게 되었습니다. 그런가 하면 대자연의 오염뿐 아니라 현대의 문명병이랄 수 있는 전자파, 소음, 석면 등으로 인한 피해 사례도 점증하고 있는 추세지요.

이 죽어가는 대자연, 문명 전체, 이 땅, 썩어가는 에미의 자궁 속을 멍청하니 그냥 들여다보고 있을 수만은 없기에, 아무 소리 않고 팔 걷어부치고 나선 사람들. 남들이 뭐라든 미친놈 소리를 듣는 것도 소 귀에 경읽기, 누가 미친놈인지 사람의 어머니인 대지만은 알거라 믿는 사람들. 그들은 묵묵히 땀을 쏟아부어내며 온몸으로, 몸뚱이를 던져 땅을, 아니 자신의 살덩이를 갈고 닦는데… 그래서 나는 농사꾼들 가운데서 정녕코 든든한 이 시대의 수도자들을 발견합니다. 저는 이 분들이 이 땅의 목숨줄이라고 감히 생각하면서 '이 땅을 살리는 사람들'이라는 주제로 이 분들의 이야기를 하고자 합니다.

대자연의 순리를 따라

유기농, 자연농 등 대자연의 순리에 고개숙여 따르며, 바보처럼 수입이야 적든 많든 크게 신경쓰지 않는 농사꾼들이 아직도 이 땅에 존재할 수 있다는 건 정말 너무도 반가운 일입니다.

어차피 이런 방식의 농사는 밑지는 장사인지라, 그 누가 이들에게 "밑지고 사시오!"라고 강권할 수 있겠습니까마는, 이들은 어찌됐든 간난의 고통스런 경험을 거쳐 마지막 삶의 몸부림으로 이 길을 선택했고, 굳건한 믿음으로 버텨내고 있는 농사꾼들이겠지요.

하지만 이들 중에서도 최근엔 묘한 변화의 물결이 일어나고 있습니다. 하나는 전반적인 식품 오염의 위기의식과 함께 찾아온 유기농산물 ＝고가품의 시장구조가 형성돼 가는 가운데 수익보장이 된다니까 돈 벌이용으로 작전을 벌이는 것이고, 또 하나는 정부 지원을 노린(환경 보전형 중소농 지원대책) 예산 따내기 샅바싸움이 이미 시작되었다는 것이죠. 앞으로 전체 농사가 그리로 흐르게 만드는 일이라고 넓게 포 용할 수도 있겠습니다만, 제가 관심을 가지는 이야기에서는 영리에만 관심을 두는 분들의 이야기는 빠지게 되겠지요.

'이 땅을 살리는 사람들' 이라는 주제로 묶어 이야기할 만한 분들이 또 있습니다. 최근 생활협동운동의 연장선에서 농민들과 지역 의료인 들이 힘을 합쳐 설립한 우리나라 최초의 생활의료협동조합 안성의원, 제주도의 특산 자생식물 연구에 발벗고 나선 제주자생식물연구회, 젊 은 약사들이 농민들의 건강을 위해 설립한 전남 나주의 농민약국.

이들은 각기 전공분야에서, 생활영역에서 깊은 절망감에서부터 출 발하여 우선 자신이라도 그런 일에 뛰어들지 않으면 안된다는 절박한 위기감에 몸서리치며 시작합니다. 이들은 하나 둘 주위의 동료들과 작 은 힘이나마 합쳐서 타력에 의존하지 않고 주머니돈 털어가며 빛 안나 는 일에만 주로 매달리곤 하는 게 보통입니다.

또 이들은 크게 '운동합네' 라고 목청 돋구어 사자후를 토하지도 않 습니다. 또 쓸데없이 널리 알려지는게 바람직하지 않다고 여기는 경우 가 더 많습니다. 이런 일이 한 두해, 한 두명이 몸부림친다고 큰 성과 가 축적된다고 생각하지도 않습니다. 그저 묵묵히, 안타깝고, 속터지 고, 피눈물이 나지만 어떡합니까? 그런 시대에 태어났고, 우리가 가진 건 이거밖에 없고, 각자 그릇의 크기나 역량이 이렇게 작을 수밖에 없 는 것을요.

최근 드물지 않게 귀농한 도시 지식인 이야기가 나오고 있지요.

이런 분들이 적지 않은데, 이 분들의 이야기도 경청할 대목이 많이 있을 것입니다. 이 분들은 도무지 사람 사는 거 같지 않은 도시생활에 염증을 느끼고, 나름대로의 치밀한 준비과정을 거쳐 자신의 일생은 물론 자라는 아이들까지 온가족이 집단 이주합니다.

이 세상의 보통 흐름과는 정반대의 삶을 택해 어렵지만 성실히 살아가며 느긋한 보람을 만끽하고 있는 분들(흔히 보듯 화가를 중심축으로 한 예술가들의 창작작업실 차원이 아닌), 농사를 삶의 중심축으로 세우는 변신을 꾀하는 사람들의 속내에는 일반인들이 흔히 생각하기 쉬운, "다들 그렇게 톱니바퀴에 한코 디밀고 살다 가는 거지 뭐…" 하는 체념의 미학과는 정반대의 옹골찬 결단의 의지와 자아성찰의 뚝심이 깔려 있게 마련입니다.

이 땅을 살리는 사람들은 거의 대부분 살려내는 일을 열심히 하고 있으면서도 역으로 죽어가는 소멸에 더 기여하고 싶어합니다. 말장난입니다만 "소멸이여, 어서 오라"입니다.

무엇보다 본인 스스로가 살아남아야 한다는 자구적 움직임들이라는 점 또한 공통분모가 되겠지요. 아무도 도와주지 않고, 도움받으려 하지 않고, 우리들 스스로가 구해내야 한다는 당위적 절박감이 참여를 가능하게 만들었고, 이는 조금씩 넓혀질 정치적 자치의 문제와도 맞물려 있는 것이겠지요.

또한 이들의 정신적 성향을 함부로 재단할 수는 없겠지만, 크게 보아서 민족을 바탕으로 한, 인류문명 전체의 방향에 거부감을 명백히 갖고 있는 것이겠지요.

우리가 허겁지겁 좇아온 서양 기술문명의 본질적 병폐에 대한 지적이 오히려 서양인들에게서 오는데 경악해하면서, 동양인으로서 남북이 분단된 민족의 일원으로서 어떻게 하면 우리 모두가 함께 살아남을 수 있을까 고민하는 것이겠지요.

그리고 그 길이, 우리가 현재 열심히 좇아가 어느 정도 누리고 있는 서양문명 자체를 거부하지 않고는 열릴 수 없다는 데 대체로 동의하는 것이고요.

그렇다고 해서 이들이 모두 깊은 산 속에서 홀로 도닦듯 살아가고 있는 것은 아니지요. 하지만 이들은 그런 도인들보다 더 중요한 역할을 수행하고 있다는 게 제 생각입니다. 왜냐하면 이들은 현대문명의 쓰레기더미 속에서 허우적거리면서도, 그것을 극복하고 찾아야 할 조화로운 접점이 무엇일까를 항상 고민하는 사람들이기 때문이지요.

공동체만이 신명난 살맛의 길

참으로 신명을 잃어버린 시절입니다. 언제 이 땅 위에 신명으로 가득찬 유토피아가 있었겠습니까마는, 그래도 예전이 조금은 신명난 구석이 더 많았다는 이야기를 하는 사람들도 있지요.

그 신명난 구석, 잃어버린 삶에는 분명코 혼자가 아닌 함께 하는 모습이 아우러져 있었지요. 서양 기계문명이 급속히 우리 삶을 지배하면서, 이 땅의 산업화가 우리 모두를 갈라놓기 시작하면서 우리는 점점 신명나는 살맛을 잃어가게 된 것이지요.

그렇게 살맛났던 시절을 돌이켜보면 그건 역시 시골에서였고, 농사와 관계된 것이었습니다. 그렇다고 우리 모두가 다시 시골 가서 농사짓고 살 순 없는 노릇이겠지요. 하지만 이 세상의 근본이 농사라는 것, 공업과 기계문명도 농사와 관계를 다시 설정해야 한다는 게 이들의 공통된 생각입니다. 어디서 살면서 무슨 일을 하든 발상의 출발을 달리하면 모든 일이 달라지는 것 아니겠습니까.

또한 농에 중심축이 두어지면 대자연과 사람의 목숨 귀한 줄 뼈저리게 여기게 되고, 일상 사회생활에서도 조금은 변화가 가능하다는 거겠지요.

이식위천(以食爲天), 먹는 게 하늘이지요. 게다가 우리가 지금 먹고 있는 음식이 온통 공해덩어리 아니겠습니까. 따라서 농(農)→식(食)→의

(醫)니까 당연히 사람들의 건강이 엉망진창이 되고, 밑빠진 독에 물붓기로 각종 약품과 치료술로 우리 몸은 또다른 시달림을 받게 마련일 터이구요.

게다가 농사는 노동이지요. 기계노동과 달리 농사에서의 노동은 자연과의 합일로 이루어지는 노동이라 사람을 튼튼하게 하고 절기에 맞춰 살아가도록 채근합니다. 해 뜨면 일어나 일하고 해 지면 쉬면서 재충전하도록 말입니다.

이제까지 두서없이 늘어놓은 말들은 "농사는 혼자서 짓기가 상당히 힘들다"는 아주 상식적인 이야기 한마디를 하기 위해섭니다. 하다못해 부부라는 최소한의 단위가 성립되지 않는 한 농사일은 힘들게 마련이지요. 옛 두레나 품앗이는 그렇게 해서 자연스레 생겨난 삶의 방식이었구요.

요즘 농촌에서조차 이러한 삶의 형태가 거의 사라져버렸습니다. 아니 없어지도록 강요받았다는 표현이 더 어울리겠군요. 그렇지만 그것이 농촌 본래의 모습이었다는 것, 그것으로 완전히 되돌아 가기는 현실적으로 불가능하더라도 그렇게 사는 길이 신명난 살맛의 길이라는 데엔 모두들 동의하고 있습니다.

이기주의와의 싸움

하지만 제가 이야기하고 있는 '이 땅을 살리는 사람들'은 어쩌면 철학자이기도 하고 문명비판가인 듯합니다. 특히 이기주의와의 싸움이 치열하다는 점이나, 기계와 동력의 문제로 고민하는 점 등이 그렇습니다. 그 판단의 옳고 그름을 떠나 한번쯤 생각해볼 문제이기도 합니다.

사실 이제까지 농민문제를 말할 때마다 진짜 그렇게 생각하든 안하든 습관적으로 "농민이, 농사가 하도 푸대접을 받아 왔으니까, 불쌍하니까 도와줘야 하고, 우리 농산물을 열심히 사먹어야 한다"는 것이었죠. 그렇지 않다는 게 아니라 조금 달리 생각할 구석도 있다는 얘깁니다. 농민을 모두 똑같이 생각해선 안된다는 얘기지요.

사실 어떤 이들은 이런 이야기도 합니다.

"맑은 물과 공기만 마시고 살 순 없겠지만, 냉혹하게 주판알을 튀긴 다면 농민들이 더 수입이 많을 것이다."

맑은 물과 공기의 혜택을 누리기 위한 비용까지 생각하자는 것이겠 지요. 사실 돈벌이보다 사람과 자연을 우선순위에 놓고, 말로서가 아 니라 몸뚱이로 부딪쳐가며 이기주의를 극복하려는 실험(저는 '포기 심'이라는 표현을 쓰기도 합니다)을 하시는 분들. 그래서 전 이 분들 을 이 땅의 목숨줄, 모셔져야 할 보통 어른들이라고 부릅니다.

같은 맥락에서 점점 더 인력난에 시달리는 농촌에서 어떻게 최소한 의 동력으로 일품을 덜 수 있을까. 모든 동력을 거부하고 살 순 없더라 도 가능한 한 동력의 사용을 줄이고, 기계를 사용하더라도 여러가지 고려사항을 원칙으로 정한 뒤 점검과정을 거쳐 사용하지요. 자원의 재 활용도 중요하지만 아예 폐품을 최소화시키는 삶의 방식은 없을까 항 상 고민하면서요.

농민발명가협회란 단체에선 첨단 유리온실이 아닌 자동비닐하우스 개폐기(하우스 문이 실내 온도에 따라 자동으로 열리고 닫히는 장치) 를 발명해냈다더군요. 그런대로 의미있는 맷돌방아(곡물과의 접촉부 위에 맷돌을 넣은 방아)도 좋은 예가 될 거구요. 아무튼 될 수 있는 한 동력을 적게 쓰고 가능한 한 폐품의 발생을 줄이려는 삶의 태도 자체 가 참으로 귀중하다는 생각이고, 이는 사실 힘을 덜 들이고 편해지려 는 욕망의 포기랄 수 있겠지요.

핵 문제와 관련해서도 이는 매우 중요한 뜻을 함축하고 있는데요, 찬핵론자들이 입버릇처럼 되뇌이는 동력 사용량의 기하급수적 증가 (욕망의 무한확대) 그 자체를 줄여갈 수 있다는 희망이 생긴다면, 인 류를 위해서나 남북한 모두를 위해서도 얼마나 신바람나는 일이겠습 니까.

'이 땅을 살리는 사람들'에게서 느끼는 조용한 충격 중의 하나는 모두들 "자신이 변했다"고 고백하는 것입니다. "개망나니 성깔이 참 사람 되얏네"로, 마음의 문이 철저히 닫혀있던 술주정뱅이에서 열린 사람, 넉넉한 사람으로, 궁즉변(窮卽變)이요 변즉통(變卽通)이라 스스로 마음먹은 게 변하고, 변하니까 살맛이 나더라는 것이죠.

물론 이 분들의 종교가 다 같은 건 아니고, 종교를 갖지 않은 분들도 계십니다. 하지만 정녕 우리가 좋은 세상, 살맛나는 세상에 살기를 원한다면, 우리들 자신이 변해서 조금씩 생활을 바꿔나가는 노력을 해야 하고, 그런 노력들이 조금씩 쌓여가면 이 세상의 변화에도 조금은 도움이 되지 않을까요.

그렇지만 사실 이 땅을 살리는 사람들, 그들의 행위가 뭐 그리 대단히 위력이 있겠습니까. 바다에 오줌 누기지. 그런다고 이 너른 대지가 어떻게 되살아날 수 있겠습니까마는 한뼘 땅이라도 조금씩 조금씩 되살아나는 모습을 바라보면 그것이 바로 삶의 희망이요, 저절로 북받치는 신명의 몸짓이 우러나오게 마련 아닙니까. 아무나 붙잡고 얼싸안고 덩실덩실 춤추는 듯한 이런 신명의 신기루에 홀리는 것은 아닐까요.

그렇지만 신기루면 어떻습니까. 차라리 신기루인 줄 알면서도 스스로 홀리는 사람들이라고 하지요.

이 세상의 제도도 바뀌어야겠지만, 바꿔야 한다고 목청 높인다고 그런 변혁에 힘이 생기는 시대도 아니잖습니까.

무엇보다도 변화된 삶을 살아가는 사람들, 그 분들의 변화된 마음을 열심히 만나다 보면 우리들 스스로도 변하고 이 세상의 제도도 바뀌어질 수밖에 없는 거겠지요. 그렇다고 해서 이 분들이 모두 완벽한 인격자라거나 도인들은 아닌 거지요. 평범한 보통 사람들의 삶을 살아가는 분들이지요.

보통 사람들의 너절구레한 일상 잡사가 전연 의미없는 것도 아니잖습니까. 평범함 속에 도가 있고, 도 속엔 평범함이 녹아있게 마련이라는 옛 말씀도 있구요.

참으로 답답한 시대입니다. 어른과 아이가 어느 동네에서건 없어지고, 지긋이 따르는 정신적 지도자도 없어지고, 전 세계적인 팍스 아메리카나는 여전히 위세를 떨치고 있고, 약소민족인 우리는 언제나 남북통일이 될지 알 수가 없고. 이 속에서 '이 땅을 살리는 사람들'은 유난히 특출나다기보다는 그렇게밖에 살 수 없으니까 그렇게 몸부림을 치는 사람들이지요.

앞에서도 말씀드렸듯이, 우리는 지금 모든게 죽어가는 세상을 살고 있잖습니까. 죽어가는 세상이 어찌 일시에 혁명적으로 되살아날 수 있습니까마는, 아무튼 살려내려는 노력이라도 해야겠다는 것이죠. 따라서 이 분들의 태도는 '죽기 아니면 살기'일 수밖에 없고, 그래야 자신의 몸뚱이도 조금 더 살아남고, 사람들의 몸뚱이가 살아남아야 조금 더 세상이 밝고 맑은 세상이 될 터이고, 생활상으로 혁명적인 태도변화가 일어날 수밖에 없고, 그렇게 노력하다보니 영 불편해지는 게 많지만 마음만은 지극히 시원스레 편안해진다는 겁니다.

어차피 죽어가는 목숨, 천당행 완행열차인지 급행열차인지 가르는 게 무의미해지고, 무작위 살인이 버젓이 자행되는 판국에 요행스레 그 자리에 없어서 건져진 목숨들 아니겠습니까.

사느냐 죽느냐는 스스로의 결단을 통해서 일어납니다. 정읍의 토종 농사꾼 박문기씨 모친의 말씀이 생각나는군요.

"사람을 먹여 살리자는 농사인데, 사람을 죽일 순 없는 것 아닌가?"

바로 그것입니다. 스스로 거부한 것입니다. 단지 농약을, 돈벌이를 거부한 것이 아니라, 사느냐 죽느냐에서 사느냐를 택한 것이지요.

내가 거부한다는 것은 나의 포기지요. 나의 가난이지요. 나의 죽음이지요. 따라서 부정을 통한 커다란 긍정이고, 자기 희생을 통한 자기 확신이겠지요.

농사꾼 사학자 박문기

'귀머거리 농사꾼'
사학자 박문기씨

우리나라에서 가장 바쁘고 신바람나는 농사꾼일 농초(聾樵) 박문기씨(46세). 이번에는 이 사람의 이야기를 해보려 한다.

애기를 시작하기 전에 그가 스스로 지은 무척이나 어려운 아호를 풀이해 보면(필자도 옥편을 찾아 보고서야 겨우 글자의 제 뜻을 알게 되었다), '귀머거리 롱(聾)' 자에 '나무꾼 초(樵)' 자다. 귀머거리 나무꾼. 무슨 긴 말이 필요하겠는가. 아호 이 한 마디 속에 그의 철학과 뚝심은 유감없이 드러나고 있다.

그는 요즈음 잠잘 시간조차 부족하다. 뻔질나게 서울을 오가고, 하루에도 수십 차례씩 걸려오는 전화 받으랴, 무삼없이 들이닥치는 방문객 맞으랴, 집안을 드나드는 마을 사람들과 정담 나누랴, 모친을 뵈러(모친은 병을 고치는 신통력으로 널리 알려져 있다) 오는 환자 손님들과도 '다마금' 한줌씩 날로 씹어보며 화제에 올리랴, 삼신산 중턱에 공사중인 농장도 가끔씩 들여다보랴.

이백년 전의 볍씨
이렇게 유난스레 바쁘게 된 사연인즉 모두가 올해 성공적으로 잘된

'다마금' 쌀농사 덕택이다. '다마금(多摩錦 : 비단을 두루두루 어루만지는 듯한 느낌이 든다)'이란 쌀 종자의 하나로, 대대로 우리나라에서 재배돼 오던 토종 볍씨이다. 철저한 민족주의자인 그는 오래 전부터 우리 토종 농산물들이 사라져가는 것을 늘 안타까워해오며 나름대로 한 두가지씩 토종 종자 키우기에 노력해 왔다.

다마금 쌀을 눈여겨 본 것은 20년 전 일이다. 당시 새마을운동은 기찻길 옆에 붙어있는 진등마을에 유난히도 극성스러울 정도의 주택개량사업 바람을 일으켰다. 그때 헐려져 나간 한 집터에서 나온 갖가지 생활용구들 속에서 2백~3백년 전 것으로 추정되는 '다마금' 종자가 발견되었다. 볏짚 길이가 요즘 것의 2배는 되었다. 마을 노인네들은 "저 쌀이 옛날에 임금께 진상하던 것"이라 했다. 한 노인네는 "다마금 먹고 죽은 시체는 근수가 더 나간다는 우스개 소리까정 있제"라고 하는 거였다.

언젠가는 저 쌀을 구해서 농사를 지어야겠다고 마음 속에 새겨둔 그에게 다마금 벼가 실제로 나타난 것은 92년 여름이었다.

이미 재야 상고사(上古史) 학자로 알려져 있던 그는, 북경대 조선문화연구소와 일본 오오사까 경제법과대 아세아연구소가 공동 주최한 제4차 조선학국제학술토론회(92년 8월, 북경대)에 초청되어 참석한 뒤, 동반했던 그의 부인과 함께 연변 조선족 자치주를 토종종자 답사차 둘러보게 되었다.

중국의 소들 가운데서도 우수한 것으로 인정받고 있는 조선황소, 무우, 상추, 동아, 오이, 감자 등의 채소류, 덩치는 작지만 맛이 그만이고 튼튼하기 이를 데 없는 토종닭 등과 함께 그가 놓치지 않은 게 바로 다마금이었다. 용정 근처엘 차를 타고 가면서 길 양 옆으로 펼쳐진 논을 유심히 살펴보다가 차를 세워 나락을 자세히 보니 바로 그 다마금이 분명했다. 너무나 반가웠다. 무작정 이삭 한 줄기를 끊어 호주머니에 쑤셔넣었다.

그렇게 가져온 볍씨를 집에 돌아와 세어보니 40알. 이듬해 봄 정성
들여 싹을 내곤 발아에 성공한게 11알. 그 뒤 증식을 하기 시작하여 올
해는 8천평에다 심을 수 있었다.

자신이 직접 도안한
다마금 쌀 포대

가마당 사십만원에 팔리는 다마금

다마금은 잎이 좁고 자주빛이 나며,
평균 줄기수 20개, 줄기당 이삭수
70~80개로 일명 자광벼라고도 한다.
이삭에 길다란 수염이 달리고 키가
20~30㎝ 가량 더 큰데다 냉해, 질병에
대한 저항성이 뛰어난데, 포기치기는
적지만 키가 크고 대가 조금 약한 편
이라 바람에 잘 쓰러지는 게 흠이라면
흠이다. 경기도 김포군 하성면 안동
권씨 지상공파 집안 10여 가구에서 77
대째 대물림해 재배해 오고 있기도 하
다.

올 여름, 가뭄이 좀 심했지만 진등
마을엔 저수지 물이 다행히 마르지 않아 아슬아슬하게 위기를 넘길 수
있었다. 수확량도 마지기당 4섬으로 다른 종류에 결코 뒤지지 않았다.

다행히 오랜 친구 한 분이 영등포의 경방필 백화점 간부로 있어서
적극 주선, 80kg 가마당 37만원에 납품 계약을 맺고 공급하여 현재 인
기리에 판매중이다. 가마에 40만원 짜리(소비자 가격) 쌀이 나왔다는
소문은 삽시간에 퍼져갔고, TV 뉴스시간에 보도되기까지 했으니 사
방에서 문의전화며 분양 부탁이 들어오는 통에, 박문기씨 가족은 요즘
너무도 신바람나고 모두들 정신없이 바쁘다.

전국 각지에서 종자를 얻으러 온 사람들에게 편지봉투 반 정도의 볍

씨를 주며 박선생은 한참 동안이나 신신당부를 한다.

"저하고 이것만은 꼭 약속을 하셔야 종자를 드리겠습니다. 다마금은 비료, 농약은 절대 치지 말아야 됩니다. 이미 뿌려진 질소 성분만 갖고도 2~3년은 버팁니다. 그 뒤엔 퇴비를 주어야지요. 종자를 많이 갖고 가는 게 바람직하지가 않습니다. 저 자신도 아직 실험 중인데, 혹시 많은 면적에 재배하게 되면 덩치가 커지니까 마음이 약해질 수 있기 때문이죠. 특히 제초제는 절대 치면 안됩니다. 이 땅이 우리만 살다갈 땅이 아니잖습니까. 우리 아이들이, 후손들이 대대로 살아갈 땅입니다. 제초제 주성분인 다이옥신은 지하 500미터까지 오염시키고, 우리 건강을 치명적으로 해칩니다. 월남전에 뿌렸던 고엽제 주성분도 다이옥신입니다. 그 피해는 지금 엄청나게 큰 후유증으로 실증되고 있지요. 모심기 20일 전에 물을 가뒀던 논에 초벌 써레(로타리)를 놓고, 1주일 가량 지난 후 풀씨들이 새파랗게 돋아날 때 써레질을 한번 더 해주면 풀들이 땅속에 묻혀버리게 되죠. 이때 물을 빼버리고 3~4일 뒤에 모를 심으면 제초제가 전혀 필요 없지요. 그 뒤 25일간 물을 안말리면 모가 쑥쑥 잘 자라납니다. 병충해요? 화학비료와 농약을 안 치는데 왜 걱정이십니까. 자꾸 독한 약을 쓰니까 벌레들이 내성이 생기고 틈을 보아 일시에 극성을 떠는거죠. 튼튼하게 자라면 병이 안 생기고, 벌레들도 익충이 해충을 견제하기 때문에 거뜬히 이겨낼 수 있습니다."

"병충해는 그렇다치고 김은 매줘야 하잖습니까?"

"네, 그게 제일 고역이지요. 3~4번 이상 매주는 데 일손은 없고… 전 농촌봉사활동 오는 학생들 도움을 많이 받고 있습니다. 온가족이 총동원되고요."

풍물 살충법

이에 덧붙여 그가 몇해 전 새로 포착해낸 '풍물살충법'은 위대한 재발견이라고 해도 과언이 아닐 정도로 의미심장한 쾌거로 기록될 만하다.

"풍물이란 게 원래 명절 때면 으레 놀던 우리 조상님들의 전통적 생활 아니었습니까. 징은 바람이요, 꽹가리는 우뢰, 북은 구름, 장고는 비소리지요. 풍물은 천지만물을 고동시키지요. 땅의 영기를 되살리고 지력을 북돋우는 힘이 있다고 믿습니다. 사람들에게 신바람을 일으키듯 동물에게도 어떤 영향이 있을 것으로 생각하고, 수잉기 때 굿을 쳐주니까 벌레가 누렇게 죽어갑니다."

말하자면 사람들의 흥을 돋우는 풍물 가락이 단순한 놀이 기능에 덧붙여 벌레 퇴치에도 한몫 하였다는 것을 실험적으로 입증시킨 셈이데, 예로부터 초벌, 두벌, 세벌 김매기 때마다 풍물가락을 울리는 이유도 이와 관계가 있다고 보여지는 것이다.

박선생이 풍물에 주목하게 된 사연은 대충 다음과 같다.

누에가 뽕잎을 먹을 때 천둥 · 벼락이 치면 죽어버리게 된다. 굿을 치면 파리도 달아나 버린다. 곳간의 쥐를 퇴치하는 방법으로 흔히 초음파퇴치기를 사용하곤 해왔다.

해충이 극성을 부리던 어느 해, 실험적으로 굿을 쳐주니까 2~3일 뒤 벌레들이 누렇게 죽어 있었다. 늦장마로 벼가 웃자라 병충해가 심했던 그 해, 옳다구나 싶어 마을 청년 1~2명을 남원의 굿 명인 양순용씨에게 보내 풍물가락을 익혀오게 했다. 그렇게 굿을 쳐주니까 3일 뒤 벌레들이 싸그리 죽어 있었고, 그해 수확량은 평년보다 휠씬 좋았다.

이 '풍물살충법'은 이 나라의 온 농부님께 전해져 다양한 실험과 결과들이 모아져 굳건한 농사법으로 자리매김 되어져갈 터이다. 이와 함께 서양 공학도들의 '음파입증 실험작업'도 함께 이루어져 이른바 과학적 후속정리작업도 진행될 것이고.

상고 역사소설 쓴 '귀머거리 나무꾼'

박선생 방에서 함께 1박 하고 난 다음날 아침, 만세력을 펴놓고 살펴보던 그는 "내년 농사가 참 힘들겠구만" 한다. 십일득신(十日得辛 : 벼가 여물어 고개 숙이는 기간이 10일이나 걸린다)이요, 칠룡치수(七龍治水 : 일곱 용이 물을 다스리니 무척 가물다)라. 후덥지근한 날씨가 오래 계속되다 늦게 큰 바람(태풍같은)이 온다고 한다.

농사꾼 중에 이렇게 만세력을 보아가며 24절기를 가늠하여 농사짓는 분이 과연 몇이나 될까. 그는 정녕 토종 농사꾼의 전범이라 할 만하다.

귀머거리 나무꾼, 이 세상의 온갖 삿된 흐름에 귀를 닫고 묵묵히 나무꾼의 마음자락으로 살아가겠노라는 그의 뚝심은 도대체 어디에서 생겨난 것일까? 그는 이미 『맥이(貊耳)』, 『대동이(大東夷)』(전 5권) 등 상고 역사소설을 쓴 사학자이다.

그의 모친 최영단 여사는 큰스승 '인정상관'의 총애 속에서 성장한 특이한 전력을 지니고 있으며, 지금까지 3번씩이나 잡혀가서 조사를 받는 등 시달림과 간난의 세월을 살아왔다. 한때는 30만 인파가 이 분의 치료(치료라고 해야 눈 한번 마주치는게 전부지만)를 받으러 몰려든 경우도 있어 외신에 보도되기까지 한 적도 있고(62년), 4남3녀중 막둥이는 경찰서 유치장서 낳아야만 했다. 언젠가는 또 미쳤다고 정신감정을 해야 된다고 난리법석을 떤 경우도 있었고, 한번은 잡혀가서 경찰 · 검찰측의 하는 얘기가 "종교단체를 만들든지, 등에 업든지 하는 게 좋겠다"는 권유까지 받았으나, 이는 큰스승의 "절대 종교를 칭하지 말라"는 말씀에 어긋나 받아들이지 않았다고 한다.

아무튼 이런 독특한 집안 분위기에서 장남으로 태어난 그는 어려운 집안 사정에다, 부친께서 일제시대 함경남도 북청의 공장으로 징용가서 팔을 잘리어 불구가 되는 통에 어려서부터 농사를 지을 수밖에 없었다(4남3녀 형제들 중 첫째, 둘째가 중학교 진학을 포기). 따라서 그의 학력은 국졸이 전부다. 부친으로부터 한문을 배우기 시작한 그는 노심초사, 주경야독하여 사서삼경은 물론이고 웬만한 중국 원전도 독

사주 궁합이
전혀 안맞아도
부부싸움 한번
한 적이 없다는
박문기씨 부부

파할 정도의 실력을 쌓아나갔고, 특히 모친의 큰스승이 우리 민족의 신수(神獸)인 맥(貊)의 형상을 하고 태어났다는 내력에 주목, 우리 상고사를 '무르팍에 꾸덕살이 박히도록' 조사 연구, 당당한 농사꾼 사학사가 된 것이다. 상고사 자료를 찾아 대만·중국·일본 등 안가본 곳이 없고, 다마금 볍씨를 '문익점이 목화씨 가져오듯' 구해온 92년의 북경행도 그의 사학자로서의 실력이 인정되어 초청받아 가게 된 것이다.

박선생 가족들은 3대가 함께 아주 화목하게 어우러져 산다. 한 번이라도 그 집엘 가본 사람들은 누구나 참으로 평범하기 그지없으면서도 독특한 전통적 방식의 생활모습에 경이로움을 금하지 않을 수 없게 마련이다. 우리들 할아버지 할머니 대까지만 해도 우린 늘상 그렇게 살아오지 않았던가. 그런데 그런 삶의 모습이 이젠 오히려 이상하게 여겨질 만큼 세상은 어지럽게 변해왔고, 박선생 가족들은 귀머거리처럼 변하지 않고 살아오고 있다. 그렇다고 해서 산간오지에서 현대문명을 완전 거부하고 도닦듯 살아가는 것도 아니다.

이 집엔 늘상 손님이 끊이질 않는다. 그렇다고 손님을 맞는 것도, 보내는 것도 그리 요란뻑적하지가 않다. 이웃이 마실온 듯 맞이하고, 식사 때가 되면 무삼없이 밥상을 같이 맞고 갖은 얘기 꽃을 피운다. 손님들도 처음 한 두번은 수다스럽게 주책을 떨든가, 아니면 거꾸로 오금 저리듯 쑥을 피우지만, 조금 익숙해지면 너나없이 한 식구가 된 듯한 느낌에 젖어들곤 한다.

이 괴력, 이 자연스러움, 이 넘치는 인정미. 그렇다고 무슨 종교집단처럼 엄격한 규율이나 무거운 짓누름이 있는 것도 아니다. 반대로 집 안 대소사의 갈등도 있고, 때로는 큰소리로 티격태격하는 모습도 가끔씩은 벌어지기도 한다.

길게 얘기할 것 없이 줄이자. 무릇 이 험난한 시대, 우리가 지향해야 할 가족과 마을의 모습으로 고민하시는 분들은 백문이불여일견, 이 집을 꼭 한번 가보시라.

삼신산 중턱의 시범농장

뭐니 뭐니 해도 박 선생이 가장 심혈을 기울이는 일은 그의 집에서 10분 거리인 삼신산 중턱에 공사중인 시범농장일 터이다. 지금은 기초 공사가 거의 끝나고 집을 짓는 단계지만 이 농장은 온갖 토종 동식물·농작물의 시범 재배터로 계획되고 있다. 사슴 사육을 위한 사슴우리도 다 지어놨다. 이젠 만주산 우리 토종 사슴을 가져오는 일만 남아 있다.

이와 함께 이 농장엔 우리 상고시대 배달나라 환웅(桓雄)이셨던 18명의 위패를 모실 봉안소가 세워질 예정이다.

우리 모두가 아득히 잊고 살아가는 우리들 조상님들의 뿌리 18위 그 이름이라도 한번 불러보기로 하자.

거발한, 거불리, 우야고, 모사라, 태우의, 다의발, 거련, 안부련, 양운, 갈고, 거야발, 주무신, 사와라, 치우천황, 치액특, 축다리, 혁다세, 거불단

이 집 가족들은 식구가 많아서 한달에 3만 2천원씩의 의료보험료를 내고 있다. 지금까지 거의 병원 한번 간 적이 없는데도.

아이들이 탈이 나면 할머니가 손가락을 따주면 금방 낫는다. 가족이나 환자 손님들 중 특별히 약이 필요히다 싶은 경우엔 솔잎을 주원료

로 몇몇 약재를 혼합한 '가전비방약'을 권하는 경우도 있긴 하다. 하지만 환자들에게 일률적으로 적용되는 치료비는 없다. 다들 각자 형편대로 성의껏 약간의 돈을 봉투에 넣고 가거나, 각자 선물하고픈 물건을 주기도 한다. 주는 걸 마다하지는 않되, 없는 사람에게는 절대로 달라고 하지 않는다.

아이들 이모부인 유창수씨(39세)의 경우 두번이나 죽을 뻔 했는데(한번은 어렸을 때 온몸에 고름이 생겨서, 또 한번은 복어알을 먹는 바람에) 두 번 다 할머니가 고쳐 주었다.

이 집엔 고3인 장남을 필두로 3남2녀의 아이들이 학교 잘 다니며 잘 커나가고 있다. "공부를 못해야 농사꾼이 된다"는 문기씨의 바램과는 정반대로 아이들은 다들 공부를 잘한다. 큰아들의 희망은 대학에서 철학이나 한문학을 전공하는 것이다. 아마 집안 분위기가 자연스레 그쪽으로 관심을 지니게 했을 것이다. 하지만 아이들 엄마 얘기로는 "큰아들이 대학 마치고 대를 이어 농사를 지어야 한다"는 데 식구들이 모두 동의하고 있다고 한다.

애들 엄마도 인근마을 농사꾼의 딸이다. 시집와서 애를 다섯 낳아 키우며 시부모 봉양에 이골이 났지만서도, 고생스럽게 느껴본 적이 한번도 없다고 한다.

"남편이 도둑질을 하더라도 따라가야 하는 것 아닌가요. 워낙 마음이 넓고 자상한 편이라 속썩인 일이 없었지요."

"곳간 열쇠는 누가 갖고 계십니까?"

"어머님이요. 저희들보다 훨씬 잘 하셔요. 머리가 컴퓨터셔요. 어디다 적어놓지도 않는데 정확하게 기억하시거든요."

"박선생 말씀으로도 원래 사주궁합이 잘 안맞는 경우인데도 별탈이 없었다는데…"

"그런 것 잘 몰라요. 욕심내지 않고 살면 무슨 갈등이 생기겠어요. 형제간이나 친척들간에도 경우에 어긋나지 않게 서로 도울 건 돕구…

집안에 부족한 게 없는데 욕심낼 것도 없구, 열심히 농사지어 먹구살구 애들 잘 크구."

전통적인 봉건사상에 찌들은 고리타분한 아낙의 전형이라고 매도해 버리기엔, 너무도 이 세상과 인간사에 달관한 지극히 자연스러운 아낙의 마음이 이런 게 아닌가 싶다.

박선생이 언젠가 자랑스레 말한 적이 있다.

"우리집 '밥뎅이'(그는 자기 부인을 이렇게 부르는데, 이 호칭에도 일리가 있는게 매끼 평균 10여 명의 식사를 준비한다. 한달 평균 쌀 3~4가마가 든다고 함)가 술(농주) 하나는 기차게 담그는디."

술과 된장을 제대로 담글 줄 아는 아낙네가 요즘 세상에 몇이나 될까. 제대로 된 된장맛에 제대로 된 막걸리를 대접받을 수 있는 집이 과연 몇 집이나 되겠는가.

박선생을 처음 본 사람이면 누구나 "어떻게 생기기도 꼭 저렇게 토종 농사꾼으로 생겼을까" 직감적으로 느끼게 마련. 한쪽 눈이 조금 작은 짝짝이 실눈에 거무튀튀한 얼굴, 영낙없는 농사꾼 주정뱅이 얼굴이다. 그는 내노라하는 술꾼이다. 허지만 어른들 속에서 술을 배워서인지 주사는 여간 없는 편이다.

애시당초부터 그가 환경보호 어쩌구 하는 생각으로 무공해 농사를 시작한 건 아니었다. 2백 마지기나 되는 너른 땅에 약을 치자니, 약 치는 일 자체가 거의 불가능했다. 놉(품)을 사서 치려 해도 비용도 비용이려니와 혹시라도 인명피해가 났다 하면 그건 엄청 큰 일 아닌가. 사람이 먹고 살자고 하는 농사인데, 사람을 죽일 순 없는 노릇이었다. 그러니 그냥 '안해 뿌린 거'였다. 헌데 소출엔 별 차이가 나지 않았다. 그러면서 풍물로 해충을 퇴치하는 법을 재발견해 내고, 토종 볍씨도 천지사방에서 구해다 재배하기도 하고.

올 여름엔 모친과 부친께서 한동안 티격태격하였다. 아들 편을 드는 모친과 "농사 다 망치기 전에 약 한번 치자"고 닦달하는 부친.

"35년간 사람들 건강을 봐준다는 내 손으로 약을 칠 순 없다"는 어머니가 승리하였다.

"메뚜기며 거미, 논우렁들이 살아나고, 안오던 해오라기가 귀신같이 알고 저희 논에만 오는 거요. 조금 귀찮기도 했죠. 둥지를 만들기도 하고 하니까요. 허지만 '너희 논이 길지(吉地)다' 라는 소리를 들은 때나 뭇 생명들이 뛰노는 모습을 보노라면 가슴이 뿌듯해지곤 하지요. 내년부터 2만원씩 하는 미국쌀이 들어온다지요. 당국에서 시중유통은 막겠다고 큰 소리치지만 그 말을 믿는 국민이 몇이나 될까요. 미국 국내가격이 13만원이랍니다. 헌데 2만원씩 수출한다는 건 나라를 죽이자는 겁니다. 소련이 붕괴될 때 결정타가 미국이 식량 수출을 중단한 데 있다고 들었습니다. 그러니 밀값이 25배로 뛰어올랐다지요. 지금 온 농민들이 코가 석자나 빠져 있습니다. 거의 포기 · 절망상태지요. 제가 쌀 한가마에 40만원씩 받은 것은 제 뱃속 채우자는 욕심에서가 아닙니다. 농민들에게 희망을 주자는 거지요. 우리도 일본처럼 토종벼를 무공해로 농사지으면 누가 미국쌀을 먹겠습니까. 다마금 밥맛 보셨지요? 널리 재배를 하게 되면 쌀금이 내려갈 것이고, 비싸서 못먹는 서민들도 다마금 찾게되면 아마 미국쌀 거져준다고 해도 안먹을 겁니다."

딱부러진 그의 뚝심이다. 그는 다마금뿐 아니라 토종 찹쌀인 '대궐 찰벼' 도 몇년 전부터 재배하고 있고, 올봄엔 중국에서 어렵게 구해온 흑향미, 백향미 종자도 5백 그램씩 3백평 논에 시험재배하여 증식시켜 놓았다. 이렇게 저렇게 연결해가며 토종종자 농사꾼끼리 정보도 교환하고, 종자교환, 분양도 하는 그런 모임이라도 하나 만들어졌으면 하는 게 그의 또다른 소망이기도 하다. 또 그는 올 겨울 출판 예정인 정읍 지역을 배경으로 한 소설 『본주(本主)』(『대동이』의 후편) 상권도 이미 탈고한 상태다.

농사꾼 사학자 박문기. 그는 우리 시대 보물단지같은 토종 농사꾼의 전형이다.

정신적 지주가 사라져 버린 시대. 커다란 변화의 물줄기는 시작되었으되, 지난 시대 온갖 쓰레기와 역사적 질곡을 감싸안고 조금씩, 아주 조금씩밖에 전진할 수밖에 없는 시대. 그 누구의 우렁찬 사자후도 통하지 않는 시대. 어른과 아이의 구별이 없어진 시대.

'자광벼'라고도 불리우는 토종쌀 다마금

귀머거리 농사꾼(나무꾼)을 자처하는 '위대한 녹두장군의 후예' 박문기는, 말이 아닌 몸뚱이로, 우리들의 어머니인 저 대지를 부여안고 우리 조상님들이 살아온 삶의 정수를 '좆심으로' 버텨내며 살아가고 있다.

혹자는 이렇게 얘기하곤 한다. 유기농·자연농이란 기독교 신자들이 대부분으로, 그들의 신앙상의 양심으로 쬐끔씩 하는 것이지 대다수 일반 농민들이 본받을 바 못된다고.

하지만 어째 우리 조상님들이 유기농이란 용어 자체를 알았으며, 만들어내기라도 했단 말인가? 농초 박문기는 우리 모두에게 묻고 있다. 나는 누구이고, 너는 누구이고, 우리는 누구인가?

농사를 짓지 않고 식량을 전부 수입해다 먹을 수 있는 것일까? 우리의 토종 종자를 전부 잃어버리면, 우리들 자신이(사람) 없어져가는 것 아닌가? 우리 조상님들은 모실 줄 모르면서 어찌 종교를 논하는가? 우리 아이들이 살아갈 이 땅을 버려놓으면, 다들 시베리아에 가서 살란 말인가? 고부간의 갈등, 남녀간의 갈등, 세대간의 갈등이 없는 가족이란 성립될 수 없는 것인가? 우리 조상님들이 대대로 살아 오면서 뭉쳐진 삶의 지혜들이 올곧게 현대의 문명생활과 조화를 이루고 있는가?

농사꾼 사학자 박문기 / 327

올해 들어 그의 집을 두 세번 방문하면서 필자는 너무도 많은 것을 배웠고, 감동했고, 이들 가족들의 삶을 비디오테이프에 담아 우리 모두의 교육용으로, 좀더 나은 삶의 형태를 추구하려는 사람들의 모델 케이스로 널리 알려질 필요가 있다는 확신이 들었다. 이 글을 쓰는 연유도, 이런 뜻을 가진 사람들이 좀더 많아졌으면 하는 바램에서다.

마지막으로 그의 방 벽에 걸려 있는 소박한 문구를 인용하며, 농초 박문기 송가를 마무리하기로 하자.

△성 공

공부는 밭에 씨뿌리는 것
가을 수확, 거둘 곡식과 같다.
젊어서 실력을 쌓지 못하면
늙어서 후회하는 법
배운대로 진실하게 노력하면
밝은 지혜로 성공하는 법.

△어버이

이 몸이 어디에서 태어나는고
어버이 공덕에 자라
일찍이 효도하지 못하면
가신 후 크게 후회하니
살아생전 효도하면
나의 공덕은
후세 복된 생활과 만사가 길할 것이로다.

오지의 외톨박이 임상성

얼마전 한 일간지 문화부장과 이 얘기 저 얘기 나누는 자리에서 우연히 화제가 "이 땅에 아직도 오지란 게 존재하느냐"로 설왕설래한 적이 있다. 그 분 얘기로는 이제 웬만한 곳이면 지프차 정도는 들어가게 마련이니 오지란 말이 거의 퇴색하지 않았느냐는 거였다.

그도 일리가 있는 얘기이긴 하지만 필자의 생각은 조금 달랐다. 아주 외딴 산꼭대기나 섬에다 둥지를 틀고 앉아 도닦는 이들도 부지기수라, 농사짓거나 벌을 키우거나 고기잡이 하며 살아가는 오지분들을 무수히 보아온 터였기 때문이다.

각설하고, 오지 기행을 어디로 갈까 한 두군데 헤매이던 끝에 드디어 맞춤한 곳이 한 군데 나타났다. 백두대간(白頭大幹)이 동해를 타고 내려오다 왼쪽으로 꺾이기 시작하는 지점, 태백산 바로 아랫자락. 산과 산들로 둘러싸인 나라에서 둘째가라면 서러워할 오지 산골들.

흐르는 물로 말하자면 낙동강의 북단 상류지역 중의 한 곳이기도 하다. 발원지인 태백산에서 흘러내린 황지천과 통고산에서 시작되는 또 하나의 발원지인 회룡천이 만나 서로 합수되는 광비천 깊숙하게 자리잡은 원곡 마을.

마을이라 이름붙일 것도 없는 것이 현동·울진간 36번 국도에서 벗어나 비포장 도로로 약 20분 들어가면 길 마지막 막다른 곳에 흑염소 키우는 집이 한집 있을 뿐. 여기서부터 또 걸어서(걷는게 아니라 등산 용어로 트래킹을 해서) 약 20분 가야 외딴집의 주인 임상성(62세)·김매자씨(52세) 내외가 살고있는 흙집이 나타난다.

이 외딴집에 가는 길은 참으로 즐겁기 한이 없다. 그냥 손으로 살포시 떠 먹어도 될 맑은 물, 손때 묻지 않은 바위며 나무며 풀들이며, 외진 암자를 갈 때면 걷게 마련인 오솔길만 있는 게 아니라 물따라 냇가 바위를 타고 오르내리며 눈에 미끄러질라 조심하며.

"참으로 독한 데 사시네요."

"여기가 좋은 걸 어떡합니까?"

경운기도 못 들어가는
오지의 보금자리
움막집 앞에선
임상성씨 부부

12년 전 모든 것 홀홀 털고 터를 잡을 때, '삐딱구두' 신고 재넘어 산길을 헤집어 이곳에 도착한 뒤, 하루에 꼭 20번씩 제살을 꼬집어보며 '내가 살아있는 건가' 되묻곤 하였다는 아주머니는, "아이들이 다 대처 나가 살지만, 거기 가면 사흘 못있어 그냥 달려와 뿌리지요. 이젠 묘자리까지 다 봐놨는데요" 하며, 소녀마냥 화안히 이곳의 대자연을 가슴 가득 품어 안는다.

이 외진 산자락에다 임씨는 대추, 고추, 오가피, 두충, 산사나무들을 심어 가꾸고, 미역취, 곰취, 참취 등의 나물들을 약 6천여 평 길러 3남2녀를 다 키워냈다 한다.

한국신학대학을 졸업한 목사님이었던 임씨는, 젊은 시절 이승만 자유당 정권 때 반독재 정치활동에 몸담았다고 한다. 학창시절부터 웅변을 잘해 유세반원으로 맹활약을 했지만, 정치판의 권모술수와 허망함에 넌덜머리를 내곤 산골 오지를 찾아다니기 십여년, 드디어 한 친구가 먼저 정착한 이곳에 땅이 나왔다는 얘기를 듣고, 그때 돈 200여 만원(지금으로 치면 약 2천만원 정도)을 주고 이 산자락을 사들였다.

이곳 일대엔 여느 시골처럼 폐가들이 폭삭 내려앉은 채 듬성듬성 눈

에 뜨인다. 임씨의 이 흙집도 사람이
살지 않았으면 진작에 허물어져 버렸
을 것이다. 산비탈 경사를 이용해서 아
래쪽에 부엌을, 위쪽에 단칸방을 들인
이 흙집──아니 움막이라 부르는게
더 정확할 듯 싶은──에서 10여 년을
살았으니 이젠 어지간히 산사람이 되
었을 터이다.

"손수 지으신 집은 아니지요?"

"네, 원래는 일제시대 때 독립운동
을 하다 피신해 들어온 분이 지으신
집이랍니다. 그래 더욱 애착이 가지
요."

이 흙집엔 그 흔한 보일러가 영 어
울리지 않게 마련. 창고엔 장작이 가

원곡마을에서
이 구름다리를 건너
냇가를 따라
20여분 더 가야
임씨 집이 나온다

득 쌓여 있고, 텃밭엔 아직도 싯푸르게 살아있는 미역취가 찬서리에도
아랑곳 않고 가득하고, 하우스 건조실엔 가을걷이한 대추며 산사 열매
들이 수북히 쌓여 있고.

"논이 없어 자급자족은 안되시겠네요?"

"쌀이야 사다 먹지요. 허지만 대추나 산사 열매 한 가마면 쌀 두어
가마는 되니까 먹고 사는 거야 해결되지요. 3년 전에 막내놈아가 대학
엘 들어가서 이젠 한숨 좀 놓고, 집도 좀 어찌 한 채 새로 들여볼까 했
는데 그게 영 잘 안되네요."

"이 흙집, 참 좋지 않습니까?"

"그래도 이젠 애들 손자들도 가끔이지만 내려오고, 이래 손님들도
오곤 하는데, 어디 방이 있어야지. 우리 내외 사는 거야 이젠 익숙해져
괜찮지민서두."

술은 입에 대지도 않는다는 임씨는 반가운 손님 왔다며 산사과, 구기자, 산사 열매 등으로 담근 술을 권하며 즐거이 얘기꽃을 피운다.

"다시 큰 도시 나가 살고 싶지 않으세요? 이것저것 불편하실텐데…"

왕비천 계곡은
가도가도 깊숙한
물길들 뿐이고…

"미쳤습니까? 묘자리꺼정 봐놨는데, 이젠 답답해서 나가 못살아요. 물좋고, 공기 좋고, 아등바등 사람에 부대낄 거 없고, 참 내가 봐도 이상하지요. 처음엔 그래 적응이 안되고 꿈속을 헤매는 것 같더만, 3~4년 지나니께 하나하나가 다 재미있어지데요. 풀 하나가 자라는 거, 나무가 크는 거, 잎새가 나고 꽃이 피고 열매 열리고, 겨울 되면 지고… 이 모든 게 그렇게 신기하고 재미있을 수가 없어요."

돌아나오는 길에 우린 이곳 냇가의 명물이라는 용소와 통소를 살펴보기 위해 오던 길과 반대편 길을 택했다. 이 길은 가던 길보다 더욱 험했다. 바위타기, 바위 옆으로 아슬아슬 기어넘기, 허벅지까지 빠지는 낙엽 속을 뒹굴며 맑고 뿌듯한 냇가를 따라서. 눈쌓인 계곡은 또다른 정취에 젖어들게 하며 나그네의 심금을 휘저어 놓는다.

이윽고 기암들이 패어나간 용소에 이르러 일행은 잠시 앉아 넋나간 사람들 모양 가만히 앉아 있었다.

"여름에 한번 오이소. 물놀이 하기도 좋고, 짐(농산물 등) 옮기는 게 좀 힘들지만, 이런데 살믄 쉬엄쉬엄 자연과 벗하면서 일하믄 거짓말 안하고 살 수 있으니 올매나 좋소."

헤어지기 전 임씨가 한 말이다. 이 말과 아주머니의 티없이 화안한 모습이 내내 뇌리를 떠나지 않는다.

토종이냐 방목이냐
—인연을 맺었던 모든 분들께 보내는 편지

1994년에 『한국의 토종 101가지』(웅진)와 『한국의 토종기행』(사계절) 두 권의 책을 낸 뒤에 3년만에 또 한 권의 책을 내게 되었습니다.

'지천명(知天命)'의 나이에 자꾸 책을 낸다는 자체가 남사스럽게 여겨지기도 합니다만, 그 동안 여기저기 발표했던 잡문들 중에서 그냥 썩혀 두기엔 조금 아쉬운 것들을 모아 보았습니다.

앞의 두 책이 토종 동·식물과 농수산물에 관한 탐색보고서라면, 이번 책은 그 동안 희희낙락하고, 때로는 속터지게 끙끙 앓던 우리들 사람살이에 대한 보고서라고 할 수 있겠지요.

나이 40이 넘어 토종을 찾아나서는 일에 본격적으로 매달리다시피 했으니, 젊었을 때 신명을 바쳤던 마당굿 —— 전통의 재창조 —— 작업이나, 토종 동·식물이나, 토종 농·수산물이나 기실 어떻게 보면 이 땅이 끙끙 앓고 있는 큰 덩어리의 한 측면이기에, 이들은 모두 어쩔 수 없이 서로 연관돼 있게 마련이고, 그 어떤 분야도 뚝 떨어져 독야청청할 수는 없는 일이겠지요.

결국은 모든 분야의 '의식과 제도'가 함께 변화해가는 것 아니겠습니까. 또 그 변화라는 것이 하루 이틀에 쉽사리 이루어질 수 있는 성질의 일들도 아니고요.

그러니까 '토종의 알기'를 보존·전수하는 일은, 나라에서 대폭적으로 담당해야 할 일일 터이고요, 일반인들로서는 '식주의(食住衣)'를 기본으로 일상생활 속에서나마 '토종의 접점'을 찾아 실천해가는 과정이 매우 중요하다 여겨지더군요.

헌데 그 접점을 찾아 헤매이는 작업 자체가 '장님 코끼리 더듬기'나 다름없는 노릇이라, 토종(문화)의 핵심 원리랄까, 그 지혜의 바탕이랄까 그런 걸 포착해 내기가 여간 어려운게 아니거든요. 워낙 광대하고 깊은 세계인데다 미기록·단절돼 왔던 터라서 더더욱 그렇구요.

"세계는 넓고 해야 할 일은 많은데, 가진 그릇은 작고 나이는 자꾸 먹어가고…"

이즈음 모두어지는 생각은 토종 분야에 종사하시는 분들이 지니고 있게 마련인 뿌리깊은 폐쇄성이랄까, 정통성에 대한 편협한 아집이랄까 그런 점이 항상 마음을 아프게 합니다. 반면에 그 반대편에서 출발하여 이른바 서양과학으로 무장한 전문가(학자)들의 어설픈 오만함도 문제이다 싶구요. 또한 그 와중에서, 지금 이 시점에서 일반인들이 추구해야 할 그 '접점'이 무엇이겠는가를 포착해 내보려는 저로시는 어중이 떠중이 소리 듣기 십상이고, 밑모를 피곤함에 쉬이 지쳐 버리기도 하구요.

젊어서부터 지금에 이르기까지 제 삶의 일관된 그 무엇이 도대체 있었던 것일까, 이제와서 곰곰 생각해 봅니다. 억지로라도 굳이 정리해 보자면 '전통의 재창조'라고나 요약될까 모르겠네요.

하지만 워낙 공부가 짧고 사람이 맵차지 못해서, 그 어떤 분야든 깊이 있게 천착하지도 못했고, 그 어떤 활동에서도 목숨걸고 매달리지도 못해왔지 않나 싶습니다.

또 제 주위 분들에게나 어떻게든 인연을 맺었던 분들께, 확실하게 눈에 보이는 도움이 돼 드리지 못하고, 거꾸로 그저 자질구레한 일들로 괴롭혀 드리는 짓을 끝없이 반복해온 것이나 아니었던가 한심스럽게 여겨지기도 합니다.

허나 어쩌겠습니까. 제 능력과 성격이 본디 지니고 있는게 이것밖에 되지 않는 걸요.

간혹 저를 아끼시는 분들은, 더 기력이 쇠잔해지기 전에 '토종연구소'라도 하나 차리든가 해서 좀 더 적극적으로 작업을 추진하고, 여러 사람들이 일상생활에서 실천해갈 수 있는 실타래도 풀어가야 할 것 아니냐고 다그치기도 하십니다. 하긴 그럴 필요도 있고, 그것이 바로 '제 몫'이라는 생각이 들기도 하지만, 다른 한편으로는 자꾸 무슨 일을 벌여가는 것보다 이제는 터잡고 들어앉아 고요히 자신이나 갈고 닦는 '훌훌털기'를 해야 될 나이가 아닌가 여겨지는 것이지요.

하지만 그것도 마음만 그럴뿐, 이러지도 저러지도 못하고 이런저런 세상 사람들과 어울리는 재미, 이 땅의 대자연에 흠뻑 취하는 재미에 넋을 잃고 세월만 보내고 있습니다. 어쩌겠습니까, 별도리 없이 그저 형편과 마음이 흘러가는대로 흘러가는 수밖에요.

하지 않음으로 함을 삼고
일 없음으로 일을 삼고
맛 없음으로 맛을 삼고,
어려운 일을 그 쉬운 데서 꾀하고
큰 일을 그 작은 데서 하니,
세상의 어려운 일은 반드시 쉬운 데서 비롯되고,
세상의 큰 일은 반드시 작은 데서 비롯된다.
　　　　　　　　　　—노 자

언젠가는 조금 넉넉한 자리에 터를 잡게 되겠지요. 그래서 토종을 조금 더 가까이 하루하루의 생활로써, 온몸뚱이로 흠뻑 교감하며 저

자신을 방목하게 되겠지요.

그때엔 가끔 놀러들 오시지요. 토종이 방목되는 현장을 답사하시러요. 저로 인해 마음쓰셨던 모든 걸 풀어버리시러요. 혹시 맘이 내키시면 저와 함께 자신을 방목하셔도 좋구요.

정축년 늦봄

하염없이 흘러다니는 친구 석화 올림